卓越法律实务人才培养丛书

劳动争议与工伤纠纷实务指南

PRACTICE GUIDES
FOR LABOR DISPUTES
AND INDUSTRIAL INJURY DISPUTES

上海丰兆律师事务所 ◎编

图书在版编目(CIP)数据

劳动争议与工伤纠纷实务指南 / 上海丰兆律师事务所编. —北京:北京大学出版社,2017.5

(卓越法律实务人才培养丛书)

ISBN 978-7-301-28189-5

Ⅰ. ①劳… Ⅱ. ①上… Ⅲ. ①劳动争议—中国—问题解答 ②工伤事故—民事纠纷—中国—问题解答 Ⅳ. ①D922.591.5 ②D922.545

中国版本图书馆 CIP 数据核字(2017)第 052582 号

书　　　名	劳动争议与工伤纠纷实务指南
	Laodong Zhengyi yu Gongshang Jiufen Shiwu Zhinan
著作责任者	上海丰兆律师事务所　编
责 任 编 辑	朱梅全　黄　蔚
标 准 书 号	ISBN 978-7-301-28189-5
出 版 发 行	北京大学出版社
地　　　址	北京市海淀区成府路 205 号　100871
网　　　址	http://www.pup.cn
电 子 邮 箱	zpup@pup.cn
新 浪 微 博	@北京大学出版社
电　　　话	邮购部 62752015　发行部 62750672　编辑部 021-62071998
印 刷 者	河北博文科技印务有限公司
经 销 者	新华书店
	787 毫米×1092 毫米　16 开本　17 印张　260 千字
	2017 年 5 月第 1 版　2025 年 1 月第 8 次印刷
定　　　价	49.00 元

未经许可,不得以任何方式复制或抄袭本书之部分或全部内容。
版权所有,侵权必究
举报电话: 010-62752024　电子邮箱: fd@pup.cn
图书如有印装质量问题,请与出版部联系,电话: 010-62756370

积极参与劳动关系调解
促进社会和谐稳定（代序一）

劳动关系是生产关系的重要组成部分，因此，要依法保障和维护劳动者的合法权益，规范和完善企业的用工管理制度，从而构建和谐的劳动关系，促进我国经济发展和社会和谐。

当前，我国正处于经济社会转型时期，企业面临着转型升级的问题，越来越多的企业在调整自己的产业布局，有的将企业进行内迁或外迁，有的将企业进行合并、重组等。再加上用工成本的加大，劳动者自身需求的提高，企业和劳动者的矛盾越来越多。总体上看，中共中央、国务院《关于构建和谐劳动关系的意见》指出，"我国正处于经济社会转型时期，劳动关系的主体及其利益诉求越来越多元化，劳动关系矛盾已进入凸显期和多发期，劳动争议案件居高不下，有的地方拖欠农民工工资等损害职工利益的现象仍较突出，集体停工和群体性事件时有发生，构建和谐劳动关系的任务艰巨繁重"。

因此，努力构建中国特色的和谐劳动关系，是加强和创新社会管理、保障和改善民生的重要内容，是建设社会主义和谐社会的重要基础，是经济持续健康发展的重要保证，是增强党的执政基础、巩固党的执政地位的必然要求。《关于构建和谐劳动关系的意见》特别指出，要"加快健全党委领导、政府负责、社会协同、企业和职工参与、法治保障的工作体制……有效预防和化解劳动关系矛盾，建立规范有序、公正合理、互利共赢、和谐稳定的劳动关系"。

劳动争议与工伤纠纷实务指南

　　指导企业建立健全劳动规章制度，提升企业劳动用工管理水平，需要积极发挥社会团体，尤其是企业工会、工商业联合会、律师事务所等组织的协同作用。我们之前比较重视企业工会和工商业联合会等组织的作用，对律师事务所这一社会组织在构建和谐劳动关系中的作用认识不足，没有充分发挥它们的专业作用。其实，积极发挥律师在构建和谐劳动关系中的作用，是依法治国的应有之义，也是律师积极履行社会责任的一个重要体现，更是发挥社会团体协同作用的一个重要方面。

　　上海市积极贯彻落实党中央、国务院的一系列政策，在构建和谐劳动关系方面作出了非常大的努力，各区也采取了很多措施去推进这项工作。上海市松江区发挥各方面的作用，积极推进一体化、窗口化的办公，集中政府各部门、社会团体、组织等在区行政服务中心集中办公，打造便民、高效、集中的服务体系。人力资源和社会保障部门、劳动监察部门、劳动仲裁部门、职工法律援助部门、区总工会、律师事务所等政府部门和社会团体、组织，为企业、劳动者提供解决纠纷的渠道，为劳动者提供法律援助。

　　上海丰兆律师事务所作为社会组织，积极参与和谐劳动关系的构建，指派律师在上海市松江区行政服务中心为用人单位和劳动者提供法律解答，指导他们通过合理渠道化解矛盾和纠纷，依法维护自己的合法权益，参与集体性劳动纠纷的解决，为松江区和谐劳动关系的形成作出了积极的贡献。积极参与服务的律师们也得到了锻炼，提升了处理劳动纠纷的业务水平，积累了丰富经验，也进一步认识到了自己工作的意义和价值。

　　在劳动关系的主体及其利益诉求越来越多元化的时代，律师们理当为社会作出更多的贡献，为和谐劳动关系的形成贡献一份力量。上海丰兆律师事务所的律师们在松江区行政服务中心积极参与法律服务，并用一年多的时间，撰写出这本优秀的实务指南，足以证明新时期的律师们能够创造出新的辉煌，能够承担起更多的社会责任。

上海市松江区政协副主席、科委主任
赵宏卫
2017 年 2 月 14 日

律师积极参与构建和谐劳动关系（代序二）

劳动关系是生产关系的重要组成部分，是最基本、最重要的社会关系之一。劳动关系是否和谐，事关广大职工和企业的切身利益，事关经济发展与社会和谐。2015年3月21日，中共中央国务院颁布了《关于构建和谐劳动关系的意见》，高度肯定了和谐劳动关系的重要性，提出了构建和谐劳动关系的指导思想、工作原则和目标任务。

为积极响应国家号召，充分发挥律师在参与公共法律服务体系中的重要作用，化解现存的劳动纠纷，构建和谐的劳动关系，促进社会的稳定良性发展，2012年，上海市松江区行政服务中心、松江区司法局采用政府采购服务的方式，与上海丰兆律师事务所签订法律服务协议书，由律师事务所指派2名专业律师在行政服务中心值班，提供免费的法律咨询服务。至今六年多的时间里，丰兆律所的律师们始终恪尽职守，积极履行律师的社会职责，累计接待50000余人，处理劳动案件3000余件，走出了自己的专业化、社会化的劳动法律服务路线。这是值得社会尊重和认可的。

数据是忠诚的，它见证着一项推动法治社会建设的伟大工程，也凝聚着一些人的辛苦劳累，代表着个案的摸索与共性的总结。因此，这是一本有着律师服务社会、推动社会法治进步美好情怀的书，亦是一本丰兆律师用实际行动让情怀落地生根、切实利民的书，它将理论和实践紧密结合，让高深的法学理论更经得起实践的考验，也让实践更精准地解读法学理论。本书把控了劳动纠纷的重点、难点案件类型，也体现了个案操作的具体经验，为预防、缓和、化解劳动纠纷提供重要参考。

衷心祝愿我们早日完成建设社会主义法治国家的宏伟蓝图,在这一过程中,我们有充分理由期待律师们在参与依法治国中的重要作用。

是为序。

上海市松江区司法局局长
莫桂兴
2017年2月6日

劳动争议处理的道与术（代序三）

回望《劳动合同法》出台的2008年，劳动法专业法律服务市场有了井喷式的发展，大量优秀的劳动法专业律师涌现出来。转眼又来到了《劳动合同法》二次修订的时间关口，在"大众创业、万众创新"与"互联网＋"指导下，商业模式已经发生了深刻的变革，"人"与"企业"的关系也随之发生了变化，劳动合同法修改方向应该增加"劳动力市场灵活性"还是延续"倾斜保护劳动者"的争论成为2016年劳动法学界的焦点问题。劳动力市场的冷暖更迭与现实问题，劳动法专业律师最为清楚。本书从专业律师的角度出发，用一个个真实的案例，把当前劳动法律、法规体系下，企业人力资源管理问题鲜活地展现出来，对于学术研究和实务操作都大有裨益。而对于劳动法专业律师来说，在处理劳动争议案件时，也应该遵循其道与术。

一、劳动争议处理之术

"术"的层面即劳动争议处理与企业人力资源相关知识和技能，也就是通常所说的专业能力，是律师的立身之本。正如一句法谚所云，"法律的生命在于经验"，所谓经验就是律师在每一次咨询、每一个案件中所积累沉淀下来的知识和技能。

（一）知识储备

成为一名优秀的劳动法律师，最基本的要求是能将《劳动法》《劳动合同法》《劳动争议调解仲裁法》等基本法律、法规及主要规范性文件烂熟于心，能把握住我国劳动法大致框架体系。其次，平时不断学习人力资源和社会保障部相关复函、最高院司法解释以及各地劳动部门出台的规范性文件，把握各地劳动法规的差异。另外，要研习实战案例，增强实战经验。值得注意的是，在法律服务市场日趋专业化，分工十分细化的今天，仅有法律知识是远远不够的，还需要掌握人力资源管理、企业经营等相关知识。

　　企业中与劳动法律师打交道最多的部门应该是人力资源管理部门。近些年生产销售模式的改变，必然带来人员的调整变化，使人力资源管理出现许多新的现象与问题。例如，前两年资本市场大热与恢复IPO之后，股权激励反而起了"逆激励"作用，引发高管、核心员工纷纷离职套现；共享经济下，以网约车司机与平台公司关系为代表的，越来越趋于非标准化劳动关系。面对这些新问题，律师若仅知道法律、法规如何规定是远远不够的，因为这些领域存在大量的法律空白区，应学习运用最前沿的人力资源管理知识，设身处地地帮助HR解决好怎样找到人、留住人、用好人、培养人、组织人等问题。劳动法律师应把自己的角色定位为企业的人力资源问题"专家医生"，而不只是出了问题才出场的"救火队员"，帮助企业建立适合自己的人力资源管理体系，引导企业合法合规地用人用工，如此才能真正把劳动纠纷化解在萌芽状态。

（二）专业技能

1. 劳动争议诉讼能力

　　一位优秀的诉讼律师，首要的诉讼技能是有能力对劳动争议案件中最为核心的争议焦点有所把握。比如，在一个案件中应厘清劳动关系和雇佣关系的界限，若是劳动关系，究竟是全日制劳动关系还是非全日制劳动关系，这些概念的区别关键点又在何处等。有了初步的核心焦点分析之后，律师要能有的放矢地收集事实证据，经过认真的筛选，把大量没有必要和不相干的细节略去，把力量集中在案件的核心即根本点上。其次，诉讼是一门艺术。无论是当事人、对方律师还是法官，他们都是听众，语言是律师唯一能用于征服这些听众的武器。流畅的演说及陈述，会对听众产生持久的影响，熟练地掌握语言表述能力有助于获得信任，并更易于达到自己的目的。优秀的律师能通过简洁而又直击重心的语言，为自己的当事人获得有利的诉讼地位。

2. 劳动争议调解能力

劳动争议处理除了通过诉讼之外，主要通过调解解决，特别是企业搬迁、破产引发的大规模集体争议，这种案件难以通过诉讼的途径来解决，而只能通过大规模劳动争议调解，在多方谈判协商努力下才能平息矛盾。而从事调解工作，与从事代理工作十分不同。案件代理只要考虑当事人的利益，一门心思为当事人打赢官司；从事调解工作时却要兼顾各方，扮演好居间的第三人角色，并在法律允许的范围内，权衡双方的利益。这些都十分考验律师的沟通交流能力、谈判的手段技巧。

二、劳动争议处理之道

道的层面即劳动法律师的智慧与担当，正如法学界泰斗江平教授所说，"律师兴，则中国兴"，劳动法律师人数增加了，专业水平提高了，则我国的劳动法治环境才会变得更好。《劳动合同法》出台之后的近十年来，随着经济放缓以及员工维护自身合法权益的意识增强，可以明显地感受到劳动纠纷已变得十分普遍，而且劳动纠纷容易演化为群体性事件，诸如公司并购、破产过程中处理不当，极易引发集体争议。

（一）卓越智慧

智慧不同于可以量化的知识，并不是知识越多的人，就越有智慧，也不仅仅等同于"聪明才智"，律师的智慧在于能够"拨云见日"，经历案件又超越案件本身，揭开外表，洞彻实质。

劳动法律师当仁不让地成为化解劳资矛盾，维护社会稳定的重要力量。在我们耳熟能详的常德沃尔玛关门事件、裕元工业罢工事件中，除了有劳动者、工会、资方、政府多方力量的参与之外，办案律师的作用也不可被忽视。这样的案件通常又十分棘手，双方当事人一般都多达几十人到数百人，且情况复杂，矛盾积累的时间较长，稍有闪失，就可能导致群情激愤，从而引发罢工游行，对企业的未来发展和社会稳定影响极大。在这类案件中，无论是劳方还是资方的律师，往往都肩负着极大的责任和压力。毫无疑问，作为一名劳动法律师，要有统筹全局的考虑和谋略，更需要聪明、悟性和智慧，从纵横交错的法律关系中，找出核心关键，把纷繁复杂的问题变得清晰简单。

(二)责任担当

一位出色的律师,特别是劳动法律师,必须具有高度的责任与担当。劳动争议案件最鲜明的特点是"小而烦",劳动争议案件的标的金额通常较小,甚至于没有,但由于一般劳动者与单位的法律意识较为缺乏,其事实证据往往欠完备,在律师介入之后,需要补充调查大量证据。劳动法律、法规依据繁杂多变,各地执行标准和尺度各不相同,甚至有时同一个地区的法院与劳动仲裁部门的规定也会出现"打架"的情况,较难把握。另外,劳动争议案件要经过先裁后诉,审理程序烦琐冗长不说,用人单位和劳动者进入诉讼一般意味着已经"撕破脸",这使得一些用人单位与劳动者不管是否有法律依据,即使明知自己必败无疑,也抱着"陪玩到底"的心态,执意走完三道程序。

劳动争议案件虽"小",但其律师代理成本却不因其"小"而降低,相反因其"烦"而使得律师代理成本并不比其他一些可以收取较高律师费的案件低。由于劳动争议当事人尤其是劳动者一方支付能力较弱,因此律师做劳动争议案件,收入相对较少不说,还要投入大量的时间和精力。在劳动争议案件的"性价比"相对较低的情况下,当一位律师把劳动争议案件作为其立命之本时,即意味着已经作好了过"人不堪其忧,而不改其乐"生活的思想准备。倘若一位劳动法律师缺少那份责任与担当,只认真对待企业委托的案件,而对劳动者委托的案件随意处置,那么劳动者的合法权益就无法得到保障,劳资双方天然的失衡状态就会加剧,社会整体的劳资矛盾就会更加强烈。劳动法律师们面对的是各个层次的劳动者,其中高级管理人员的数量较少,普通员工占据了劳动争议的绝对多数。也就是说,律师们肩负着这样的责任:让法治的信念深入到普通老百姓心中,培养他们的法治意识,让他们相信法律,明白用法律武器维护自身权益才是最有效的,逐渐走出"大闹大解决,小闹小解决,不闹不解决"的思维误区,改变用暴力和罢工来维护自身权益的惯常做法,把劳动纠纷引入法治的轨道上来。长此以往,社会才能真正实现稳定和谐。

值得欣慰的是,活跃在劳动争议案件处理第一线的以上海丰兆律师事务所为代表的律师群体,在处理劳动争议案件时充满着责任与担当,集数年实务之精华,终成本书,令人称道。正因为有了这些不仅仅着眼于解决委托人现实的纠纷,还把社会的和谐稳定作为己任的律师的无私贡献,法治中国这一天下"大道"才有实现的可能。

  古人论述"道"与"术"的关系时,曾告诫我们:精于术而以道为本,守于道而以术御事。有道无术,术尚可求也,有术无道,止于术。劳动争议处理要从"术"入"道",不但需要掌握行之有效的"术",更要有肩挑天下的"道",才能让劳资双赢,创造更为和谐稳定的劳动法治环境。

华东政法大学副教授
李凌云
2017 年 2 月 28 日

前 言

在新的经济形势下,尤其是在国家进行供给侧结构性改革的大环境下,企业在人力资源管理方面面临着突出的问题和矛盾。传统的管理模式和思路都需要转变,尤其是要转变对人的管理,实现依法、有效的管理。同时,由于劳动者素质的提高,他们越来越关注自己的合法权益是否被侵犯,越来越多地通过法律途径维护自己的权益,同时,一定程度上劳资纠纷和矛盾也在加大。这一方面要求制定相应的法律规范,另一方面则需要正确理解和适用法律,以解决实际问题,化解纠纷和矛盾。

一部成文法被制定出来后,最重要的是运用。我国自1995年1月1日起开始实施《劳动法》,2008年1月1日起开始实施《劳动合同法》,加之相关法律、法规的实施,可以说在劳动法领域基本做到了有法可依。但是在法律的具体适用过程中,还有不同的理解和认识,进而导致司法裁判的不统一。这就需要统一司法裁判标准,而这也是国家推行案例指导制度的初衷。

法律的生命在于经验而非逻辑,而案例就是鲜活的法律。每一个劳动争议案例都是一次对法律条文的具体运用,都是裁判者结合具体的案情给出的一个相对合理的答案,并用来说服双方当事人,希望求得相对公正的结果。因此,在推进法治化的进程中,案例的作用日益凸显,在实践中法律条文和案例的互补也得到了广泛的认可。

律师是法律的具体实践者之一,对具体的案例会更敏感。律师们在操作案件之前,往往通过检索相关的案例和裁判规则来预测未来的裁判结果,从而便于当事人作最佳的选择。参与本书编撰工作的律师们有在上海市松江区行政服务中心长达六年的值班经验,解答了数以万计的劳动纠纷和企业管理方面的问题,代理了上千件劳动纠纷案件,在实务操作方面经验非常丰富。

实践中,劳动纠纷的案例不计其数,劳动争议的相关问题也非常烦琐。本书并不追求面面俱到地解决所有问题,而只选择问题较多、争议较大、实践中经常发生的案例进行讨论。具体来说,本书有以下几个突出的特点:

第一,选择讨论的问题具有典型性和疑难性。本书并不是对法条的简单堆砌或阐释,也不回避劳动争议中的疑难和复杂问题,而是选择在裁判实践中经常产生的、具有一定疑难性的问题进行探讨。

第二,案例的范围和来源广泛。本书在案例的选择上具有严格的标准,优先选择最高人民法院公布的案件,其次选择高院或中院的案件。此外,选择裁判和说理非常充分的案件,以利于了解法官的裁判思路,分析其裁判观点。

第三,案例具有真实性。本书主要选择裁判文书网上公布的真实案例进行讨论,除非特殊情况,一般不改编案例。其中有些经典案例就是参与本书编撰工作的律师们亲自操作的,他们对这些案例的分析更透彻、更详细、更深入。

第四,可操作性强。本书的编委会成员拥有具体操作劳动纠纷案件的经历,积累了大量宝贵经验,确保本书具有很强的实践指导作用。

在本书写作过程中,我们参考了大量资料,尤其是一些法官的经典判决书,给了我们非常多的启发。另外,本书的出版得到了北京大学出版社的大力支持,在此一并表示感谢!

事非经过不知难。虽然我们时时保持一种饱满的热情,以认真、积极的态度写作,并进行了多次的集体讨论和修改,但本书仍然难免存在疏漏,希望广大读者朋友不吝赐教。

潘　峰　郭合普

2017 年 2 月 21 日

目录 CONTENTS

第一章　劳动合同的订立 …………………………………………………… 1
　　第一节　劳动合同订立的形式及法律后果 / 1
　　第二节　录用条件的规范设计和解除限制 / 7
　　第三节　无固定期限劳动合同及理解 / 12

第二章　劳动合同的履行 …………………………………………………… 17
　　第一节　加班工资和计算基数 / 17
　　第二节　用人单位变更工作地点和补偿问题 / 23
　　第三节　从调岗问题谈用人单位用工自主权的界限 / 28

第三章　劳动合同的解除 …………………………………………………… 34
　　第一节　对劳动者单方面解除劳动合同关系的理解和限制 / 34
　　第二节　对劳动者严重违反用人单位规章制度的理解和运用 / 38
　　第三节　对双重劳动关系的认定和解除限制 / 43
　　第四节　对"劳动者被依法追究刑事责任"这一条款的理解 / 47

第五节 对"不能胜任工作解除劳动合同"的认定和解除限制 / 50
第六节 经济性裁员的操作 / 55
第七节 解除试用期员工的条件和限制 / 60

第四章 经济补偿金和赔偿金 ······ 65
第一节 用人单位依规章制度解除劳动关系的责任承担 / 65
第二节 在关联企业中变更劳动关系的经济补偿金的计算 / 69
第三节 赔偿金和违约金能否同时主张 / 75

第五章 劳务派遣 ······ 81
第一节 被派遣员工发生工伤时的赔偿责任承担 / 81
第二节 劳务派遣中的同工同酬 / 87
第三节 劳务派遣与劳务外包 / 91
第四节 逆向派遣 / 98

第六章 特殊用工主体的保护问题 ······ 104
第一节 女职工"三期"的特殊保护 / 104
第二节 防止办公室性骚扰 / 110
第三节 非全日制用工问题 / 114
第四节 涉外劳动关系 / 119
第五节 未成年人用工问题 / 123
第六节 退休人员用工问题 / 127

第七章 规章制度 ······ 133
第一节 用人单位如何制定违纪处理制度 / 133
第二节 用人单位如何完善考勤制度 / 145
第三节 用人单位如何完善病假管理制度 / 154

第八章　竞业限制和服务期问题 …… 161

　　第一节　竞业限制是否应当有约在先 / 161
　　第二节　竞业限制补偿金的标准 / 163
　　第三节　支付违约金是否能免除竞业限制义务 / 164
　　第四节　竞业限制的解除权 / 166
　　第五节　保密义务是否应当有约在先 / 168
　　第六节　哪些培训可以约定服务期 / 171
　　第七节　违反服务期的违约金计算基数 / 173

第九章　工资、工时和假期 …… 176

　　第一节　工资及其管理 / 176
　　第二节　工时制度 / 180
　　第三节　带薪年休假 / 186

第十章　工伤纠纷中的疑难问题 …… 191

　　第一节　工伤认定申请的期间问题 / 191
　　第二节　工伤赔偿与侵权赔偿竞合的处理原则 / 197
　　第三节　工伤私了协议的效力 / 203
　　第四节　达到退休年龄劳动者工伤的认定 / 208
　　第五节　"上下班途中"认定的疑难问题 / 214
　　第六节　建筑工人的工伤问题 / 219
　　第七节　非法用工导致人员伤亡的赔偿问题 / 224

第十一章　劳动争议处理中的相关问题 …… 230

　　第一节　劳动争议与社保 / 230
　　第二节　劳动争议中的时效 / 234
　　第三节　证据与举证责任 / 238

第十二章　建立企业内部人力资源法律风险管理体系 …………………… 243
    第一节　法律风险的概念 / 243
    第二节　企业内部法律风险 / 244
    第三节　建立一套与企业发展战略目标相匹配的风险管理体系 / 245

第十三章　积极应对劳动争议，构建和谐的劳动关系 …………………… 251

第一章

劳动合同的订立[*]

第一节 劳动合同订立的形式及法律后果

一、争议焦点

聘书能否代替劳动合同？即用人单位未与劳动者签订劳动合同，但给劳动者发过聘书的，是否仍须支付给劳动者二倍工资的差额？

二、基本案情

A公司招聘业务主管，吴某参与竞聘。经过几轮考核筛选后，吴某收到了A公司发出的聘书，其中列明了吴某的职位、部门、试用期、工作时间、聘用期限、报酬、休假、社会保险等具体条款，要求吴某在15天内前往报到，并加盖了A公司公章。吴某立即致电A公司，得到证实后，吴某遂辞去原有工作并支付违约金，按期前往A公司报到，却被A公司告知该职位已经由其他人担任。经双方协商，吴某接受了A公司的安排，出任业务副主管，并履行相关的权利义务。半年后吴某向A公司申请辞职，并要求A

---

[*] 本章作者：张丽群。

公司支付未签订书面劳动合同的二倍工资差额。Ａ公司一口回绝。吴某遂提起诉讼。

三、裁判观点

审判人员对吴某二倍工资差额的主张能否成立，存在两种不同观点。第一种观点认为，应支持吴某的主张。理由是：Ａ公司虽然向吴某发了聘书，但聘书不能代替书面劳动合同，因为没有吴某的签字认可，双方还需签订书面劳动合同。第二种观点认为，不应支持吴某的主张。理由是：Ａ公司向吴某发过聘书，聘书中已载明了职位、聘用期限、报酬等内容，具备书面劳动合同的性质，视为双方已经签订了书面劳动合同。

最后法院支持了吴某的诉讼请求。

四、律师评析

要理清本案的思路，首先需要弄明白劳动合同订立的形式及法律后果。劳动合同是劳动者与用人单位确立劳动关系、明确双方权利和义务的协议。劳动关系建立并不标志着劳动合同订立，劳动合同订立也并不意味着劳动关系建立。劳动关系建立是指特定条件满足时劳动者与用人单位之间形成劳动法上的劳动权利义务关系，该关系建立的标志是用人单位开始用工，即劳动者到用人单位报到或开始提供劳动。劳动合同订立是指劳动者与用人单位通过一定的形式对劳动关系中的权利、义务、责任等事项进行约定。

劳动合同订立的形式是指订立劳动合同的方式，可以分成明示劳动合同与默示劳动合同，其中明示劳动合同包括口头劳动合同和书面劳动合同。也就是说，理论上，劳动合同一般有书面、口头和默示三种订立形式。

（1）书面劳动合同。书面劳动合同是指劳动者与用人单位以书面形式建立劳动关系，表达双方劳动权利义务的书面协议。书面劳动合同出现的形式主要有劳动合同书、劳动协议、聘用合同等。书面劳动合同的优点是：双方权利义务记载清楚，便于双方履行，发生纠纷时容易举证和分清责任。书面劳动合同的缺点是：订立的手续比较烦琐，变更与终止比较麻烦。

（2）口头劳动合同。口头劳动合同是指劳动者向用人单位，或用人单位向劳动者提出建立劳动关系的要约，对方表示承诺，从而确立劳动关系的协议。口头劳动合同一般是双方口头就有关权利义务进行简单的约定，就建立了劳动关系。口头劳动合同未将双方的权利义务记载于书面材料，一旦发生争议，须双方无异议，或有工资表、考勤卡等资料予以证明。口头劳动合同的优点：灵活简便，适合短暂的临时性用工。口头劳动合同的缺点：发生纠纷难以取证，不易分清双方的责任。所以，若非短暂的、临时性的用工，一般不宜采用口头劳动合同。

（3）默示劳动合同。默示劳动合同是指劳动关系双方当事人没有书面或口头的明确意思表示，但双方的行为表明双方已建立劳动关系的劳动合同。默示劳动合同主要发生在如下情形：(a) 原劳动合同期满，由于种种原因，双方对是否续签劳动合同问题未进行协商，劳动者继续提供劳动，用人单位也接受，并按照原劳动合同支付报酬。(b) 从未订立过书面劳动合同，劳动者向用人单位提供劳动，用人单位接受，并将其当作自己的员工对待。一般来讲，默示劳动合同不是当事人主动追求的方式，只是法律的一种推定。默示劳动合同稳定性很差，一旦发生纠纷，很难分清双方责任。

各国劳动立法对劳动合同订立形式的规定并不一样，大致可以归纳为以下三种：（1）一般允许劳动合同采用口头形式，只要求特定劳动合同采用书面形式。（2）一般要求劳动合同采用书面形式，但允许在特定情况下采用口头形式。（3）要求所有劳动合同都采用书面形式。

在我国，根据《劳动法》第16、19、98条，劳动部《关于贯彻执行〈劳动法〉若干问题的意见》第17条，《劳动合同法》第10条的规定，建立劳动关系应当订立劳动合同，劳动合同应当以书面形式订立。用人单位故意拖延不订立劳动合同的，由劳动行政部门责令改正。对劳动者造成损害的，应按劳动部《违反〈劳动法〉有关劳动合同规定的赔偿办法》的规定进行赔偿。另外，根据《劳动合同法》第69条的规定，非全日制用工双方当事人可以订立口头协议。根据《劳动合同法》第14条第3款的规定，用人单位自用工之日起满一年不与劳动者订立书面劳动合同的，视为用人单位与劳动者已订立无固定期限劳动合同。我国劳动合同订立的形式具体见表1-1。

表1-1 我国劳动合同订立的形式

用工形式	形式	期限	情形	处理方法
全日制用工	应当订立书面劳动合同	1个月内	经用人单位书面通知，用人单位不与劳动者订立书面劳动合同	a. 用人单位与劳动者解除劳动关系； b. 用人单位依法支付劳动者实际工作时间的劳动报酬； c. 用人单位无需向劳动者支付经济补偿。
		超过1个月不满1年	用人单位不与劳动者订立书面劳动合同	a. 用人单位自用工之日起满1个月的次日至满1年的前一日向劳动者每月支付2倍工资； b. 用人单位与劳动者补订书面劳动合同。
			劳动者不与用人单位订立书面劳动合同	a. 用人单位书面通知劳动者终止劳动合同； b. 用人单位向劳动者支付经济补偿。
		满1年	用人单位仍未与劳动者订立书面劳动合同	a. 用人单位自用工之日起满1个月的次日至满1年的前一日向劳动者每月支付2倍工资； b. 视为用人单位自用工之日起满1年的当日已与劳动者订立无固定期限劳动合同（否则支付2倍工资）。
非全日制用工	可以订立口头协议			a. 每日不超过4小时，每周累计不超过24小时； b. 劳动者可以与一个或者一个以上的用人单位订立劳动合同，但后订立的劳动合同不得影响先订立的劳动合同的履行； c. 不得约定试用期； d. 当事人双方都可以随时通知对方终止用工，终止用工的，用人单位不向劳动者支付经济补偿金； e. 用工小时计酬标准不得低于用人单位所在地人民政府规定的最低小时工资标准；可以按小时、日、周为单位结算工资，但最长周期不得超过15日。

在我国，还存在事实劳动关系一说。事实劳动关系理论是事实合同关系理论在劳动合同理论中的特殊表现形式。事实合同关系理论由德国学者豪普特于1941年创立，此后曾风靡一时并被德国帝国高等法院在判决中采纳。我国认为，事实劳动关系存在以下三种情形：

（1）根据《劳动合同法实施条例》第5条、第6条、第7条规定，自用工之日起一个月内、超过一个月不满一年、满一年，未订立书面劳动合同的；

（2）根据最高人民法院《关于审理劳动争议案件适用法律若干问题的解

释》（法释〔2001〕14号）第16条规定，劳动合同期满后，劳动者仍在原用人单位工作，原用人单位未表示异议的；

（3）根据《劳动合同法》第28条规定，劳动合同被确认无效的。

事实劳动关系的引入，对弥补我国《劳动法》《劳动合同法》等对非书面形式劳动合同语焉不详的缺陷，保护劳动者的合法权益具有积极的意义。但是，"事实劳动关系"的提法并不科学，理由如下：

第一，从法律逻辑上看，"事实劳动关系"这一概念与"劳动合同"这一概念既不是并列关系，也不是补充关系，它本身是指客观上存在着劳动关系的状态，而不能揭示该劳动关系是以什么方式建立起来的。实际上，无论是签订了书面劳动合同的劳动关系，还是以口头或默示劳动合同形式建立的劳动关系，都客观上产生了事实上的劳动关系，都形成"事实劳动关系"的结果。所以，"事实劳动关系"这一概念的外延不清楚，含义不准确，应换之以口头劳动合同与默示劳动合同，使之与书面劳动合同并列，共同包含于"劳动合同"这一母概念之中。

第二，从法理上看，我国《劳动法》没有"事实劳动关系"之说，"事实劳动关系"的调整难以与《劳动法》及其他劳动法律法规取得协调。

综上所述，我国《劳动法》《劳动合同法》等关于劳动合同应当以书面形式订立的规定，并不是一个效力性的规定，而是一个管理性的规定。违反该规定而没有签订书面劳动合同的，并不引起劳动关系的无效，即：没有书面形式的劳动合同，也是依法有效建立的劳动关系。不签订书面劳动合同导致的法律后果，其一是由用人单位承担二倍工资差额，其二是签订无固定期限劳动合同。

那么劳动合同的法定书面形式有哪些呢？我国《合同法》第11条规定："书面形式是指合同书、信件和数据电文（包括电报、电传、传真、电子数据交换和电子邮件）等可以有形地表现所载内容的形式。"其中的数据电文，指在包含通信网络在内的网络条件下，当事人之间为了实现一定目的，通过电子邮件和电子数据交换明确相互权利义务关系的协议。鉴于劳动合同也是广义上合同的一种，自然也必须遵照执行。

对于本案，律师持第二种观点，即不应支持吴某要求A公司支付未签订书面劳动合同的二倍工资差额的主张。理由如下：

（1）A公司发给吴某的聘书内容已经具备劳动合同的必备条款。《劳动合同法》第17条第1款规定："劳动合同应当具备以下条款：（一）用人单位的名称、住所和法定代表人或者主要负责人；（二）劳动者的姓名、住址和居民身份证或者其他有效身份证件号码；（三）劳动合同期限；（四）工作内容和工作地点；（五）工作时间和休息休假；（六）劳动报酬；（七）社会保险；（八）劳动保护、劳动条件和职业危害防护；（九）法律、法规规定应当纳入劳动合同的其他事项。"A公司发给吴某的聘书已经具备《劳动合同法》载明的必备条款，满足了《劳动合同法》要求的书面劳动合同的形式要件。

（2）A公司与吴某就双方的权利义务已经达成一致意见并实际履行。虽然《劳动合同法》第16条第1款规定："劳动合同由用人单位与劳动者协商一致，并经用人单位与劳动者在劳动合同文本上签字或者盖章生效。"但是《合同法》第36条规定："法律、行政法规规定或者当事人约定采用书面形式订立合同，当事人未采用书面形式但一方已经履行主要义务，对方接受的，该合同成立。"所以，我们不能机械化地理解劳动合同的生效，不能将劳动者没有在聘书上签字确认简单地等同于双方没有签订书面劳动合同，还要看双方是否一致认可并按照聘书的内容履行了权利义务。本案中A公司发给吴某的聘书已经具备书面劳动合同的法律效力。

（3）从立法目的来看，对用人单位予以未订立书面劳动合同二倍工资惩罚的目的，是对用人单位违反法律规定的一种惩戒，旨在提高书面劳动合同的签订率，以便明确劳动关系双方的权利义务，而不是为劳动者谋取超出其劳动报酬的额外利益。本案中，A公司发给吴某的聘书具有劳动合同的性质，已经确定了双方的权利义务，符合劳动合同的法定形式与内在性质，达到了《劳动合同法》的要求。在这种情况下，如果还对A公司进行二倍工资的惩罚，显然有违立法目的。

从本案可以看出，聘书、录用通知书、录用审批表、短信、电子邮件等，如果具备《劳动合同法》载明的必备条款，满足《劳动合同法》要求的劳动合同形式要件，用人单位与劳动者就双方的权利义务达成一致意见并实际履行，就视为双方已经订立了书面劳动合同。

本案还有一个问题，如果吴某核实了 A 公司发出的聘书，辞去了原有工作并支付违约金，按期前往 A 公司报到，知道了已经由其他人担任业务主管职位后，不接受 A 公司的安排出任业务副主管职位而面临失业时，A 公司是否应赔偿吴某的相应损失呢？

聘书系 A 公司向吴某发出的要约。《合同法》第 19 条规定："有下列情形之一的，要约不得撤销：要约人确定了承诺期限或者以其他形式明示要约不可撤销；受要约人有理由认为要约是不可撤销的，并已经为履行合同作了准备工作。"本案中，吴某在 A 公司要求的期限内前往报到，且为履行合同作了相关准备，即辞去了原有工作等，故 A 公司不得撤销对吴某的聘用。吴某遭受的损失，包括吴某向原公司支付的违约金，是由于 A 公司的缔约过失行为所造成的，A 公司违背诚实信用原则出尔反尔的行为使吴某的信赖利益受到了损害，所以 A 公司应当赔偿吴某的损失。

综上所述，用人单位在日常经营管理中，应当完善招聘流程，注意聘书、录用通知书、录用审批表、短信、电子邮件等的内容，以降低用工风险。

第二节　录用条件的规范设计和解除限制

一、争议焦点

劳动者的身体状况是否符合录用条件。

二、基本案情

吴某在旅游结婚途中，因大象暴走被人群踩踏受了重伤，在医院做了右肾切除手术。手术后，吴某身体恢复了健康。吴某生下儿子一年后，在招聘网站上查知 A 公司有四个岗位在招工，就投了简历。A 公司组织了两轮面试后，认为吴某符合条件，便让其参加体检。吴某的体检表中"既往病史"一栏填写为"无"，"审查意见"栏中为"健康"。通过体检后，A 公司又组织吴某等人员进行岗前培训。之后，双方签订了为期 3 年的劳动合同。合同约定吴某担任出纳，试用期为 6 个月。

劳动争议与工伤纠纷实务指南

吴某入职3个月后，发现销售经理前来报销的几张发票系虚假，遂上报。几天后，有人向A公司反映吴某曾做过右肾摘除手术，不符合录用条件。A公司派人带吴某到医院做B超检查，结果显示吴某"右肾摘除，左肾正常"。A公司根据其制定的《员工招聘、录用暂行规定》中关于新职工必须具备"身体健康，无严重疾病和严重缺陷"的规定，以吴某"右肾摘除，存在严重身体缺陷，不符合录用条件"为由，作出了解除与吴某的劳动合同的决定。

吴某向当地劳动争议仲裁委员会申请仲裁。仲裁委员会对该案审理后，裁决维持A公司对吴某解除劳动合同的决定。吴某不服，向法院提起诉讼。

三、裁判观点

鉴于双方争论的焦点问题系吴某的身体状况是否符合录用条件，一审法院委托鉴定机构对吴某的身体是否存在严重缺陷进行鉴定。鉴定结论为：被鉴定人吴某在生理上存在缺少右肾的缺陷，但具有正常的生活能力、工作能力及社会活动能力，其身体状况未达到严重缺陷的程度。据此，一审法院判决支持吴某的诉讼请求，要求A公司继续履行与吴某的劳动合同。A公司上诉，二审法院维持原判。

四、律师评析

1. 录用条件的作用

录用条件是用人单位确定所要聘用的劳动者的条件，符合录用条件的，在试用期满时予以转正。用人单位可以自行制订针对不同岗位劳动者的录用条件。

根据主体的不同，录用条件有如下作用：

（1）对劳动者而言，录用条件是其开始工作的行为准则。

（2）对用人单位来说，录用条件是对新进人员在试用期表现进行考核的标准，用人单位通过试用期考核确定新进人员是否符合录用条件，对不符合录用条件的可以解除劳动关系。也就是说，录用条件是用人单位在试用期内与劳动者解除劳动合同的法律依据。

（3）对裁判机关而言，录用条件则是裁判用人单位与劳动者解除劳动关系是否合法的主要依据。

根据《劳动法》第25条第1款："劳动者有下列情形之一的，用人单位可以解除劳动合同：（一）在试用期间被证明不符合录用条件的"，《劳动合同法》第39条第1款："劳动者有下列情形之一的，用人单位可以解除劳动合同：（一）在试用期间被证明不符合录用条件的"的规定，用人单位可以以劳动者在试用期间被证明不符合录用条件为由单方解除劳动合同，并且不支付任何经济补偿。需要注意的是，根据最高人民法院《关于审理劳动争议案件适用法律若干问题的解释（四）》（以下简称《劳动争议司法解释（四）》）第12条的规定："建立了工会组织的用人单位解除劳动合同符合劳动合同法第三十九条、第四十条规定，但未按照劳动合同法第四十三条规定事先通知工会，劳动者以用人单位违法解除劳动合同为由请求用人单位支付赔偿金的，人民法院应予支持，但起诉前用人单位已经补正有关程序的除外。"建立了工会组织的用人单位以此为由解除劳动合同时，需要事先通知工会。所以，用人单位以此为由解除劳动合同时，如果想要不支付劳动者经济补偿，须要满足两个前提条件，一是证明劳动者不符合录用条件，二是符合一定的程序进行解除。

本案中，A公司以此为由解除劳动合同，败诉的原因是证据不足，即未能证明吴某不符合录用条件。这是很多用人单位在人力资源管理实务操作中经常遇到的窘境。有的用人单位根本就没有设计录用条件，或者有的设计的录用条件不够实用，有的设计的录用条件与其他相似概念混淆不清。所以，用人单位想要规范设计录用条件，首先需要明确录用条件与其他相似概念的区别。

2. 录用条件与其他标准的区别

（1）录用条件与招聘条件

在实践中，招聘条件是用人单位在招聘时选择劳动者的基本资格要求，录用条件是用人单位确定所要聘用的劳动者的最终条件，二者的概念是不同的。招聘条件可以相对简单，以吸引更多的求职者到用人单位面试；录用条件则应尽量严密、完善，并主要注重对能力的考核，更具可操作性。

招聘条件不应替代录用条件，但是在发生纠纷时，如果劳资双方没有明确的录用条件，裁判机关就会把招聘条件视为录用条件。

实践中，不少人常常混淆录用条件与招工条件。事实上，招工条件仅仅是用人单位在招聘时选择候选人的最基本资格要求，招工条件的撰写应当相对简单，以吸引更多的求职者来应聘，而录用条件则应尽量严密、完善，要更具可操作性。

（2）录用条件与绩效考核标准

绩效考核管理是一个综合性的系统工程，一般是企业对员工的长期考核指标，它与录用条件的意义完全不同。录用条件是用人单位在相对较短的周期内对所要聘用的劳动者进行综合能力考核的条件。业绩目标考核可以是录用条件的一部分，但不能以业绩目标考核标准代替录用条件，否则，在发生纠纷时，容易造成绩效考核标准与录用条件的混淆，使用人单位面临不利后果。

（3）不符合录用条件和不能胜任工作的区别

两者适用的法条不同。《劳动合同法》第39条第1款规定："劳动者在试用期间被证明不符合录用条件的，用人单位可以解除劳动合同。"《劳动合同法》第40条第2款规定："劳动者不能胜任工作，经过培训或者调整工作岗位，仍不能胜任工作的，用人单位提前三十日以书面形式通知劳动者本人或者额外支付劳动者一个月的工资后，可以解除劳动合同。"

例如，某保险公司招聘营销经理，录用条件为：30周岁以上，身体健康，大学本科以上学历，具有5年以上相关工作经验。经过面试，李先生被录用，并与公司签订了为期5年的劳动合同，约定了试用期为4个月。3个月后，公司单方面提出解除劳动合同，原因是李先生没有达到公司的季度营销指标。李先生向劳动仲裁委员会提出申诉，要求恢复劳动关系。仲裁的结果是李先生胜诉。

此案中公司败诉的原因是混淆了不符合录用条件与不能胜任工作的区别。李先生没有完成单位的季度营销指标，其性质最多可以定性为不能胜任工作，而不是不符合录用条件。录用条件一般为年龄、性别、文化程度、专业知识、技术水平、工作经历、业务能力、身体状况等。同时，该公司的录用条件中也没有关于营销指标的设定。所以，公司不能依据试用期的规定随时解除劳动合同。

实践中，很多企业辞退在试用期内的销售人员时，往往都以他们不能完成销售指标为由，其实这些做法都是不符合法律规定的。鉴于李先生不能完成营销指标的情况，公司可以对其进行必要的业务培训或者调整其工作岗位，如果仍然不能胜任工作，则公司依据《劳动合同法》第40条相关规定与之解除劳动合同，就属合理合法的了。

3. 对录用条件的规范设计

录用条件的设计虽无定式，至少应有以下几个要求：

一是合理。录用条件是用人单位对应聘人员所提的最低要求，如果录用条件的设置不合理，应聘人员无法达到要求，则用人单位的目的也无法达到。例如，生产企业招聘普通生产线工人，可以要求其学历在中专或高中以上，以便于工人能掌握生产技术。如果是数控生产线，则可能会要求工人懂数字机床等知识，这样的录用条件是合理的。媒体曾报道，济南某事业单位招聘环卫工人，居然要求本科以上学历，这种录用条件就不合理了。

二是具体明确。只有条件明确，用人单位在试用期对劳动者进行考察时才有依据。如对销售人员的录用要求，对技术工人优良产品率的要求。常用的录用条件有：年龄、学历、技术职称、外语或计算机水平、工作履历，原劳动合同是否终止，是否存在竞业禁止，是否受过刑事处罚，是否有不能从事本岗位工作的疾病，能否按时报到、按时签订书面劳动合同，身体状况，劳动技能等。

三是合法。录用条件中不得有歧视性条款，包括地域歧视、性别歧视等。

四是在规章制度中对录用条件进行详细约定。如果把岗位职责等要求作为"录用条件"，就必须完善自己的考核制度，明确界定符合岗位职责及不符合岗位职责的具体内容，有一个可固化、可量化、可操作的标准。

第三节 无固定期限劳动合同及理解

一、争议焦点

劳动者是否享有强制缔约权？

二、基本案情

吴某自2007年1月1日入职A公司，双方共签订了三期劳动合同，第一期为一年，后面两期各为两年，岗位为保安。2012年，A公司与吴某续订劳动合同时，吴某提出签订无固定期限劳动合同。A公司遂向吴某提出合同到期后终止劳动关系，并向吴某发出终止劳动合同的通知，吴某拒绝在该份通知书上签字。A公司办理了退工手续。吴某提起仲裁，要求与A公司签订无固定期限劳动合同，继续履行劳动合同。仲裁委员会对吴某的请求不予支持。

三、裁判观点

一审法院经审理认为，2012年A公司向吴某发出解除劳动合同通知，A公司主张已经履行了提前一个月的通知义务。A公司以合同期满为由解除与吴某的劳动关系，也符合法律规定。吴某要求与A公司订立无固定期限劳动合同，并继续履行劳动合同的诉讼请求，依法不予支持。一审法院判决驳回吴某的诉讼请求。宣判后，吴某不服一审判决，提起上诉。

二审法院经审理认为，根据法律规定，在劳动者不存在违法违纪、不能胜任工作等用人单位可以解除劳动关系的情形下，连续订立二次固定期限劳动合同后续订劳动合同的，劳动者提出或者同意续订、订立劳动合同的，除劳动者提出订立固定期限劳动合同外，应当订立无固定期限劳动合同。A公司向吴某提出合同到期后终止劳动关系，并发出终止劳动合同的通知，吴某拒绝在该份通知书上签字的行为表明其不愿意终止双方的劳动合同。随后吴某在仲裁中明确要求与 A 公司订立无固定期限劳动合同，完全符合法律规定。A 公司未与其订立无固定期限劳动合同，反而以合同期满为由终止双方的劳动合同是违法的。故判决：A 公司应与吴某签订无固定期限劳动合同。

四、律师评析

两级法院的审理结果体现了对无固定期限劳动合同认知的两种思路。一审法院认为，无固定期限劳动合同的订立仍应遵循双方协商一致的原则，只有在劳动关系双方都同意续订劳动合同并符合订立无固定期限劳动合同的前提下，才能签订无固定期限劳动合同，否则用人单位依照法定程序，即提前一个月通知，依法终止到期劳动合同并不违反法律。二审法院则认为，在无固定期限劳动合同的签订问题上，只要符合无固定期限劳动合同的签订条件，劳动者即享有强制缔约权，只要劳动者单方面作出意思表示即可，无须征得用人单位同意，用人单位对此没有选择权。那么究竟哪种思路更符合立法的本意呢？

1. 无固定期限劳动合同续订中的合意问题

关于无固定期限合同的续订，司法实践中之所以产生不同的理解，在某种程度上是对《劳动合同法》第 14 条第 2 款第 3 项的理解有歧义。该条第 2 款已经对无固定期限劳动合同的签订作了总述性规定，而第 3 项在具体表述中又使用了续订劳动合同的表述，容易使人理解为即使劳动者提出订立无固定期限劳动合同的要求，也只有在用人单位同意续订劳动合同的前提下，才能签订无固定期限劳动合同。也就是说，用人单位对续签劳动合同的期限没有选择权，但对于是否续订劳动合同是有选择权的。同时，根据《劳动合同法》第 44 条，劳动合同期限届满是劳动关系终止的法定情形之一，用人单位如果不愿意与劳动者续订劳动合同，而选择合同到期终止的，于法有据。接下来，司法机关只要审查劳动关系终止的程序合法与否即可，已不再是无固定期限劳动合同的签订问题。这种思路表面上看没有问题，也符合劳动合同签订应遵循的平等自愿、协商一致基本原则，但是通过对法律规范进行历史解释和价值评判就会发现，这种思路不符合立法本意。

2. 无固定期限劳动合同续订中的强制缔约问题

在立法理念和法律制度上,《劳动合同法》较《劳动法》有了较大突破。在《劳动合同法》立法过程中,人们逐渐认识到,劳动合同期限关乎劳动者就业权的实现,涉及劳动关系及社会稳定,劳动合同的社会法理念主要体现在无固定期限劳动合同中。市场经济国家多年的实践证明,无固定期限劳动合同能够稳定劳动关系,保护劳动者权益。劳动合同立法应摒弃以私法原则为主导的思想,更多植入社会法理念,突出保护劳动者权益,维护劳动关系的稳定、和谐。《劳动合同法》秉持这一理念,为了进一步遏制劳动合同短期化的现象,通过强制续签、禁止约定终止条件等整体制度设计,已经改变了之前以固定期限合同为主的用工制度,建立起一套以无固定期限劳动合同为主的用工制度。

通过新旧法的对照,最容易发现制度变迁的轨迹。我国《劳动法》第20条第2款关于无固定期限劳动合同的订立,明确规定了当事人双方同意续签劳动合同这一前件,而我国《劳动合同法》第14条第2款的总述中则没有类似表述,仅单方面强调了劳动者的意思表示和对合同期限的选择权。由此可以看出,新法已经摒弃了旧法关于合意的要求,赋予劳动者单方面的强制缔约权。对于该款第3项中的续订劳动合同,只能解释为是一种事实行为而不包含续订合同的合意在里面,即该处的续订只是针对已经签订两次固定期限劳动合同的事实而言,无固定期限劳动合同是之前固定期限劳动合同的一种延续,而不是当事人双方就无固定期限劳动合同进行了续订的协商。法律条文前后措辞的改变,意味着国家已直接通过强制性的规定来保证无固定期限劳动合同的续签,以实现劳动法对劳动者倾斜保护的理念。仔细比对《劳动合同法》第14条和第44条,可以发现第14条的强制续签制度已经吞并了第44条的法定终止制度,第44条规定的劳动合同期满终止制度并不当然适用于无固定期限劳动合同签订的场合,否则,《劳动合同法》就又回到了《劳动法》的旧轨上,只要用人单位以到期终止为由解除劳动关系即可,规定再多的强制也无济于事。上述分析足以显示,至少在书本法律层面,我国《劳动合同法》已经确立了一套颇具特色的无固定期限劳动合同续签制度。

3. 无固定期限劳动合同存在的问题

(1) 无固定期限劳动合同突破了合同的基本原理

《劳动合同法》规范了无固定期限劳动合同制度，将我国用工制度中的解雇保护提高到了一个全新的水平，通过强制续签、禁止约定终止条件及强化法定解除权等制度来实现对解雇制度的保护。

其一，强制续签制度。其实早在1995年的《劳动法》中就提出了无固定期限合同制度的设想，只不过当时还不成熟，实践中实施得比较粗放。按照《劳动法》中的规定，无固定期限合同有三个明显的特点：满足连续工作的10年工龄；续签是出于当事人双方的合意；必须由劳动者提出。《劳动合同法》对这三个方面作了重大的修改：扩大了工龄的范围；改变了原有的续签程序，原有的自愿续签改为强制；除非劳动者提出，用人单位没有权利提出不续签。

其二，禁止约定合同终止条件制度。《劳动法》第19条提倡劳动关系的当事人在合同中约定时，只要不违背劳动法律强制性规定的终止条件就是有效的，在劳动合同的实际履行中，如果确实发生了双方当事人约定的情形，没有违背法律、行政法规的强制性规范的，劳动合同就可以终止。从法理上讲，这是附条件的合同，完全体现了当事人的自由选择权。但《劳动合同法》中确定的无固定期限劳动合同只能解除，是没有终止时间的，因此就谈不上终止条件，当然也不允许当事人约定合同的终止条件。

其三，强化了法定解除权。由于劳动者自身的过错，即当劳动者严重违反用人单位规章制度时，用人单位可以解除劳动合同。但要求的规章制度必须是由用人单位与工会共同制定的，只是用人单位自行制定的劳动纪律，如果劳动者违反了，则不能成为法定解除权的要件，并且劳动纪律也不能成为合同约定的内容。在非过错性解雇中，强调了对"老、弱、病、残"不得解雇的反向限制，当出现用人单位裁减人员时，也必须优先留用"老、弱、病、残"的劳动者。

从合同的基本原理看，合同是平等民事主体在协商一致、自愿的情况下达成的平等合约，合同最大的特点是平等、自愿及双方完全的意思表示。但《劳动合同法》中确定的强制续签制度显然不符合双方自愿、平等意思表示的合同原则，本身也与该法的立法原则相悖。在实践中也因此发生很多争议，比如当劳动者要求涨薪、改善工作条件,而用人单位拒绝时,就会按照《劳动合同法》支付二倍的工资后,强制解除合同;如果用人单位不得不同意员工上述要求,就难以管理其他职工,使得用人单位的劳动管理制度形同虚设,这对企业来说是个两难的问题。

任何合同的履行均需要一定的条件,当不具备履行条件的时候,合同的终止是正常的事情。《劳动合同法》中排除了约定合同终止条件制度,只设置了法定的解除权,而且进一步强化了该解除权,只有当法定解除权出现了,合同才可能被终止。劳动关系的双方当事人不能就终止合同的条件进行约定,这样的规定背离了合同的基本原则与精神,也剥夺了当事人在合同约定上的自主权。

(2)将职业稳定视为《劳动合同法》的首要目标备受质疑

其一,职业稳定不是所有劳动者的价值目标。在当前的市场环境下,职业的稳定在很多时候会成为劳动者价值提升的阻力,因此,劳动者是否认定职业稳定的价值追求,不能一概而论。首先,掌握一定职业技能或是拥有管理经验的劳动者,其就业竞争力比较强,这些人往往希望通过不断行使择业的权利来找到最适合自己的岗位与用人单位,他们并不希望与一家企业签订无固定期限合同,虽然用人单位往往想签订。比如,现在的基金操作人员、基金管理人员、金融从业者就属于这类劳动者。其次,对于农民工群体而言,其最为合理的务工期限是一年,每年春节过后出来务工,到年底返家。春节过后,他们要考虑工资水平等情况后,才决定是否外出务工,在决定外出的时候,还会考虑到工种是否改变等各种实际问题。超出一年的劳动合同对他们而言没有太大的意义,很多时候会成为他们择业甚至是职业提升的一个障碍。最后,年龄也是影响劳动者对职业稳定要求的因素。从常理上分析,中老年劳动者对职业稳定的要求相对高些,青年人的稳定感要求则不强。有的行业基本上属于青年人才能从事的行业,比如IT行业,如果按照无固定期限劳动合同的要求,一些从年轻时就在该行业从事劳动的人员,到了40、50岁之后就会有职业焦虑感了。

其二,职业稳定的目标受到经济发展水平的制约。虽然无固定期限合同制度能够保障劳动者的职业稳定,但对于一些中小企业来说,负担较重,增加了企业的用工成本。

第二章

劳动合同的履行[*]

第一节 加班工资和计算基数

一、争议焦点

在司法实践中,加班工资一直是争议的热点。与加班工资有关的问题非常多,包括加班工资的计算基数、劳动者是否可以与用人单位约定加班工资的计算基数、加班事实的认定、考勤记录的认定、举证责任问题、加班工资的计算时效等。这里主要讨论以下两项争议焦点:

1. 加班工资的基数如何认定。
2. 劳动者与用人单位约定加班工资基数的效力。

二、基本案情

原告尹某于2010年7月19日进入A公司工作,双方签订期限为2010年7月19日至2012年7月18日的劳动合同一份,约定尹某担任驾驶员工作,月工资为1200元。2012年7月24日,尹某与A公司续签劳动合同,约定劳动合同期限为2012年7月19日至2014年7月18日,尹某担任外勤职位,

---

[*] 本章作者:刘恋、郭合普。

月基础工资为1800元，实行标准工时制。

2012年2月至2014年2月期间，尹某的劳动报酬构成项目包括：基本工资1200元/月＋岗位工资600元/月＋绩效奖金500元/月；另有午餐补助（2012年2月至3月为200元/月，2012年4月起调整为300元/月）、净化器保养费100元/月（在工资条中主要列入"其他"项下）、车辆综合考评费100元/月（在工资条中主要列入"其他"项下）、交通及手机费补贴100元/月（需凭发票报销领取现金）、空气净化器装机费（金额及发放与否不定，在工资条中主要列入"其他"项下）、空气治理费（金额及发放与否不定，在工资条中列入"加班费"项下，但以手写字体单独标出）、加班费（金额不定）。2012年2月1日至2014年2月18日期间，尹某共计产生双休日加班85天，平时延时加班159小时。A公司共计向其支付加班费21162元。

尹某认为，午餐补助、净化器保养费、车辆综合考评费均属固定发放项目，故上述三项均应计入加班工资的计算基数，遂起诉要求A公司支付2012年2月1日至2014年2月18日期间的延时加班工资及双休日加班工资差额共计8126.07元。

该案经过了仲裁、一审和二审程序，最终二审法院维持一审法院的判决，驳回尹某要求支付加班工资差额的诉请。

三、裁判观点

针对尹某一案，法院认为，本案的主要争议焦点是尹某的加班工资计算基数应如何确定及治理费是否应计入加班工资。根据相关规定，加班工资的计算基数，应按照劳动者实际获得的月收入扣除非常规性奖金、福利性、风险性等项目后的正常工作时间的月工资确定。用人单位应以劳动者正常出勤所得工资作为加班工资的计算基数，月正常出勤工资中包含福利性待遇的，应予相应扣除。

本案中，尹某的劳动报酬所得项目中，午餐补贴显然属于福利性待遇，故应扣除；尹某在职期间，担任驾驶员一职，净化器保养费及车辆综合考评费需由尹某完成净化器保养工作且其车辆通过综合考评方可获得，故亦不属于正常出勤所得工资，应从加班工资计算基数中扣除。A公司每月发放尹某工资时，均让尹某在工资条上签字，工资条中空气治理费列入加班费一栏内，尹某对此并未提出异议，现尹某再主张治理费不应计入加班工资，本院不予采纳。因此，尹某的加班工资计算基数应为基本工资1200元/月＋岗位工资600元/月＋绩效奖金500元/月，即2300元/月。以此基数计算尹某的加班工资应属合理，不存在补足加班费差额的问题。

四、律师评析

本案争议的焦点是加班工资的计算基数如何确定问题。针对该争议焦点，全面地探讨有关加班方面的问题，有利于用人单位做好防范，也有利于员工维护自己的合法权益，从而构建和谐的劳动关系。

（一）加班事实的举证责任分担

依据劳动部出台的《工资支付暂行规定》第6条第3款"用人单位必须书面记录支付劳动者工资的数额、时间、领取者的姓名以及签字，并保存两年以上备查。用人单位在支付工资时应向劳动者提供一份其个人的工资清单"，以及最高人民法院《关于审理劳动争议案件适用法律若干问题的解释（三）》（以下简称《劳动争议司法解释（三）》）第9条"劳动者主张加班费的，应当就加班事实的存在承担举证责任。但劳动者有证据证明用人单位掌握加班事实存在的证据，用人单位不提供的，由用人单位承担不利后果"的规定，在裁判实践中，一般由劳动者就加班的基本事实进行举证，比如考勤表、交接班记录、加班通知，甚至个人的工资条、证人证言等。

因为劳动者主张自己的加班事实比较困难，因此证明标准不宜过高，只要使法官有理由相信有加班即可，再由用人单位对劳动者加班的具体时间、加班费计付标准及已支付的加班费数额举证。尤其是对于劳动者主张之日前两年的加班时间，劳动者举出简单的加班事实即可。如果用人单位举不出证据证明劳动者的实际工作时间，则一般采信劳动者关于加班时间的主张。劳动者主张的加班时间超过两年的，则由其承担主要的举证责任，否则就会承担举证不能的后果。

(二)加班工资的计算基数

加班工资计算问题一直是劳动争议审判实践中的难点之一。我国《劳动法》《劳动合同法》等法律、行政法规以及司法解释未对此作出明确规定,导致裁判实践中认定标准不一致。

劳动部《关于〈劳动法〉若干条文的说明》第44条解释:此处的"工资"是指用人单位规定的其本人的基本工资。但何谓"基本工资",其内涵和外延又有多大,相关意见也不明确。

《广东省工资支付条例》第54条对"正常工作时间工资"作出了解释,指劳动者在法定工作时间内提供了正常劳动,用人单位依法应当支付的劳动报酬。不包括下列各项:(1)延长工作时间工资;(2)中班、夜班、高温、低温、井下、有毒有害等特殊工作环境、条件下的津贴;(3)法律、法规和国家规定的劳动者的福利待遇等。

《上海市企业工资支付办法》(沪人社综发〔2016〕29号)第9条规定,加班工资和假期工资的计算基数为劳动者所在岗位相对应的正常出勤月工资,不包括年终奖,上下班交通补贴、工作餐补贴、住房补贴,中夜班津贴、夏季高温津贴、加班工资等特殊情况下支付的工资。

加班工资和假期工资的计算基数按以下原则确定:

(一)劳动合同对劳动者月工资有明确约定的,按劳动合同约定的劳动者所在岗位相对应的月工资确定;实际履行与劳动合同约定不一致的,按实际履行的劳动者所在岗位相对应的月工资确定。

(二)劳动合同对劳动者月工资未明确约定,集体合同(工资专项集体合同)对岗位相对应的月工资有约定的,按集体合同(工资专项集体合同)约定的与劳动者岗位相对应的月工资确定。

(三)劳动合同、集体合同(工资专项集体合同)对劳动者月工资均无约定的,按劳动者正常出勤月依照本办法第2条规定的工资(不包括加班工资)的70%确定。

加班工资和假期工资的计算基数不得低于本市规定的最低工资标准。法律、法规另有规定的,从其规定。

《上海高级人民法院民一庭调研指导》(〔2010〕34号)"关于加班工资计

算基数如何确定的问题"对加班费计算基数有进一步的说明：

我们认为，用人单位与劳动者对月工资有约定的，加班工资基数应按双方约定的正常工作时间的月工资来确定；如双方对月工资没有约定或约定不明，则应按《劳动合同法》第18条的规定来确定正常工作时间的月工资，并以确定的工资数额作为加班工资的计算基数。

如按《劳动合同法》第18条规定仍无法确定正常工作时间工资数额，则对加班工资的基数，可按照劳动者实际获得的月收入扣除非常规性奖金、福利性、风险性等项目后的正常工作时间的月工资确定。

如工资系打包支付，或双方形式上约定的"正常工作时间工资"标准明显不合常理，或有证据可以证明用人单位恶意将本应计入正常工作时间工资的项目归入非常规性奖金、福利性、风险性等项目中，以达到减少正常工作时间工资数额计算目的的，**可参考实际收入×70％的标准进行适当调整**。

按上述原则确定的加班工资基数均不得低于本市月最低工资标准。

上海市第一中级人民法院民三庭在2010年提出了《关于加班工资计算基数的若干意见》，经综合考量审判实践中加班工资争议之主要类型，在相关部门出台有关加班工资计算基数的统一规范性意见之前，可暂先参照以下原则确定加班工资计算基数：

一是，以劳动者月正常出勤所得工资作为加班工资计算基数，月正常出勤工资中包含福利性待遇的，予以相应扣除；

二是，劳动者月正常出勤工资中包含福利性待遇，但福利性待遇具体数额无法查清的，以月工资的70％作为加班工资计算基数；

三是，劳动者与用人单位在劳动合同中约定加班工资基数的，可以其月正常出勤工资的70％作为判断相关约定是否具备合理性的标准，若明显低于劳动者正常出勤工资的70％，则可根据案件实际情况予以调整；

四是，依据以上原则确定的加班工资计算基数不得低于本市月最低工资标准，集体合同（工资集体协议）亦有约定的，取高者确定加班工资计算基数。

（三）加班工资的计算基数约定的效力

由于对加班工资的计算标准未能明确，有的用人单位在与劳动者签订劳动合同或者制定规章制度的时候约定了加班工资的计算标准。这种约定的效力如何？能否得到仲裁机构、法院的认可？

根据《国务院关于工资总额组成的规定》第4条，工资总额包括计时工资、计件工资、奖金、津贴、补贴、加班工资以及特殊情况下支付的工资。在实践中，奖金、津贴、补贴的发放一般都有相应的条件，并不是固定的。因此，我们认为，劳动者在正常工作时间所获得的工资应当是固定发放的计时工资或计件工资。用人单位以包括每月固定发放的奖金、津贴、补贴在内的总工资作为基数计算劳动者的加班工资，当然不违反法律规定，但如果劳动者和用人单位在劳动合同中约定，以奖金、津贴、补贴之外的正常工作时间的计时工资或计件工资作为加班工资的计算基数，且该数额不低于当地最低工资标准，则也不违反上述法律的规定，应当予以许可。

实践中还有的用人单位和劳动者在劳动合同中并未明确约定加班工资的计算基数，但劳动者每月需要在工资条上签名确认工资数额。如果用人单位在工资条中所列的加班工资的计算基数符合上述条件，属于劳动者正常工作时间的计时工资或计件工资，且劳动者也签名予以确认，则应当认定该加班工资的计算基数合法有效。但如果用人单位和劳动者约定的加班工资计算基数低于最低工资标准，则因违反法律规定而应被认定为无效。

（四）特殊工时下的加班费认定

综合工时制是指分别以周、月、季、年等为周期，综合计算工作时间，但其平均工作时间和平均周工作时间应与法定标准工作时间基本相同。也就是说，综合计算周期内的总实际工作时间不应超过总法定标准工作时间，超过部分应视为延长工作时间。如果超过部分不能分清是平时或者休息日的，则视为一半为平时工作时间，一半为休息日工作时间。另外，如果法定节假日工作，则不管整个周期内的工作时间总和是否超过总法定标准工作时间，仍应按照300%的标准支付加班工资。

对于实行不定时工作制的劳动者，企业应当根据标准工时制度合理确定劳动者的劳动定额或其他考核标准，以便安排劳动者休息。所以，在不定时工作制下，劳动者关于加班工资的请求很难得到支持。另外，须注意的是，综合计算工时工作制以及不定时工作制均须获得劳动部门审批后才可以实施，如果没有经过审批,用人单位自行规定或双方约定的均无效,视为标准工时制,按标准工时制计付加班工资。

计件工作时间是指劳动者完成一定劳动定额为标准的时间。用人单位在劳动者完成定额后,安排劳动者在正常工作时间以外工作的,属于加班,应当按照超额完成的件数乘以计件单价的150%、200%或300%支付加班工资。对于劳动者在标准工作时间内超额完成的件数是否应该支付加班工资,法律法规没有明确规定。一般情况下,对于劳动者在完成定额的情况下仍然愿意超额完成的部分,用人单位一般另有激励措施,可以不支付加班工资。

有关加班方面的问题还非常多,再加上法律法规并不明确,在具体实践中还有很多细节需要摸索和积累。用人单位在遵守法律法规的前提下可以对其作出一定的约定,以利于管理,但是不能违背法律法规的强制性规定。劳动者也要认真对待自己的合法权益,积极了解相关的法律规定,遇到问题后通过合理、有效的方式解决,维护好自己的合法权益。

第二节 用人单位变更工作地点和补偿问题

一、争议焦点

在现实中,因为客观经营情况的变化,或者经济形势的影响,甚至企业决策的变化,往往需要变更劳动者的工作地点。此时问题就来了,如果劳动者不同意用人单位对其工作地点的变更,不愿意到新的地点工作,那么用人单位是否可以无理由地解除劳动关系而不支付经济补偿金?反之,劳动者又能否以用人单位变更工作地点,未能为其提供劳动条件为理由,解除与其的劳动关系,从而要求经济补偿金?这里主要讨论两项争议焦点:

1. 用人单位变更工作地点是否属于对劳动合同的重大变更?

2. 用人单位未能与劳动者就变更工作地点达成一致协议,从而解除与劳动者的劳动关系时,是否需要支付经济补偿金?

二、基本案情

2010年1月,刘某与A公司签订了一份期限为2013年1月2日至2016年1月1日的劳动合同。2013年12月16日,A公司要从上海市某区搬迁至金山区,刘某明确表示不愿至金山区工作,并向上海市某区劳动人事争议仲裁委员会申请仲裁,要求A公司支付其经济补偿金。刘某未得到上海市某区劳动争议仲裁委员会的支持,不服,遂向一审法院起诉。

一审法院查明:第一,2013年1月25日,A公司在2013年第一次职工代表大会及2012年终员工绩效考核评估会议中谈及企业搬迁事宜,其中解决方案记录为:(1)班车接送;(2)核心人员带到金山区工厂,原厂继续经营,原厂管理者待定;(3)派到集团其他工厂。第二,2013年11月29日,A公司召开全体员工会议,重申了企业搬迁事宜,其中包含班车接送。第三,2013年12月12日,A公司通知员工,自2013年12月16日起公司所有员工上班地点在金山区,公司会统一安排班车接送员工上下班,请员工早上7:50在公司门口集合,8:00班车准时发车。12月16日没到公司上班的视为旷工,连续旷工满三天的员工按严重违反公司规章制度解除劳动合同。

此案经过了一审和二审程序,最终二审支持一审判决,要求被告支付原告经济补偿金。

三、裁判观点

在本案中,原告刘某对公司变更工作地点的行为进行了明确的拒绝,公司也未对其作出其他的妥善安排,并自2013年12月16日起不再为其提供劳动条件。刘某对公司的行为提起了劳动仲裁,要求经济补偿金,视为其作出了解除与A公司劳动合同的意思表示。问题的关键是,刘某的这一行为是否具有法律依据,法院应如何去认定这一行为。

一审法院认为,根据我国《劳动合同法》的规定,用人单位未按照劳动合同约定提供劳动保护或者劳动条件的,劳动者可以解除劳动合同,且用人单位应当向劳动者支付经济补偿。本案中，A公司自2013年12月16日起未向刘某提供劳动条件，刘某以此为由解除与公司的劳动合同，并无不妥。刘某要求A公司支付经济补偿金的请求合法有据，应予以支持。据此，一审法院支持刘某要求支付经济补偿金的要求。

A公司不服，向上海某中院提起上诉认为：由于A公司所在区域属于大型居住社区规划范围，因此，A公司和刘某签署的劳动合同无法履行是由于不可抗拒的客观原因造成的，A公司无任何过错。就此事宜，A公司对刘某也已尽到充分的告知义务和妥善的善后安排，在此情况下，刘某的行为在性质上属于自愿离职，故原判要求A公司支付经济补偿金是错误的，请求予以改判。

被上诉人刘某辩称：双方之间的劳动合同受法律保护，A公司应按照合同约定继续向刘某提供工作，但是A公司未经刘某同意擅自更改经营地点导致合同无法履行，过错在A公司一方。综上，要求维持原审判决。

二审法院认为，从本案查明的事实和证据来看，A公司搬迁的原因在其关于公司搬迁事宜的通知中已有明确，系为现有厂房远远不能满足生产需求，集团投巨资在金山区建立了新厂区。搬迁时，刘某明确表示不愿去新厂区工作，公司承诺作出妥善安排，但最后并未作出安排。因此，刘某以A公司未能提供劳动条件为由解除与其劳动合同并无不当。故，驳回上诉，维持原判。

四、律师评析

随着经济的发展，企业不断转型升级，加上国家政策的变化，一些企业不可避免会变更工作地点，有的是在同一个省的市之间变动，有的是跨省变动。对于哪种情况的工作地点变动属于合理，属于用人单位自主权的表现，还需要进一步厘清。

（一）变更工作地点的限度

变更工作地点属于对劳动合同内容的变更。基于劳动合同的稳定性，劳动者在签订书面劳动合同的时候对自己的工作地点有一定的期待性。劳动者长期在某一个地点进行工作就会对该地方形成一定程度的依赖，如果贸然变更工作地点而不与劳动者积极协商，会导致劳动者的反对，甚至抵抗。当然，从另一方面来讲，即使用人单位进行了积极的协商，甚至作出了妥善的安排，劳动者还是可能不愿意去新的工作地点。此时，用人单位能否直接与劳动者解除劳动合同关系且无需支付经济补偿金，甚至赔偿金呢？这个时候就要考虑用人单位变更工作地点是否合理，其"合理限度"在哪儿。

一般来说，对"合理限度"的认定可以从劳动合同的目的进行"人本化"考量，并兼顾用人单位经营的需要与劳动者提供劳动的便利性，不能简单地按照民事合同的对价原理来确定。

对用人单位而言，变更工作地点的目的主要是降低经营成本，优化人力资源结构，获得更有利的市场经济条件以及优惠的经济政策等，评价的因素主要是经济利益的取舍。对于劳动者而言，工作地点的变更对其提供劳动的便利性产生较大的影响，进而导致对建立劳动关系的目的产生一定的影响。比如，劳动者已经将家安在上海市嘉定区，将其工作地点变更到上海市金山区，往往会增加劳动者大量的时间成本，带来极大的不便。再如，将工作地点在上海的公司搬到江苏或者浙江，在一般情况下可以认定为严重影响劳动目的的实现。

因此，若用人单位变更工作地点并未对劳动者的合同目的产生较大不利影响，则不能导致合同无法履行。若用人单位单方变更行为严重影响了劳动者劳动合同目的的实现，则对劳动者不应产生约束力，该劳动者有权拒绝到变更后的工作地点提供劳动。但是，也不能一概而定，对于情况特殊的，要注意根据个案的实际情况作出合理判断，主要结合劳动合同的其他条款、工作地点、订立合同时的相关因素作出判断。

（二）约定工作地点的效力

有的用人单位为了避免与劳动者产生纠纷，在劳动合同中约定工作地点是中国，更有甚者约定为全世界。这种约定明显是在回避问题和矛盾，属于约定不明确，在产生纠纷的时候并不能当然得到支持。大多数合同会约定"用人单位有权根据经营需要变更劳动者的工作地点，劳动者应当服从安排"。如果劳动者不服从安排，那么用人单位是否可以直接以劳动者违反规章制度为由解除与其劳动合同关系？对此，实践中有两种观点。

第一种观点认为，既然双方已在劳动合同中明确约定了用人单位可以根据工作需要变更工作地点,那么劳动者就有了心理预期,故用人单位可以将其调到新的工作地点,如果劳动者不服从,则可以其违反规章制度予以解除。

第二种观点认为,虽然劳动合同中约定了工作地点,但是按照《劳动合同法》第35条第1款的规定,"用人单位与劳动者协商一致,可以变更劳动合同约定的内容。变更劳动合同,应当采用书面形式",也就是说,变更劳动合同的内容应当协商一致,且采取书面形式。用人单位未与劳动者进行协商就单方变更工作地点,属于对劳动合同内容的重大变更,则劳动者不满用人单位单方面的安排不去上班的行为不属于旷工,且劳动者有权要求违法解除的赔偿金。

综上,用人单位变更工作地点,要看其变更工作地点的行为是否会对原合同的履行产生实质影响,也就是说,还是要判断变更的工作地点是否在合理的限度内。

(三)经济补偿金的支付

根据《劳动法》第26条和《劳动合同法》第40条的相关规定:劳动合同订立时所依据的客观情况发生重大变化,致使劳动合同无法履行,经用人单位与劳动者协商,未能就变更劳动合同达成协议的,用人单位可以提前30日以书面形式通知或者额外支付劳动者一个月工资后解除劳动合同。另外,根据《劳动合同法》第46条,"用人单位依照第四十条的规定解除劳动合同的",应当支付经济补偿金。也就是说,支付经济补偿金的前提是劳动合同的履行条件"发生重大变化,导致劳动合同无法履行"的情形出现。例如,企业搬迁,员工因自身原因不愿跟随公司到迁移目的地工作的,必然导致双方原先签订的劳动合同无法履行;但是,也要考虑搬迁地址的远近。通常情况下,如果企业搬迁地点在本市同一行政区内,对劳动者的生活基本没有影响或造成的影响很小,劳动者拒绝服从搬迁的,用人单位有权解除劳动合同而无须支付经济补偿金;如果企业搬迁地点在本市内跨几个行政区或本市区域外,对劳动者的生活造成重大影响的,劳动者拒绝服从搬迁,用人单位有权解除劳动合同但应当支付经济补偿金。

变更工作地点和变更工作岗位都是对劳动合同内容的变更,按照法律的规定应该双方协商一致。但是,在现实中也不能完全否认用人单位的自主权,否则会使其不能很好地适应社会经济的发展变化。当然，用人单位也不能随心所欲，要有一个合理的限度，完全忽视或者变相忽略劳动者的合法权益，不利于良好劳资关系的形成。

第三节　从调岗问题谈用人单位用工自主权的界限

一、争议焦点

1. 合理调岗的认定。在劳动合同关系的履行中，往往会因为员工的自身情况、企业的发展以及外界环境的变化，需要对劳动者进行调岗。对于如何进行调岗，用人单位的单方调岗权来源于何处，以及如何避免调岗带来的纠纷等问题，需要我们去研究。

2. 用人单位的用工自主权。用人单位在用工的过程中，可以根据法律法规和客观情况的变化，作出相应的安排，具有一定的用工自主权，从而立足于竞争激烈的市场环境。但是，这种用工自主权并不是绝对的，而是有限制的，要考虑劳动者和用人单位双方的利益。那么，企业的用工自主权表现在哪里，需要通过何种程序来论证所作的决定合理合法等问题，也需要我们去回答。

二、基本案情

原告杨某在2005年至A公司工作，并与公司签订了无固定期限劳动合同。该劳动合同第6条约定，"乙方（杨某）同意甲方（A公司）可根据需要调动乙方工作岗位，改变乙方的工作内容、工作性质、工作地点"。2013年11月28日，A公司通知杨某："根据双方所签之劳动合同第6条约定，公司现通知您自2013年11月28日起将您的部门组织由之前的华东营运中心—信息本部—硬件网络支持部—DBA系统课，调整至华东营运中心—信息本部—硬件网络支持部—OA网络通讯运维课。"杨某认为公司的调岗不合理，未至新岗位报到，且多次要求公司明确新岗位的职责内容、薪资待遇及说明调岗的原因。交涉期间，杨某在原岗位待岗。2013年12月25日，A公司以杨某

"经书面通知调整部门,几经通知催告,未请假亦未至工作岗位报到履职,累计旷工三日以上"为由,解除了与杨某的劳动合同。

杨某认为公司解除合同的理由不充分,属于违法解除,遂提起了劳动仲裁,要求 A 公司支付违法解除劳动合同的赔偿金。此案经过仲裁、一审和二审,最后二审法院作出了维持一审判决,支持杨某要求支付违法解除劳动合同的赔偿金的诉请。

三、裁判观点

针对杨某一案,法院认为,在劳动争议纠纷案件中,因用人单位作出开除、除名、辞退、解除劳动合同、减少劳动报酬等决定而发生劳动争议的,由用人单位负举证责任。对于调岗,劳动合同法规定,用人单位与劳动者协商一致,可以变更劳动合同约定的内容。

本案中,A 公司将杨某调岗至 OA 网络通讯运维课,但未与其协商一致,此系单方对其工作内容的调整。虽然杨某与 A 公司在劳动合同中约定公司可根据需要调动杨某的工作岗位,但是这种约定过于笼统和抽象,有侵犯劳动者合法权益之嫌,所以 A 公司仍应就此次调岗具有的合理性进行举证。

虽然 A 公司提供了一系列的证据,但是这些证据并不能证明杨某拒不服从工作安排,对其进行调岗是合理的。况且,杨某在与 A 公司交涉期间是在原岗位待岗的,故 A 公司认定杨某累计旷工三日缺乏依据。因此,A 公司解除与杨某的劳动合同关系系违法,应该按照法律规定支付违法解除劳动合同的赔偿金。

四、律师评析

通过前面的分析,尤其是司法裁判的观点,我们可知,用人单位可以对劳动者进行调岗,但是需要举证证明调岗的原因、调岗的理由合理,否则可能承担败诉的后果。

《劳动合同法》第 35 条第 1 款规定,"用人单位与劳动者协商一致,可以变更劳动合同约定的内容",《劳动法》第 17 条第 1 款规定,"订立和变更劳动合同,应当遵循平等自愿、协商一致的原则,不得违反法律、行政法规的规定"。这两部法律都强调变更劳动合同,应遵循协商一致的原则,同时《劳动法》还要求"不得违反法律、行政法规的规定",在立法上明确了用人单位具有变更劳动合同,包括调岗的权利。

(一)用人单位具有单方调岗权

《合同法》第 77 条第 1 款规定,"当事人协商一致,可以变更合同"。也就是说,在调整平等民事主体之间关系的合同法中,若要变更合同,一般情况下需要当事人之间协商一致。可是,《劳动合同法》与此有很大的不同,它并非调整平等民事主体之间的法律关系,具有特殊性。也就是说,相关法律、法规赋予了用人单位单方调岗权,例如:

《劳动合同法》第 40 条规定了用人单位的法定调岗权,即:"(一)劳动者患病或者非因工负伤,在规定的医疗期满后不能从事原工作,(二)劳动者不能胜任工作,可以进行培训或者调整工作岗位"。简言之,就是在员工医疗期满不能从事原工作和不胜任工作的情况下,企业有调岗权。

《女职工劳动保护特别规定》第 6 条规定,女职工在孕期不能适应原劳动的,用人单位应当根据医疗机构的证明,予以减轻劳动量或者安排其他能够适应的劳动。《职业病防治法》第 36 条第 2 款规定,对在职业健康检查中发现有与所从事的职业相关的健康损害的劳动者,应当调离原工作岗位,并妥善安置。也就是说,企业在上述情况下也可以依法调整员工的工作岗位。

由此可见,如果完全否认用人单位对劳动者的单方调岗权,则无异于否定了用人单位的内部管理权,限制了劳动者的合理流动,束缚了用人单位的手脚,既不利于用人单位的发展,也不利于产生良好的经济效益。

(二)单方调岗权的限度

虽然用人单位具有单方调岗权,但是鉴于劳动关系的特殊性,用人单位不能滥用此权利,要有一定的限度。因为劳动者一旦与用人单位签订了劳动合同,其生活地点、生活方式、家庭等都会随之而改变,劳动者由此产生了大量的信赖利益。劳动合同内容的改变,不仅可能导致劳动者承受因劳动合同本身变动的不利,也可能使劳动者丧失很多信赖利益。尤其是将劳动者由一个熟悉的岗位调到新的岗位,除非是上升式的调动,否则一般情况下劳动者会产生一种抵触情绪。

上海市高级人民法院在 2006 年发布的《关于审理劳动争议案件若干问题的解答》中,关于用人单位单方调岗的观点归纳起来有两点:(1)在劳动者不能胜任工作、医疗期满后不能从事原工作的情况下单方调整工作内容,用人单位应当举证证明调整工作内容的合理性;(2)劳动合同中提前明确约定调岗内容的,企业可以按照约定单方调岗,但是如果约定不明确,则用人单位要充分证明调整的合理性。

2014 年,上海市高级人民法院在审判中指出:"倾向认为,虽《劳动合同法》规定用人单位与劳动者协商一致可以变更劳动合同,但也不可否认用人单位因生产结构、经营范围进行调整或外部市场发生变化的情况下行使经营管理自主权,在合法、合理的前提下对劳动者岗位进行适当调整,对此劳动者应当予以配合,这也是劳动关系人身从属性的具体体现。如劳动者对调整工作岗位有异议,应当采用协商的方式解决,而不应当以消极怠工的方式进行抵制或对抗。故如劳动者既未到新的工作岗位报到,也未到原岗位出勤的,按照用人单位规章制度规定确属严重违纪的,用人单位可以与劳动者解除劳动合同。"

从上海市高级人民法院的裁判口径来看,赋予用人单位非常大的单方调岗权,并据此认为这是"劳动关系人身从属性的具体体现",强调了劳动者的服从性,"不应当以消极怠工的方式进行对抗"。

广东法院 2012 年的座谈会纪要肯定了用人单位基于用工自主权的单方调岗行为,同时对这种单方调岗行为作出了一些限制,包括:(1)调整劳动者工作岗位是用人单位生产经营的需要;(2)调整工作岗位后劳动者的工资水平与原岗位基本相当;(3)不具有侮辱性和惩罚性。该座谈会纪要同样肯定了用人单位的自主用工权,但是有一定的限制。

由此可见,在当前的劳资关系中,相对于用人单位的单方调岗权来说,肯定劳动者合理对抗权的规定还比较模糊,倾向于肯定用人单位的内部管理权,对劳动者权利的保护较弱,加重了劳动者的举证责任。

虽然裁判口径和会议纪要对审理与调岗有关的劳动纠纷具有一定的指导

作用，但是在具体案件中，法官还是有很大的自由裁量权。例如，在（2015）粤高法审监民提字第31号案中法院认为，企业在生产经营过程中，依据经济形势和自身发展需要调整员工的工作岗位及薪酬标准，是企业用工自主权的重要内容，完全否认企业的单方变更权并不现实。然而，实践中，如何把握用人单位调整合同的尺度，确为难点。而用人单位也经常采用如本案劳动合同书中类似的文本形式，即将应当明确的"工作岗位、工作地点"等进行宽泛的或概括性的描述，一定程度上规避风险。为了限制权利滥用，《劳动合同法》第17条将"工作内容、工作地点"等列为合同必备条款，旨在尊重劳动者工作意愿的前提下，保护劳动者享受相对稳定和可预期的劳动环境以及劳动报酬。此外，该法第35条规定，用人单位与劳动者协商一致，可以变更劳动合同约定的内容。该条实际上对企业提出要求，即企业应对其调岗、调薪行为的"充分合理性"履行举证义务。如果劳动合同可以约定用人单位有权随意调整岗位，而劳动者签约即表示服从，那么劳动合同应必备"工作岗位"等条款的规定也失去其意义；如果因存在此类条款而引发争议，没有赋予用人单位应有的举证责任，那么，用人单位这种"调岗、调薪"权就容易被异化为变相降薪、逼迫劳动者主动辞职等形式。

在《成都成华美好家园商贸有限公司与别川琴劳动争议二审民事判决书》（2015）成民终字第5879号中，法院也强调："用人单位享有用工自主权，上诉人作为市场经营主体，有权在法律允许的范围内根据生产经营需要调整员工工作岗位，但由于在劳动合同履行过程中，劳动者对用人单位存在人身和经济上的双重依附性，双方地位实际并不平等，为平衡双方利益，必须对劳动者的权益给予倾斜性保护，对用人单位的用工管理行为包括调岗行为进行实质性的司法审查。调岗合理性的司法审查应围绕双方有无预先约定单方调岗权、有无客观正当理由、有无降低工资福利待遇、有无改变工作地点等对劳动者有重大影响的事项等方面进行。"

（三）调岗合理性的认定维度

首先，调岗行为要合法。所谓的合法，就是符合法律的规定，包括实体上的合法和程序上的合法。当劳动者出现了法定调岗的情形时，当然可以依法调岗。此时还要注意程序上的合法，如及时通知工会，给予劳动者充分的辩论权，倾听被调岗人员的心声等。

其次，调岗行为要具有合理性。对于什么样的行为是合理的，法律没有明确规定，实践中非常混乱，导致裁判人员的自由裁量权非常大。笔者认为，合理因素应从如下几个维度去判断：

1. 个人能力维度。职工的岗位要与职工个人的能力相结合，这才是用人单位变更劳动者岗位的重要因素。一般情况下，结合考核，将劳动者在与其原来的岗位相同或者相近的岗位之间予以调整，基本上是合理的，而将行政人员调到生产一线部门就会产生许多问题。

2. 岗位变化维度。在企业经营发生严重困难的情况下，需要合并或裁掉某一岗位，甚至对某一岗位的人员进行精简，但用人单位要有足够的证据证明确有"经营严重困难的情况发生"，否则有可能属于为变相裁员找借口。

3. 待遇维度。一般情况下，调岗后调高劳动者的工资待遇会认定其岗位调整是合理的，但如果调岗后降薪，就需要提供降薪的理由，否则属于不当调岗。

4. 职务维度。一般情况下，如果升职，裁判者一般就会认为其合理性较大；如果降职，就需要说明降职的理由，不能说服裁判者的可能会被认为是不合理调岗。

5. 明确性维度。用人单位在调岗的时候要明确新岗位的具体内容，要求劳动者从事的具体岗位，以及工资、福利情况等，有些还要写明做好入岗前的培训工作，以减轻劳动者的恐惧、抵触情绪。

6. 程序性维度。程序合理合法才能保证程序正义，减少企业滥用管理权，使劳动者具有知情权，给其合理的思考期，进行充分协商，听取员工的意见，避免野蛮调岗。

以上简单列举了调岗需要考虑和注意的因素，总的原则是从对劳动合同目的进行"人本化"考量作为基本出发点，兼顾用人单位经营需要与劳动者提供劳动的便利性、公正性、可持续性等方面的因素。

总之，我们要坚持保护劳动者的合法权益与用人单位的自主权相结合，平衡双方的利益，促进人力资源的优化配置和内部的有效管理，从而使企业在激烈的市场竞争中立于不败之地。企业应切实维护劳动者的合法权益，不能做出名为调岗实为变相解雇的行为，从而妨害和谐劳动关系的建立，最终形成两败俱伤的局面。

第三章

劳动合同的解除[*]

第一节 对劳动者单方面解除劳动合同关系的理解和限制

一、争议焦点

单方面解除劳动合同是指在劳动合同订立以后，尚未履行完毕之前，由于劳动合同一方的法律行为导致双方的劳动合同关系提前消灭的法律行为。一般可分为用人单位解除和劳动者解除两种情况。本节讨论的是劳动者单方面解除劳动合同的相关法律问题，主要包括：在劳动合同的履行过程中，劳动者单方面解除劳动合同关系的条件，劳动者单方面解除劳动合同关系的限制，以及劳动者单方面解除劳动合同关系是否能获得经济补偿金等。

二、基本案情

劳动者周某某申请劳动仲裁，要求 A 公司支付解除劳动关系的经济补偿金 24000 元。上海市某区劳动人事仲裁委员会受理后查明，周某某于 2012 年 5 月 24 日进入 A 公司从事操作工工作，月工资为 5000 元，2014 年 3 月调整为 6500 元。周某某工作期间，A 公司一直未为周某某缴纳社会保险，且经常

---

[*] 本章作者：戴英。

不按时向周某某支付工资。2015年2月5日，周某某离职。周某某现主张解除劳动关系的经济补偿金，其依据是公司有不缴社会保险、拖欠工资的行为，公司应向劳动者支付解除劳动关系经济补偿金。在仲裁庭审中，A公司承认公司确实存在未缴社会保险、不按时发放工资的情形，但A公司认为，周某某当时向公司口头辞职的理由是妻子怀孕，打算回老家照顾妻子，而非以拖欠工资、不缴纳社会保险为由提出辞职，不符合法定的支付经济补偿金的情形，故不同意支付经济补偿金。劳动人事仲裁委员会认为，A公司确实存在未依法替周某某缴纳社会保险、拖欠工资的事实，且A公司亦未能提供证据证实周某某提出辞职理由之事实，故裁决A公司向周某某支付解除劳动关系经济补偿金21226.08元。

A公司对仲裁裁决结果不服，向上海市某区人民法院提起诉讼，要求判令A公司无需向周某某支付解除劳动关系经济补偿金21226.08元。法院经审理后认为，周某某陈述因公司未缴纳社会保险、经常拖欠工资，故提出辞职，对此周某某应承担举证责任。虽然根据周某某提供的证据，A公司确实存在上述行为，但周某某无证据证实系因上述原因而申请离职，故要求A公司支付经济补偿金证据不足。对于A公司主张不应支付的请求，法院予以支持。判决后，周某某与A公司均未提起上诉。

三、裁判观点

法院认为，根据《劳动合同法》第38条之规定，用人单位存在未依法缴纳社会保险、未及时足额支付劳动报酬的情形，劳动者提出解除劳动关系的，用人单位应依据《劳动合同法》第46条第1款的规定向劳动者支付经济补偿金。

本案中周某某及A公司对公司存在未依法缴纳社会保险、未及时足额支付劳动报酬的情形都予以确认。但周某某主张自己是以公司未依法缴纳社会保险、拖欠劳动报酬为由提出辞职的，而公司对此予以否认。根据最高人民法院《关于民事诉讼证据的若干规定》第1条、第6条之规定，劳动争议纠纷案件中，除因用人单位作出开除、除名、辞退、解除劳动合同、减少劳动报酬、计算劳动者工作年限等决定而发生劳动争议的，由用人单位负举证责任，其他争议应由劳动者承担举证责任。本案中，由于周某某未能提供证据证明其系因公司未依法缴纳社会保险、拖欠劳动报酬原因辞职，要求公司支付经济补偿金证据不足，故法院判决A公司无须支付经济补偿金。

四、律师评析

本案属于劳动者依据《劳动合同法》第38条单方行使解除权的情形。《劳动合同法》第38条赋予劳动者有条件单方面解除劳动合同的权利，该条款规定的情形均以用人单位存在过错为前提。也就是说，如果出现了法定的事由，劳动者有权随时与用人单位解除劳动合同，并有权向用人单位主张解除劳动合同的经济补偿金。

《劳动合同法》第38条规定："用人单位有下列情形之一的，劳动者可以解除劳动合同：（一）未按照劳动合同约定提供劳动保护或者劳动条件的；（二）未及时足额支付劳动报酬的；（三）未依法为劳动者缴纳社会保险费的；（四）用人单位的规章制度违反法律、法规的规定，损害劳动者权益的；（五）因本法第二十六条第一款规定的情形致使劳动合同无效的；（六）法律、行政法规规定劳动者可以解除劳动合同的其他情形。用人单位以暴力、威胁或者非法限制人身自由的手段强迫劳动者劳动的，或者用人单位违章指挥、强令冒险作业危及劳动者人身安全的，劳动者可以立即解除劳动合同，不需事先告知用人单位。"

《劳动合同法》第46条规定："劳动者依照本法第三十八条规定解除劳动合同的，用人单位应当向劳动者支付经济补偿。"

（一）劳动者行使法定解除权时的举证责任

在实践过程中，劳动者行使法定解除权时须承担证明用人单位存在违法事实的举证责任。举证时分举证较困难和相对容易两种情形。

1. 对于未按照劳动合同约定提供劳动保护或者劳动条件；用人单位的规章制度违反法律、法规的规定，损害劳动者权益；因《劳动合同法》第26条第1款规定的情形致使劳动合同无效；用人单位以暴力、威胁或者非法限制人身自由的手段强迫劳动者劳动的；以及用人单位违章指挥、强令冒险作业危及劳动者人身安全的这几项情形，劳动者举证较为困难，并且劳动者与用人单位往往就是否未按约定提供劳动条件、是否损害劳动者权益、劳动合同是否无效、用人单位是否强迫劳动、强令作业等问题存在较大争议，一旦法院认定劳动者单方解除的理由不成立，则劳动者拿不到任何经济补偿金。

2. 对于未及时足额支付劳动报酬、未依法为劳动者缴纳社会保险费这两项情形，劳动者举证较为容易，可以提供工资发放明细、社会保险缴纳记录等证据来证明公司存在不及时足额发放工资、未依法缴纳社会保险费的情形。

本案中，周某某及A公司对公司存在未依法缴纳社会保险、未及时足额支付劳动报酬的情形都予以确认。周某某主张自己是以公司未依法缴纳社会保险、拖欠劳动报酬为由提出辞职的。公司对此予以否认。周某某未能提供证据证明其系因公司未依法缴纳社会保险、拖欠劳动报酬等原因辞职，要求公司支付经济补偿金证据不足，故法院不支持其诉请。

（二）劳动者行使法定解除权时的注意事项

1. 劳动者以《劳动合同法》第38条所列举的情形单方面解除劳动关系时，必须要在辞职报告中明确写明公司所存在的具体过错行为，及是由于公司存在上述过错行为才提出辞职这一辞职理由，并保留辞职报告的复印件，作为主张经济补偿金的证据。本案中劳动者未保留相关证据，导致即便法院认定用人单位存在未及时足额支付劳动报酬、未依法为劳动者缴纳社会保险费等法定解除劳动合同的情形，但由于劳动者无证据证明自己系因上述原因而提出辞职，故仍判决公司无须支付经济补偿金。

2. 对于"未及时足额支付劳动报酬"，一般在司法实践中理解为，如果在一个工资支付周期内公司不发放工资，可认定属于未及时支付工资；如果发放的工资数额少于劳动合同约定的工资数额，可认定属于未足额发放工资。

实践中劳动者仅以公司延迟几天发放工资就提出辞职的，法院认为用人单位的过错程度较轻，一般倾向于不支持经济补偿金的请求。

另外，劳动者以未足额支付加班工资提出辞职的，法院在审理过程中会根据具体情况来判决是否支持经济补偿金的请求。北京市第三中级人民法院发布的《劳动争议案件审理的10个裁判观点》（2016）中提到：劳动者以用人单位未足额支付加班费为由解除劳动合同，主张经济补偿金的，应审查用人单位未足额支付的具体情况。劳动者有证据证明其长期存在加班，而用人单位长期、持续拖欠加班工资，劳动者以此为由提出解除合同，主张经济补偿金的，应予以支持；如果用人单位已经向劳动者支付了加班费，且能够提供明确的加班费计算依据，金额亦趋于合理，即使法院最终核算的数额与用人单位已支付的数额有偏差，劳动者以用人单位未足额支付加班费为由主张经济补偿金，也不予支持。

3. 对"未依法为劳动者缴纳社会保险费"如何理解。一般情况下，在用人单位已经为劳动者建立社会保险账户且缴费险种齐全的情况下，可以视为用人单位已经基本履行了缴纳社会保险的义务。如果劳动者仅以缴费基数不足或部分月份未足额缴纳社会保险为由提出辞职，法院一般倾向于不支持劳动者要求支付经济补偿金的主张。

4. 劳动者单方提出解除劳动合同的法律效力。只要具备法律规定的形式、条件，无需双方协商达成一致意见，也无须征得用人单位的同意，劳动者一旦作出解除劳动合同的意思表示，便产生解除劳动关系的法律效果。

第二节　对劳动者严重违反用人单位规章制度的理解和运用

一、争议焦点

为确保用人单位的用工自主权，《劳动合同法》规定了用人单位享有劳动合同解除权，但为防止用人单位滥用解除权，在立法上对用人单位与劳动者解除劳动合同的条件作了严格限制。劳动者严重违反用人单位规章制度的行为，属于用人单位单方实施劳动合同过错解除的情形之一。然而法律并未规定"严重违纪"的标准，实践中用人单位与劳动者对此有较大争议。

二、基本案情

劳动者张某某申请劳动仲裁，要求 A 公司支付违法解除劳动合同赔偿金 82240 元。上海市某区劳动人事仲裁委员会受理后查明，张某某于 2005 年 9

月1日入职A公司从事普工工作,最后一份劳动合同期限为2011年10月17日至2014年10月16日。2013年9月11日,A公司以张某某违反公司规章制度及不服从岗位职责、消极怠工、顶撞领导、扰乱他人工作秩序等为由将张某某予以开除。张某某被开除前12个月的平均工资为5140元。仲裁时A公司未到庭应诉,劳动人事仲裁委员会认为系A公司自行放弃申辩权利,裁决A公司支付张某某解除劳动合同赔偿金76265.72元。

A公司对仲裁裁决结果不服,向上海市某区人民法院提起诉讼,要求判令A公司不向张某某支付解除劳动合同赔偿金76265.72元。A公司在诉状中陈述,公司2013年3月5日安排张某某与公司负责售后服务的另一名员工一起前往一客户公司修理机床,张某某无正当理由拒绝前往,该行为在公司中造成极坏影响,故公司依据规章制度给予其警告处分。2013年9月,张某某因公司未同意其调岗要求,产生懈怠情绪,9月份上班时间基本处于只打卡不工作状态。9月10日,张某某又尾随厂长要求调岗。被告行为已严重影响公司的秩序及其他管理人员的工作,经劝说未果,公司于2013年9月11日与张某某解除劳动合同。同时,A公司提供了证人、录像视频等证据材料证明张某某存在公司所称的种种违反规章制度的行为。张某某辩称:他3月5日没去客户处是因公司有规定,外出时不得两人同行;9月没有消极怠工行为;9月10日并未尾随厂长,仅是曾在其办公室坐着询问为何不给其安排工作,而且并不是一整天都待在办公区域。张某某确认其知晓公司的规章制度。法院经审理认定张某某的行为属于严重违反公司规章制度,判决A公司无须支付张某某解除劳动合同的赔偿金。

判决后,张某某不服,向上海市第一中级人民法院提起上诉,一中院审理后认为张某某确实存在过错,但过错是否达到严重违反公司规章制度程度有待商榷。后双方在一中院的主持下达成调解协议,由A公司一次性补偿张某某15000元。

三、裁判观点

一审法院认为,遵守用人单位合理的工作安排,应当为劳动者最基本的义务。2013年3月5日，A公司安排张某某与他人一起去客户公司是工作需要，即便公司有两个人不要一同外出的规定，但本次外出是由公司领导安排，且这一安排客观上并无不合理之处，故张某某拒绝前往的理由并不充分。2013年9月10日和11日，从公司提供的视频资料中可以看出，被告当天确实长时间坐在公司管理人员的办公区域内，庭审中张某某也认可这一事实。管理人员办公区域并非张某某的工作地点，张某某应当就其工作时间内长时间逗留于非工作区域的合理性承担举证责任，然而张某某对此并无任何证据予以证明。另外，根据双方庭审中的陈述，该期间双方之间亦未发生任何有可能致使公司不给被告安排工作的客观事由，且被告本人亦未就公司为何独不给其安排工作这一做法给出合理解释，故被告的辩称理由，本院难以采信。此外，即便双方产生了纠纷，被告也应当诉诸申诉、仲裁和诉讼等合法途径解决，然其采取的上述行为，不仅无助于问题的解决，而且客观上确实对于公司的办公秩序存在不利影响。因此，原告解除与被告之间的劳动合同关系，并无不当之处。鉴于此，原告要求无须支付被告解除劳动合同的赔偿金，于法有据，予以支持。

二审法院认为，公司以依据规章制度张某某累计三次警告、记过处分到达解除劳动合同的程度，对张某某作解除合同处理，但根据公司提供的2013年9月10日和11日视频资料，只能看到张某某确实是待在管理人员的办公区域，但从该视频中无法看出张某某该行为影响到其他员工的工作，也未有任何员工要求张某某离开，且该视频录制时间仅为15分钟左右，不能证明张某某是长时间逗留于管理人员的办公区域。由此来认定张某某严重违反公司规章制度有待商榷。

四、律师评析

用人单位在劳动合同履行过程中，以劳动者存在法律规定的过错为由解除劳动合同，属于合法解除劳动合同，无需向劳动者支付赔偿金。

《劳动合同法》第39条规定："劳动者有下列情形之一的，用人单位可以解除劳动合同：（一）在试用期间被证明不符合录用条件的；（二）严重违反用人单位的规章制度的；（三）严重失职，营私舞弊，给用人单位造成重大损害的;(四)劳动者同时与其他用人单位建立劳动关系,对完成本单位的工作任务造成严重影响,或者经用人单位提出,拒不改正的;(五)因本法第二十六条第一款第一项规定的情形致使劳动合同无效的;(六)被依法追究刑事责任的。"

实践中,用人单位适用《劳动合同法》第39条第2项解除劳动合同,需同时满足以下条件:

1. 用人单位制定了合法有效的规章制度,且规章制度经公示或者以其他方式明确告知劳动者。

用人单位可以依据自身实际情况制定相应的规章制度,所制定的规章制度不但内容必须符合法律、法规的规定,而且程序也要合法,并且向劳动者进行了公示。最高人民法院《关于审理劳动争议案件适用法律若干问题的解释》(一)第19条规定:"用人单位根据《劳动法》第四条之规定,通过民主程序制定的规章制度,不违反国家法律、行政法规及政策规定,并已向劳动者公示的,可以作为人民法院审理劳动争议案件的依据。"《劳动合同法》第4条规定:"用人单位应当依法建立和完善劳动规章制度,保障劳动者享有劳动权利、履行劳动义务……用人单位应当将直接涉及劳动者切身利益的规章制度和重大事项决定公示,或者告知劳动者。"

2. 劳动者有严重违反用人单位规章制度的行为。

何为"严重违纪",法律对此并没有明确规定,一般应以《劳动合同法》《劳动法》等法律、法规所规定的范围和用人单位内部规章制度依法确定的具体界限为准。一般理解为:不服从用人单位的工作安排、工作期间打架斗殴、连续迟到早退、旷工等性质恶劣、情节严重的行为,都属于严重违反规章制度的行为。

本案中,公司提供了规章制度,并且劳动者也知晓该规章制度。公司在与劳动者解除劳动合同之前,针对劳动者不服从工作安排、消极怠工、长时间逗留于非工作区域不完成工作等行为,依据公司规章制度中的对应处罚条款已经给予警告、记过等处分。但劳动者在受到处罚后,并没有悔改,仍继续采取上述行为。公司认为劳动者的行为已属于严重违反公司规章制度。一审法院也认为劳动者行为属于严重违反公司规章制度。二审法院则认为劳动者行为是否达到严重违反公司规章制度的程度有待商榷。由此引发一个问题：如何界定劳动者是否"严重违纪"？

"严重违纪"的界定标准主要靠用人单位的规章制度予以规定，规章制度中对相关问题进行界定时要把握好尺度。事实上，严重不严重，都是相对而言的，只能由用人单位自由裁量，但自由裁量须符合一般性评判标准，同时结合用人单位的自身实际情况来确定。譬如，同样是员工违反规定在工作场所吸烟，发生在物业公司和生产爆竹的公司，性质就完全不一样。

另外，对于虽然达不到"严重违纪"但"大错没有，小错不断"的行为，用人单位可以通过严密的规章制度让一系列行为的过错程度不断升级，达到一定程度同样可以界定为"严重违纪"。

还需注意的是，用人单位以劳动者严重违反规章制度解除劳动合同的，举证责任在用人单位，用人单位要增强证据意识，对员工的违纪行为及时处理并保留好相关证据。

不可否认，现实中往往存在用人单位依据规章制度随意解雇劳动者的情形，为了避免用人单位滥用这一权利，对用人单位依据规章制度作出的解除决定，裁判机构一般会对用人单位规章制度的合理性进行相应的审查。由于法律并未规定"严重违纪"的具体标准，裁判机构对此具有自由裁量权。目前司法实践中，裁判机构对规章制度的合理性审查仅限于发生劳动争议所依据的规章制度的具体条款，就如本案中公司依据其规章制度对劳动者予以解雇，法院在审理过程中则会审查所依据的解雇条款是否合理、是否达到"严重违纪"的程度。

鉴于法律、法规存在很大弹性空间，建议用人单位在制定各项规章制度时，根据实际情况将具体条款予以细化和明确，以便在行使单方解除权时，可以有针对性地提供解除依据。

第三节　对双重劳动关系的认定和解除限制

一、争议焦点

所谓"双重劳动关系",是指一个劳动者同时与两个不同的用人单位存在劳动关系。在社会实践中,双重劳动关系大量存在,例如兼职人员、内退后又到其他单位供职等情况。本节主要讨论以下争议焦点:什么是双重劳动关系?双重劳动关系有什么特殊性?双重劳动关系的解除限制有哪些?

二、基本案情

原告胡某某诉称:2006年3月13日,胡某某到被告A公司处工作,担任技术员,双方签订了劳动合同,最后一份劳动合同的期限至2018年1月2日。胡某某是以内退人员的身份进入被告处工作的,双方之间形成劳动关系。胡某某在职期间,A公司未足额支付其加班工资,应当予以补足。胡某某在与A公司协商支付所欠劳动报酬不成的情况下,于2014年4月24日以A公司不能及时、足额发放劳动报酬为由提起劳动仲裁。A公司在5月17日发放4月份工资时,单方面改变了胡某某工资条上的出勤记录,并将原工资的其他项目应得的报酬进行扣除,仅发给胡某某基本工资(本市最低工资标准)人民币1820元,而未足额发放胡某某正常工作时间内的全部工资。胡某某在与A公司交涉未果的情况下,于2014年5月26日提出辞职,理由是A公司拖欠、扣除胡某某以上所提的各项劳动报酬事宜。现胡某某对劳动人事争议仲裁委员会作出的裁决不服,起诉至法院,要求判令A公司支付:(1)2014年4月份和5月份工资差额6134元;(2)解除劳动合同的经济补偿金41540元;(3)2008年至2013年期间的应休未休年休假工资27075元。法院经审理后判决被告A公司于本判决生效之日起10日内支付原告胡某某2013年度应休未休年休假工资差额4494元;驳回原告胡某某的其他诉讼请求。

三、裁判观点

法院认为，本案首先要确定原、被告之间的关系。原告系内退人员，2006年3月13日入职被告处，根据当时的相关规定，协保、内退、停薪留职等人员再就业，与新的用人单位形成特殊劳动关系。而根据2010年9月14日起实施的《劳动争议司法解释（三）》的相关规定，企业停薪留职人员、未达到法定退休年龄的内退人员、下岗待岗人员以及企业经营性停产放长假人员，因与新的用人单位发生用工争议，依法向人民法院提起诉讼的，人民法院应当按劳动关系处理。根据法不溯及既往的原则，对于2010年9月14日之前已与新用人单位建立特殊劳动关系，且该特殊劳动关系处于持续状态的，则应按2003年4月25日上海市劳动和社会保障局下发的《关于特殊劳动关系有关问题的通知》精神执行。本案中，原、被告之间于2006年3月13日建立特殊劳动关系，该特殊劳动关系一直处于持续状态，原告与被告之间在工作时间、劳动保护、最低工资这三方面适用劳动法律的规定，而其他权利义务则视双方的约定。2012年1月3日，双方签订新的劳动合同，根据《劳动争议司法解释（三）》的规定，原告与原用人单位和被告之间形成双重劳动关系，相关权利义务可依照《劳动法》《劳动合同法》的有关规定执行。综上，依照《职工带薪年休假条例》第2条、第3条、第5条第3款，《劳动争议司法解释（三）》第8条、第9条，《劳动争议调解仲裁法》第27条第1款，最高人民法院《关于民事诉讼证据的若干规定》第2条，《民事诉讼法》第142条之规定，判决被告A公司支付原告胡某某2013年度应休未休年休假工资差额4494元，2013年之前的年休假工资已超过诉讼时效，不予支持。

四、律师评析

《劳动争议司法解释（三）》第8条规定，企业停薪留职人员、未达到法定退休年龄的内退人员、下岗待岗人员以及企业经营性停产放长假人员，因与新的用人单位发生用工争议，依法向人民法院提起诉讼的，人民法院应当按劳动关系处理。

《劳动合同法》第39条第4项规定，劳动者同时与其他用人单位建立劳动关系,对完成本单位的工作任务造成严重影响,或者经用人单位提出,拒不改正的,用人单位可以解除劳动合同。

从法条上看,双重劳动关系主要分两种情况:一、企业停薪留职人员、未达到法定退休年龄的内退人员、下岗待岗人员以及企业经营性停产放长假人员与原单位及新单位均是劳动关系;二、兼职人员同时与两家用人单位存在劳动关系。

(一)两种双重劳动关系各自具有特殊性

1. 企业停薪留职人员、未达到法定退休年龄的内退人员、下岗待岗人员以及企业经营性停产放长假人员,与原用人单位之间的劳动关系,虽然在表面上尚未解除或消灭,但是,从实质上看,劳动者既不提供劳动,用人单位也不提供工作岗位,劳动关系有名无实。而新的用人单位为劳动者提供工作岗位,劳动者付出劳动,两者之间的关系符合劳动关系的一切基本特征,劳动者与新用人单位之间的相关权利义务均可依照《劳动法》《劳动合同法》的有关规定执行。

具体来说,第一,社会保险的缴纳。在停薪留职、提前退休、下岗待岗、企业经营性停产放长假等情形下,劳动者与新用人单位建立用工关系的,应当由新用人单位与劳动者按照相关规定缴纳社会保险费用。第二,工伤赔偿。由对劳动者与原用人单位之间关系的政策、法规依据的阐述可知,劳动者于新用人单位工作期间发生工伤事故的,应当由新用人单位承担工伤待遇的各项义务。第三,工作时间、劳动条件、工资标准、劳动合同解除或终止,都应当适用《劳动法》和《劳动合同法》的相关规定。

2. 兼职人员具有同时与两家用人单位存在劳动关系这一特殊性,因此在解除劳动合同方面,《劳动合同法》第39条第4项特别规定了用人单位解除劳动合同的两项情形:(1)劳动者同时与其他用人单位建立劳动关系,对完成本单位的工作任务造成严重影响的。至于何种情形算是严重影响,法律对此没有明确规定,需要根据具体情况具体分析。实践中用人单位适用该条款时需提供相应的证据,证明由于劳动者的兼职,对完成本单位的工作任务造成严重影响,如影响了单位工作的进度等情况。从举证责任上讲,用人单位举证非常困难。一般建议用人单位不要轻易适用该条款与劳动者解除劳动合同。(2) 劳动者同时与其他用人单位建立劳动关系，经用人单位提出，拒不改正的。

（二）用人单位在适用《劳动合同法》第 39 条第 4 项规定与员工解除劳动合同时应当注意的几个问题

第一，用人单位应对员工的兼职行为进行核实，并留存相关的证据。如果没有证据可以证明员工兼职，就不具有适用该条款的事实基础。不然双方产生争议后，劳动者如不承认有兼职行为，用人单位举证时会很被动。关于证明劳动者兼职的证据，可以是与劳动者的谈话记录，由劳动者签字承认，也可以是劳动者所兼职的公司出具的证明等。

第二，用人单位以劳动者对完成本单位工作任务造成严重影响解除劳动合同时，从举证责任角度考虑，由于很难对"严重影响"进行相关界定，因此建议用人单位尽量不要适用该条款与劳动者解除劳动合同。

第三，建议用人单位适用"经用人单位提出，拒不改正"这一规定，但需保存相关证据。用人单位可以采取书面形式要求劳动者改正，并且要求劳动者签字确认。

第四，用人单位也可以直接在规章制度中规定，不允许员工兼职，将兼职列为严重违反用人单位规章制度的情形，这样用人单位一旦发现员工兼职，就有权直接解除劳动合同。

（三）关于双重劳动关系的社保缴纳问题

根据《实施〈社会保险法〉若干规定》（人力资源和社会保障部令第 13 号）第 9 条，职工（包括非全日制从业人员）在两个或者两个以上用人单位同时就业的，各用人单位应当分别为职工缴纳工伤保险费。职工发生工伤，由职工受到伤害时工作的单位依法承担工伤保险责任。根据该规定，理论上两个用人单位可以同时为劳动者缴纳工伤保险，但实践中该规定尚难以操作。

第四节 对"劳动者被依法追究刑事责任"这一条款的理解

一、争议焦点

《劳动合同法》规定,劳动者被依法追究刑事责任的,用人单位可以解除劳动合同。适用这一条款解除劳动合同,关键要理解"被依法追究刑事责任"的具体含义,即哪些属于"被依法追究刑事责任"的范畴。

二、基本案情

案例一

林某系某公司操作工,双方签订了2012年5月1日至2015年4月30日的劳动合同。2014年3月12日林某因涉嫌盗窃,被公安机关拘留审查。林某所在公司在得知林某被拘留后,于2014年3月31日以林某被追究刑事责任为由,解除了与林某之间的劳动合同。2014年4月8日,林某被公安机关以证据不足予以释放。林某申请劳动仲裁要求恢复与公司的劳动关系。仲裁未支持林某的请求。林某不服起诉至法院,法院经审理后判决公司与林某恢复劳动合同关系。

案例二

刘某系某公司技术员,2013年11月,刘某因口角与人发生冲突,将他人打成轻伤。事后法院判决刘某犯故意伤害罪,但由于犯罪情节轻微,免予刑事处罚。刘某所在公司以刘某被法院判处故意伤害罪为由解除了与刘某的劳动合同,并决定不予支付经济补偿金。刘某对公司的决定不服,认为自己明明已经被"免予刑事处罚"了,公司解除劳动合同的决定违法。刘某申请劳动仲裁,要求恢复与公司的劳动关系,仲裁机构未支持刘某的请求。刘某不服,起诉至法院,法院经审理后判决驳回刘某的诉请。

案例三

朱某在某物业公司任保安。2014年11月，朱某因未履行法院生效判决中的金钱给付义务而被申请强制执行，在法院强制执行过程中，他因故意隐瞒财产而被法院处以15日的司法拘留。司法拘留结束后，朱某所在公司作出解除与其劳动关系的决定，并且不予支付经济补偿金，理由是他被司法拘留并且旷工达15日。朱某申请劳动仲裁，要求公司支付违法解除劳动合同的赔偿金。仲裁机构未支持朱某的请求。朱某不服，起诉至法院，法院经审理后认为公司系违法解除劳动合同，判决公司向朱某支付赔偿金。

案例四

吴某在某公司担任生产组长职务，公司与其签订了无固定期限劳动合同。2015年2月，吴某因涉嫌诈骗罪被人民检察院刑事拘留，后被批准逮捕。法院经审理后判决吴某犯诈骗罪，判处有期徒刑一年，宣告缓刑一年。公司在吴某被判刑后与吴某解除劳动合同关系。吴某申请劳动仲裁，要求恢复与公司的劳动关系。仲裁机构未支持吴某的请求。吴某不服，起诉至法院，法院经审理后判决驳回吴某的诉请。

三、裁判观点

案例一，法院认为，林某因涉嫌盗窃，被公安机关拘留审查，但最终因证据不足被释放，所以不构成"被追究刑事责任"，公司不能由此解除劳动合同，故判决公司与林某恢复劳动合同关系。

案例二，法院认为，根据《关于贯彻执行〈劳动法〉若干问题的意见》第29条的规定："劳动者被依法追究刑事责任的，用人单位可以根据劳动法第二十五条解除劳动合同。被依法追究刑事责任是指：被人民检察院免予起诉的、被人民法院判处刑罚的、被人民法院根据刑法第三十二条免予刑事处分的。"因此，公司以刘某犯故意伤害罪作出解除与其劳动合同且不支付经济补偿金的决定是合法的，判决驳回刘某要求恢复劳动合同关系的诉请。

案例三，法院认为对朱某的拘留是一种司法拘留，它不是刑事责任的一种。《劳动合同法》规定，只有被依法追究刑事责任的才能解除劳动合同，故用人单位并不能以此为由解除劳动关系。此外，朱某被拘留期间由于非个人主观原因而不能履行正常的请假手续，事出有因，用人单位不能以其旷工为由解除劳动合同。因此，公司系违法解除劳动合同，判决公司向朱某支付赔偿金。

案例四，法院认为吴某被判处有期徒刑一年，宣告缓刑一年，尽管属于缓刑，无须到监狱服刑，但仍属于被追究刑事责任，公司与其解除劳动合同于法有据。由此判决驳回吴某要求恢复劳动合同关系的诉请。

四、律师评析

根据《劳动合同法》第39条的规定，劳动者被依法追究刑事责任的，用人单位可以解除劳动合同。何谓"被依法追究刑事责任"？

根据劳动部办公厅《关于〈劳动法〉若干条文的说明》第25条和劳动部《关于贯彻执行〈劳动法〉若干问题的意见》第29条的规定，"被依法追究刑事责任"具体是指：

1. 被人民检察院免予起诉的；

2. 被人民法院判处刑罚的，包括主刑（管制、拘役、有期徒刑、无期徒刑、死刑），也包括附加刑（罚金、剥夺政治权利、没收财产）；

3. 被人民法院依据《刑法》第37条免予刑事处分的。《刑法》第37条规定："对于犯罪情节轻微不需要判处刑罚的，可以免予刑事处罚，但可以根据案件的不同情况，予以训诫或者责令具结悔过、赔礼道歉、赔偿损失，或者由主管部门予以行政处罚或者行政处分。"劳动者被人民法院依据《刑法》第37条免予刑事处分的，用人单位是可以解除劳动合同的。

劳动和社会保障部办公厅《关于职工被人民检察院作出不予起诉决定用人单位能否据此解除劳动合同问题的复函》中规定，人民检察院根据《刑事诉讼法》第142条第2款（对应2012年3月14日修正后《刑事诉讼法》第173条）规定作出不起诉决定的，不属于《劳动法》第25条第4项规定的被依法追究刑事责任的情形。

由此可见,"被依法追究刑事责任"是指:被人民检察院免予起诉的;被人民法院判处刑罚的,包括主刑(管制、拘役、有期徒刑、无期徒刑、死刑),也包括附加刑(罚金、剥夺政治权利、没收财产);被人民法院依据《刑法》第 37 条免予刑事处分的。

"被依法追究刑事责任"与"免予刑事处罚"是两个不同的概念。只要构成犯罪就应当追究刑事责任。在追究刑事责任的前提下,如果存在情节轻微、犯罪嫌疑人自首且犯罪较轻等情节的可以免除处罚。因此,免予刑事处罚不等于不追究刑事责任。在免于刑事处罚的情况下,用人单位仍可以与劳动者解除劳动关系。法律、法规对"被依法追究刑事责任"的范畴作出了明确规定,法院可以据此作出相关判决。

值得注意的是,被强制戒毒、治安拘留、行政拘留等情形,虽然不属于"被依法追究刑事责任"范畴,但从履行劳动义务的条件看,劳动者在被强制戒毒、治安拘留、行政拘留期间,因其人身自由受到限制而丧失了履行劳动义务的条件。法律上未将这些情形列入用人单位可以解除劳动合同的法定情形,但用人单位在实践操作中,可以将这些情形列入严重违反用人单位规章制度的范畴加以规范。

第五节 对"不能胜任工作解除劳动合同"的认定和解除限制

一、争议焦点

《劳动合同法》赋予用人单位在劳动者不能胜任工作的情况下可解除劳动合同的权利。实践中,对于如何认定劳动者是否不能胜任工作岗位,用人单位以劳动者不能胜任工作解除劳动合同的前提条件是什么,以及不能胜任工作未经培训或调岗直接解除劳动合同是否属于违法解除劳动合同等相关问题常引发争议。

二、基本案情

劳动者朱某某于 2007 年 6 月 22 日进入 A 公司从事驾驶员工作，双方每年签订为期一年的劳动合同，合同约定的工作岗位为驾驶员，朱某某月平均工资为 2695 元。2015 年 7 月 1 日 A 公司以朱某某不能胜任工作为由向朱某某出具调岗通知，将其工作岗位变更为清洁工。朱某某申请了劳动仲裁要求恢复原工作岗位。2015 年 7 月 19 日 A 公司以朱某某不服从工作调动为由解除劳动合同。朱某某遂变更仲裁请求，要求支付违法解除劳动合同赔偿金。劳动人事仲裁委员会裁决 A 公司支付违法解除劳动合同赔偿金 45815 元。

A 公司对仲裁裁决结果不服，向上海市某区人民法院提起诉讼，要求判令公司不向朱某某支付解除劳动合同赔偿金 45815 元。A 公司诉称，因朱某某不能胜任原工作，公司 2015 年 7 月 1 日变更朱某某工作岗位为清洁工，朱某某不服从工作调动，有旷工行为，公司据此解除双方劳动合同且无须支付赔偿金。朱某某称，其自入职以来一直从事驾驶员工作，并无任何不能胜任工作的行为，公司在未与其协商的情况下突然变更其工作岗位为清洁工，自己仍是正常出勤，并没有旷工。法院经审理认定 A 公司系违法解除劳动合同，判决 A 公司支付朱某某违法解除劳动合同赔偿金 37060 元。判决后，双方均未提起上诉。

三、裁判观点

法院认为，根据最高人民法院《关于民事诉讼证据的若干规定》第 6 条和《劳动争议司法解释》第 13 条的规定，"在劳动争议纠纷案件中，因用人单位作出开除、除名、辞退、解除劳动合同、减少劳动报酬、计算劳动者工作年限等决定而发生劳动争议的，由用人单位负举证责任"。A 公司与朱某某在履行劳动合同期间，A 公司单方通知朱某某解除双方的劳动合同，对于该行为是否合法有效，A 公司应提供充分证据加以证明。根据 A 公司提供的岗位调动通知单、情况说明和《员工手册》，能够证明本案纠纷源于公司以朱某某不能胜任原岗位进行了调岗，调岗后朱某某未到岗位工作，公司认为其属于旷工故予以辞退，但A公司提供的考勤记录显示朱某某在2015年7月1日至7月19日均正常出勤，A公司也未提供朱某某不能胜任原工作的证据，因此其解除劳动关系属违法。至于赔偿金的数额，朱某某同意按劳动合同约定的月工资2180元作为基数计算，并无不当，法院予以准许。据此，A公司应支付朱某某解除劳动合同赔偿金37060元。

四、律师评析

《劳动合同法》第40条规定："有下列情形之一的，用人单位提前三十日以书面形式通知劳动者本人或者额外支付劳动者一个月工资后，可以解除劳动合同：……（二）劳动者不能胜任工作，经过培训或者调整工作岗位，仍不能胜任工作的。"《劳动法》第26条规定："有下列情形之一的，用人单位可以解除劳动合同，但是应当提前三十日以书面形式通知劳动者本人：……（二）劳动者不能胜任工作，经过培训或者调整工作岗位，仍不能胜任工作的。"

上述条文明确规定的是在劳动者不能胜任工作的情况下，用人单位可对劳动者进行相应的技能培训，或者对劳动者的工作岗位进行相应的调整。可见，劳动者不能胜任工作不是用人单位解除劳动合同的前提。本案中，法院认为A公司不能证明朱某某不能胜任工作、拒绝调岗，进而旷工足以导致被辞退的行为，A公司作出解除与朱某某劳动合同的行为，显然缺乏事实和法律依据，应属于违法解除劳动合同行为。因此A公司要求不支付朱某某解除劳动合同赔偿金的诉请，于法无据，法院不予支持。该案例涉及以下几方面的问题：

（一）用人单位如何认定劳动者不能胜任工作

用人单位需要制定一套完整的考核制度，规定考核的时间、周期、考核标准及针对不同考核结果相应的处理。从完成工作数量、工作态度、工作表现、工作能力等方面综合考量，并将考核结果以通知或公示的方式使劳动者知晓。这样考核结果才能作为判断劳动者能否胜任工作的依据。例如，对于生产操作工，用人单位可以对员工的生产量进行考核，如果在一定周期内员工的产量不能达到同工种员工的平均产量,就可以认定员工不能胜任工作;对于驾驶员,用人单位则可以季度为时间周期,以发生交通事故的事故率为标准来衡量驾驶员能否胜任工作。

(二)用人单位以劳动者不能胜任工作解除劳动合同的前提条件

根据《劳动合同法》第40条的规定,用人单位需先对劳动者进行培训或调岗。因此,用人单位有义务对劳动者进行职业培训或是把劳动者调到能胜任的工作岗位上,只有在用人单位履行该两项义务的其中之一后,劳动者仍不能胜任工作的,用人单位才可以解除劳动合同。虽然法律没有对培训的内容或所调动岗位作详细规定,但司法实践中认为培训或调岗都应具有合理性。

经考核确定员工不能胜任工作,调岗后,员工选择以无故不到岗的方式来对抗企业调岗决定的,司法实务中一般均被法院认为属于"经过调整工作岗位仍不能胜任工作的情形"。同理,经考核确定员工不能胜任工作,安排劳动者培训,劳动者无故拒不参加培训的,一般也可以认为属于"经过培训仍不能胜任工作"。

(三)不能胜任工作调岗是否经劳动者同意

《劳动合同法》第40条第2款规定了劳动者不能胜任工作的情况下可调整岗位,该条款并未规定调整岗位须经劳动者同意。

另外,劳动部《关于职工因岗位变更与企业发生争议等有关问题的复函》(劳办发〔1996〕100号)规定,按照《劳动法》第17条、第26条、第31条的规定精神,因劳动合同订立时所依据的客观情况发生重大变化,致使原劳动合同无法履行而变更劳动合同时,须经双方当事人协商一致,若不能达成协议,则可按法定程序解除劳动合同;因劳动者不能胜任工作而变更、调整职工工作岗位,则属于用人单位的自主权。对于因劳动者岗位变更引起的争议应依据上述规定精神处理。

从上述规定可看出,不能胜任工作调岗无须经劳动者同意。

(四)针对用人单位的单方调岗,劳动者有何救济途径

法律赋予用人单位在劳动者不能胜任工作的情况下,无须征得劳动者同意即可单方调岗。那劳动者如对调岗不服应如何应对呢?《上海高院民一庭调研与参考》(〔2014〕15号文件)倾向认为,虽《劳动合同法》规定用人单位

与劳动者协商一致可以变更劳动合同,但也不可否认用人单位在因生产结构、经营范围进行调整或外部市场发生变化的情况下可行使经营管理自主权,在合法、合理的前提下对劳动者岗位进行适当调整,对此劳动者应当予以配合,这也是劳动关系人身从属性的具体体现。如果劳动者对调整工作岗位有异议,应当采用协商的方式解决,如劳动者既未到新的工作岗位报到,也未到原岗位出勤,按照用人单位规章制度规定确属严重违纪的,用人单位可以与劳动者解除劳动合同。

劳动者正确的应对措施是,在去新岗位报到的同时申请劳动仲裁,由裁判机构来认定调岗是否合理,而不能采取旷工等方式消极应对,不然会面临解除劳动合同的不利后果。

(五)不能胜任工作解除劳动合同是否支付经济补偿

《劳动合同法》第 46 条规定,用人单位依照本法第 40 条规定解除劳动合同的,用人单位应当向劳动者支付经济补偿。

用人单位在实际操作中的风险提示如下:

1. 不能胜任工作进行培训或调岗中最大的风险在于证明劳动者不能胜任工作这个环节,用人单位应当保留相应的证据,以备发生劳动争议时举证。

2. 关于考核制度,根据《劳动合同法》规定,涉及劳动者切身利益的规章制度应经民主程序通过,并让劳动者知晓。建议用人单位要保留向劳动者公示的相关证据,否则司法实践中裁判机构可能不会采信,认定用人单位主张不能胜任工作缺乏依据,导致败诉。

3. 关于考核流程,建议事先在制度中作出具体的规定,并向劳动者公示。用人单位对员工进行考核,尽量做到公正透明。对认定员工不胜任工作考核过程中的考核依据、考核材料、考核流程都应该有证据予以证明,确保认定该员工不能胜任工作事实清楚、依据充分。对于考核结果,尽量能够取得员工签名确认。需要注意的是,根据北京三中院发布的《劳动争议案件审理的 10 个裁判观点》(2016)中第 6 点,劳动者在用人单位等级考核中居于末位等次的,不等同于"不能胜任工作",用人单位通过"末位淘汰"形式来认定劳动者不能胜任工作从而解除劳动合同的,属于违法解除劳动合同。

4. 虽然法律赋予用人单位在劳动者不能胜任工作的情况下可以调岗的权

利，但调整岗位应有"不能胜任工作"这一前提，且调整岗位需具有合理性（本案中从驾驶员调整为清洁工就缺乏合理性），否则会存在法律风险。上海市劳动和社会保障局、上海市高级人民法院《关于劳动争议处理若干问题的会议纪要》(2006) 第 6 条规定，用人单位在劳动者不能胜任工作情形下调整劳动者工作内容和工资报酬，用人单位应当对调整劳动者工作内容的合理依据承担举证责任。

5. 用人单位在劳动者不能胜任工作情况下，未经培训或者调整工作岗位直接解除劳动合同的，司法实践中认定属于违法解除劳动合同，用人单位须承担支付赔偿金的不利后果。

第六节 经济性裁员的操作

一、争议焦点

"经济性裁员"，指企业由于经营不善等经济性原因解雇劳动者。经济性裁员属于用人单位解除劳动合同的一种情形。进行经济性裁员的主要原因是经济性原因，而不是劳动者个人原因。用人单位在何种情况下可以进行经济性裁员，进行经济性裁员应走什么法定程序，进行经济性裁员时对特殊人员有什么相关保护，以及经济性裁员是否要支付补偿等问题，都值得我们研究。

二、基本案情

孙某某于 2010 年 3 月 15 日入职 A 公司从事生产制造中心经理一职，双方先后签订了三次劳动合同，末次劳动合同期限为 2013 年 12 月 1 日至 2016 年 11 月 30 日。孙某某于 2014 年 5 月至 2015 年 4 月期间的平均工资为 6320 元。2015 年 5 月 15 日，A 公司出具裁员通知书，通知由于公司生产经营困难，撤销生产部及经理岗位，同时解除了与孙某某的劳动合同。孙某某申请劳动仲裁，要求 A 公司支付解除劳动合同赔偿金 69520 元。仲裁裁决 A 公司向孙某某支付解除劳动合同赔偿金 69520 元。

A 公司不服裁决，起诉至法院，要求判决无须支付解除劳动合同赔偿金

69520元。

庭审中,A公司陈述,由于公司生产经营发生困难,拖欠大量货款,故采取经济性裁员,裁减人员中包括孙某某。2015年5月12日公司副总及人事经理找孙某某谈话,表示公司经营状况不佳,生产量不足,故决定撤销生产部,孙某某的生产经理一职也同时撤销。孙某某对此则称,公司当时确实是以经营发生困难为由口头通知其职务被撤销,对整个生产部进行裁员,公司副总及人事经理也确实就裁员事宜找过其本人谈话,但对于公司是否确实存在生产经营困难这一情况,作为普通劳动者无法核实,所以坚持认为A公司属于违法解除劳动合同。法院经审理后认为A公司系违法解除劳动合同,判决驳回A公司无须支付解除劳动合同赔偿金69520元的诉请。

判决后,A公司提起了上诉。二审法院经审理,判决驳回A公司的上诉请求。

三、裁判观点

法院认为,因用人单位作出的开除、除名、辞退、解除劳动合同等决定而发生的劳动争议,用人单位负举证责任。本案中,公司称,其系由于生产经营发生严重困难而采取经济性裁员,并因此解除了与孙某某的劳动合同。根据《劳动合同法》的规定,生产经营发生严重困难,需要裁减人员20人以上或者裁减不足20人但占企业职工总数10%以上的,用人单位应提前30日向工会或全体职工说明情况,听取工会或者职工意见后,将裁减人员方案向劳动行政部门报告后,方可裁减人员。可见,经济性裁员必须满足法定条件,而这些法定条件包括实体性条件和程序性条件,只有同时具备实体性条件之一和全部的程序性条件,才是合法有效的经济性裁员。现A公司提供的证据并不足以证明其解除与被告的劳动合同符合经济性裁员的法定条件,且公司亦无证据证明其解除与被告的劳动合同符合其他法定情形。因此,公司解除与孙某某的劳动合同,违反法律规定。根据《劳动合同法》的规定,用人单位违法解除劳动合同,劳动者不要求继续履行劳动合同的,用人单位应当依法支付赔偿金。因此,孙某某主张违法解除劳动合同的赔偿金,于法有据。判决驳回 A 公司无须支付解除劳动合同赔偿金 69520 元的诉请。

四、律师评析

(一)经济性裁员的相关分析

1. 经济性裁员的前提条件

《劳动合同法》第 41 条规定,有下列情形之一,需要裁减人员 20 人以上或者裁减不足 20 人但占企业职工总数 10% 以上的,用人单位提前 30 日向工会或者全体职工说明情况,听取工会或者职工的意见后,裁减人员方案经向劳动行政部门报告,可以裁减人员:

(一)依照企业破产法规定进行重整的;

(二)生产经营发生严重困难的;

(三)企业转产、重大技术革新或者经营方式调整,经变更劳动合同后,仍需裁减人员的;

(四)其他因劳动合同订立时所依据的客观经济情况发生重大变化,致使劳动合同无法履行的。

以上列举的企业可以进行裁员的四种情形中,第一、第二种情形属于经济性裁员。

(1)依照企业破产法规定进行重整的

《企业破产法》第 2 条规定,企业法人不能清偿到期债务,并且资产不足以清偿全部债务或者明显缺乏清偿能力的,依照本法规定清理债务。企业法人有前款规定情形,或者有明显丧失清偿能力可能的,可以依照本法规定进行重整。重整的目的是使用人单位根据企业重整的经营方案、债权的调整和清偿方案以及其他有利于企业重整的方案等,避免企业进入破产清算程序,使得企业能继续生产经营。在重整过程中,用人单位可以根据实际情况,进行裁员。

(2)生产经营发生严重困难的

《劳动合同法》规定企业裁员的条件必须是企业生产经营发生"严重困难",在认定企业裁员是否符合法律要求的问题上,司法实践通常根据企业提供的相关财务报表及审计机构的审计报告综合来认定企业的财务状况是否恶化。只有在有证据证明财务状况确实恶化的条件下,才认定属于生产经营发生严重困难,可以进行裁员。

2. 裁员的程序

依据《劳动合同法》第41条、《企业经济性裁减人员规定》第4条的规定,用人单位确需裁减人员,应按下列程序进行:

(1)提前30日向工会或者全体职工说明情况,并提供有关生产经营状况的资料。

由于裁员涉及较多劳动者的切实利益,需要企业提前30天向工会或全体职工说明情况。已经建立工会的企业可以选择向工会或者全体职工说明情况,没有建立工会的用人单位,应当向全体职工说明情况,听取职工的意见。

(2)提出裁减人员方案,内容包括:被裁减人员名单,裁减时间及实施步骤,符合法律、法规规定被裁减人员的经济补偿办法。经济补偿的办法必须符合法律、法规要求,可以高于法定标准,但不能低于法定标准。

(3)裁减人员方案应听取工会或者全体职工的意见。

(4)向当地劳动行政部门报告裁减人员方案。裁员方案须向劳动行政部门报告进行备案,以使劳动行政部门了解裁员情况。

从上述规定中可见,经济性裁员必须满足法定条件,而这些法定条件包括实体性条件和程序性条件,只有同时具备实体性条件之一和全部的程序性条件,才是合法有效的经济性裁员。而本案中A公司提供的证据并不足以证明其解除与被告的劳动合同符合经济性裁员的法定条件,且公司亦无证据证明其解除与被告的劳动合同符合其他法定情形。因此,公司解除与孙某某的劳动合同,违反法律规定。根据《劳动合同法》的规定,用人单位违法解除劳动合同,劳动者不要求继续履行劳动合同的,用人单位应当依法支付赔偿金。

3. 裁员中对特殊人员的保护

(1)特殊员工不能被裁员

《劳动合同法》第42条、《劳动法》第29条及《企业经济性裁员规定》第5条规定,用人单位不能裁减下列人员:

(一)从事接触职业病危害作业的劳动者未进行离岗前职业健康检查,或者疑似职业病病人在诊断或者医学观察期间的;

(二)在本单位患职业病或者因工负伤并被确认丧失或者部分丧失劳动能力的;

(三)患病或者非因工负伤,在规定的医疗期内的;

(四)女职工在孕期、产期、哺乳期的;

(五)在本单位连续工作满15年,且距法定退休年龄不足5年的;

(六)法律、行政法规规定的其他情形。

(2)特殊员工的优先权

《劳动合同法》第41条第2款规定,企业裁员时,应当优先留用下列人员:

(一)与本单位订立较长期限的固定期限劳动合同的;

(二)与本单位订立无固定期限劳动合同的;

(三)家庭无其他就业人员,有需要扶养的老人或者未成年人的。

用人单位依照本条第1款规定裁减人员,在6个月内重新招用人员的,应当通知被裁减的人员,并在同等条件下优先招用被裁减的人员。

《劳动合同法》第41条对优先留用权及优先录用权的适用条件、适用人员作了明确规定,以便在最大程度上维护被裁减人员的合法权益。

4. 裁员必须给予经济补偿

《劳动合同法》第46条规定,用人单位依照本法第41条第1款规定解除劳动合同的,用人单位应当向劳动者支付经济补偿。支付经济补偿金的标准见于《劳动合同法》第47条。

5. 经济性裁员无须征得被裁员工的同意

从广义上讲,经济性裁员也属于企业单方解除劳动合同的一种,经济性裁员与非过失性解除劳动合同类似,不需要与员工进行协商一致,也无须征得被裁员工的同意,只要符合法定裁员条件和法定程序,用人单位即可单方作出裁减决定。

(二)常见的法律风险

1. 经济性裁员必须满足实体性条件并按照法定程序进行,同时用人单位

■ 劳动争议与工伤纠纷实务指南

需提供相关证据予以证明,否则,面临违法解除的风险。

2.《劳动合同法》第41条规定,需要裁减人员20人以上或者裁减不足20人但占企业职工总数10%以上的,用人单位提前30日向工会或者全体职工说明情况,听取工会或者职工的意见后,裁减人员方案经向劳动行政部门报告,可以裁减人员。这就涉及以下几个问题:

(1) 裁减不足20人并且占企业职工总数10%以下的是否属于经济性裁员?经济性裁员是否有最低人数规定?

律师观点:法律条款未对经济性裁员人数作规定,根据民法上"法律没有明确禁止的行为都是可为的"这一原则,只要符合依照企业破产法规定进行重整的或者生产经营发生严重困难的条件之一的裁员都属于经济性裁员,裁员人数并非判断是否属于经济性裁员的标准。

(2) 裁减不足20人并且占企业职工总数10%以下的是否需要提前30日向工会或者全体职工说明情况,听取工会或者职工的意见,裁减人员方案是否应向劳动行政部门报告?

律师观点:法律对此未作明确规定,但本着谨慎原则,即便是裁员人数较少,用人单位也须按《劳动合同法》第41条规定的程序操作,以免由于程序方面存在瑕疵导致不利的法律后果。

第七节 解除试用期员工的条件和限制

一、争议焦点

《劳动合同法》第39条第1项规定,劳动者在试用期间被证明不符合录用条件的,用人单位可以解除劳动合同。即用人单位在试用期内一旦发现劳动者不符合要求,可以在无须提前通知劳动者并无需支付经济补偿金的前提下解除劳动合同。适用该条款时,常见的争议问题有:对试用期、录用条件应作何具体理解?如何进行试用期考核?

二、基本案情

案例一

　　A 公司称：孙某某于 2015 年 2 月 1 日到原告处工作，担任研发员，双方签订期限为 2015 年 2 月 1 日至 2017 年 7 月 31 日止的试用期劳动合同一份，合同约定工资为 8000 元/月，试用期满后双方再签订正式劳动合同。在工作中，A 公司发现孙某某的工作能力不足以应对目前的工作岗位，遂于 2015 年 4 月 15 日以孙某某不符合录用条件为由解除双方间的劳动合同。孙某某之后申请了劳动仲裁，要求 A 公司支付违法解除劳动合同的赔偿金 8000 元。仲裁裁决 A 公司向孙某某支付赔偿金 8000 元。A 公司对此裁决不服，起诉至法院，要求法院判令不向孙某某支付赔偿金 8000 元。法院经审理后驳回 A 公司的诉请。

案例二

　　某公司招聘外贸业务员，招聘条件为：（1）大学本科毕业；（2）英语水平过六级；（3）有一年以上工作经验。王某某前去应聘，经审查符合条件，通过面试顺利入职公司，担任外贸业务员工作。双方签订 1 年期限的劳动合同，试用期为 1 个月。在试用期内，公司发现王某某的英语口语能力不足，与客户交流很吃力，遂以不符合录用条件为由与王某某解除劳动合同。王某某申请劳动仲裁，要求恢复劳动关系，仲裁支持了王某某的请求。

三、裁判观点

　　案例一，法院认为，《劳动合同法》第 19 条明确规定，劳动合同仅约定试用期的，试用期不成立，该期限为劳动合同期限。因此，本案中所约定的期限不属于试用期，应被认定为普通劳动合同期限，公司不能依据《劳动合同法》第 39 条中关于试用期内用人单位单方面解除劳动合同的规定来解除合同。鉴于公司解除理由不符合法定解除劳动合同条件，公司系违法解除劳动合同，应向劳动者支付违法解除劳动合同赔偿金。

案例二，仲裁委员会认为，公司认为王某某不符合录用条件，但并没有证据证明王某某不符合录用条件，相反，根据公司的招聘广告，王某某是符合公司当时的招聘条件的，遂支持了王某某的请求。

四、律师评析

用人单位根据《劳动合同法》第39条第1项之规定解除劳动合同，需要同时具备"在试用期内"及"不符合录用条件"这两项条件。

依据劳动部《对〈关于如何确定试用期内不符合录用条件可以解除劳动合同的请示〉的复函》的规定：对试用期内不符合录用条件的劳动者，企业可以解除劳动合同；若超过试用期，则企业不能以试用期内不符合录用条件为由解除劳动合同。

（一）试用期期限要符合法律规定

《劳动合同法》第19条规定："劳动合同期限三个月以上不满一年的，试用期不得超过一个月；劳动合同期限一年以上不满三年的，试用期不得超过二个月；三年以上固定期限和无固定期限的劳动合同，试用期不得超过六个月。同一用人单位与同一劳动者只能约定一次试用期。以完成一定工作任务为期限的劳动合同或者劳动合同期限不满三个月的，不得约定试用期。试用期包含在劳动合同期限内。劳动合同仅约定试用期的，试用期不成立，该期限为劳动合同期限。"

从上述法律条文可以归纳出以下几点：

1. 根据法律规定，用人单位与劳动者可以约定试用期也可以不约定试用期，如果用人单位与劳动者约定试用期，则试用期应在劳动合同中约定；如果单独订立"试用期合同"，则等于订立了一份没有试用期的劳动合同。用人单位将不能行使试用期解除权。

2. 试用期不能任意设定，约定的试用期超过法定时间的，超过部分无效。超过部分时间被视为正式合同期限，该期间内用人单位也不能行使试用期解除权。

3. 试用期法律规定只能适用一次,如果用人单位与劳动者续签劳动合同时又约定了试用期,这种违法约定的试用期在法律上是不被认可的。

4. 若试用期满后用人单位未为劳动者办理转正手续,则也不能认为还处于试用期,即便用人单位能证明劳动者不符合录用条件,也不能以不符合录用条件为由解除劳动合同。

5. 以完成一定工作任务为期限的劳动合同或者劳动合同期限不满三个月的,不得约定试用期。

(二)对录用条件的理解

法律没有对录用条件作明确规定,一般而言,录用条件是用人单位根据本单位生产、工作、经营的特点,要求录用人员符合某一岗位的具体要求所包括的全部条件。录用条件是用人单位招收、录用劳动者的最终标准。录用条件并不等同于招聘条件,招聘条件仅仅是用人单位在招聘时选择候选人的最低要求。

如果用人单位在录用员工过程中只设计了招聘条件而没有具体录用条件,在试用期解除劳动者时,也可以将招聘条件作为录用条件使用,但意义不大,因为用人单位当初录用员工时肯定符合当初设计的招聘条件,否则就不会录用。

(三)如何设计录用条件

录用条件不能违反法律强制性规定。具体如下:

《就业促进法》第27条规定:国家保障妇女享有与男子平等的劳动权利。用人单位招用人员,除国家规定的不适合妇女的工种或者岗位外,不得以性别为由拒绝录用妇女或者提高对妇女的录用标准。用人单位录用女职工,不得在劳动合同中规定限制女职工结婚、生育的内容。

第28条规定:各民族劳动者享有平等的劳动权利。用人单位招用人员,应当依法对少数民族劳动者给予适当照顾。

第29条规定:国家保障残疾人的劳动权利。各级人民政府应当对残疾人就业统筹规划,为残疾人创造就业条件。用人单位招用人员,不得歧视残疾人。

第30条规定:用人单位招用人员,不得以是传染病病原携带者为由拒绝录用。但是，经医学鉴定传染病病原携带者在治愈前或者排除传染嫌疑前，不得从事法律、行政法规和国务院卫生行政部门规定禁止从事的易使传染病扩散的工作。

第31条规定：农村劳动者进城就业享有与城镇劳动者平等的劳动权利，不得对农村劳动者进城就业设置歧视性限制。

因此，用人单位在设计录用条件时不能存在就业歧视。

（四）如何证明劳动者不符合录用条件

1. 事先与劳动者确认录用条件

用人单位设计好录用条件后，还需要事先将录用条件公示或告知员工，如通过招聘公告来公示或录用员工时向其明示录用条件，并要求员工签字确认。这样才能避免在争议时，既缺乏理由，又缺乏证据。

2. 进行试用期考核

用人单位要解除试用期员工的劳动合同，举证责任在用人单位，即要提供证据证明员工不符合录用条件，而要证明员工不符合录用条件，需要以考核结果为依据。用人单位要建立考核制度，明确考核标准、考核方式和考核方法，并将考核内容、考核标准、考核结果告知员工，让其签字认同。这样用人单位才能在员工试用期考核不合格的情况下行使试用期解除权。

注意事项：

1. 用人单位只能在试用期内以不符合录用条件为由解除劳动合同，超过试用期，用人单位就不能以此为由解除劳动合同。

2. 用人单位认为劳动者在试用期内考核不合格，劳动者是否可以要求延长试用期？答案是不能，法律明确规定试用期只能约定一次，延长的期限将会被认定是正式劳动合同期限。

第四章

经济补偿金和赔偿金[*]

第一节 用人单位依规章制度解除劳动关系的责任承担

一、争议焦点

1. 用人单位依据内部规章制度与劳动者解除劳动关系是否需要支付经济补偿金或赔偿金？日常生产经营过程中，用人单位为了加强内部管理、协调劳动关系及保证正常生产秩序，会制定一系列规章制度用以约束劳动者，那么这些内部规章制度是否都是合法合理的？如据此对劳动者进行管理，是否需要承担相应法律责任？

2. 用人单位能否在内部规章制度中规定单位可不经通知而直接以多付一个月工资的方式解除与劳动者之间的劳动合同？用人单位拥有很大程度上的用工自主权，可以自主决定招聘的职位、人员的数量及岗位要求。难免会有一些员工经过面试进入工作岗位后出现不符合岗位要求的情况，用人单位并未及时在试用期内对该员工作出辞退处理的决定。针对此类员工，用人单位在员工不主动提出辞职的情况下，如何对其作出处理才能最大程度维护自身利益？

---

[*] 本章作者：张艳丽。

二、基本案情[①]

原告张某与被告某科技公司因解除劳动合同事宜,双方发生支付赔偿金纠纷,张某向当地劳动争议仲裁委员会提出仲裁请求,被劳动争议仲裁委员会全部驳回,遂向当地某人民法院提起诉讼。

原告张某诉称:原告于2007年11月5日进入被告某科技公司工作,于2007年12月26日与某科技公司签订劳动合同,合同期限为2007年12月26日至2010年12月6日,从事设备维护工程师工作,月工资为2542元,原告离职前12个月月平均工资为2600元。合同签订后原告按约履行工作职责。2009年4月20日,某科技公司以原告乘坐非法营运车辆为由通知原告解除劳动合同。原告认为,某科技公司解除劳动合同的行为无事实与法律依据,属违法解除劳动合同,故起诉要求判决被告支付经济赔偿金7800元,并由被告承担本案诉讼费用。

被告某科技公司辩称:原告张某2009年4月13日上午10点30分左右,乘坐非法营运车辆至我公司宿舍区,被我公司宿舍区警卫人员发现,警卫人员随即根据相关规定进行记录并通报主管人员。因公司于2008年9月8日召开职工代表大会,通过了"不允许乘坐黑车,违者以开除论处"的决议,故在对事件经过进行反复核对查明后,公司立即作出了对张某予以违纪解除劳动合同的处理,并通知其办理相应离职手续。因张某不来办理离职手续,公司人事部门于4月20日发出"离职通知单",并完成了后续的离职及退工备案手续。公司未违反劳动合同法的规定,故无须支付赔偿金,请求驳回原告的诉讼请求。

此案经某法院一审,判决支持原告张某要求被告某科技公司支付赔偿金的诉讼请求。被告某科技公司对该判决结果不服,提起上诉,某中院二审判决驳回上诉,维持原判。

---

① 案例来源:《最高人民法院公报》2014年第7期(总第213期)。

三、裁判观点

法院经审理认为，本案的争议焦点是：某科技公司依据"严禁乘坐非法营运车辆，违者予以开除处分"的单位规章制度解除与张某的劳动合同是否合法。

首先，用人单位的规章制度是用人单位依法制定的、仅在本企业内部实施的、关于如何组织劳动过程和进行劳动管理的规则和制度，是用人单位和劳动者在劳动过程中的行为准则，也称为企业内部劳动规则。其内容主要包括劳动合同管理、工资管理、社会保险、福利待遇、工时休假、职工奖惩以及其他劳动管理等。规章制度作为用人单位加强内部劳动管理，稳定、协调劳动关系，保证正常劳动生产秩序的一种管理工具，在日常的劳动秩序中发挥着重要作用。

其次，规章制度既要符合法律法规的规定，也要合情合理，不能无限放大乃至超越劳动过程和劳动管理的范畴。被告某科技公司有权通过制定规章制度进行正常生产经营活动的管理，但对于劳动者在劳动过程以及劳动管理范畴以外的行为，用人单位适宜进行倡导性规定，可对遵守规定的员工给予奖励，而不宜进行禁止性规定，更不能对违反此规定的员工进行惩罚，单方解除劳动合同。因此，用人单位依据超出企业内部劳动管理范畴的规章制度单方解除劳动合同的行为，不符合法律的相关规定。

本案中，张某乘坐非法营运车辆行为发生时正值其休息之日，劳动者有权利支配自己的行为，公司不能以生产经营期间的规章制度来约束员工休息期间的行为。单位职工乘坐何种交通工具上班是职工的私人事务，用人单位无权作出强制规定。某科技公司以乘坐非法营运车辆存在潜在工伤危险为由，规定员工不允许乘坐非法营运车辆，违者开除，该规定已超出企业内部劳动规则范畴，且乘坐非法营运车辆行为应由行政机关依据法律或法规进行管理，用人单位无权对该行为进行处理。工伤认定系行政行为，工伤赔偿责任是用人单位应承担的法定责任，某科技公司通过规章制度的设置来排除工伤责任，没有法律依据，因此亦属无效规定。

故某科技公司不得依据该规定对员工进行处理，该公司以原告张某乘坐非法营运车辆为由解除劳动合同违反劳动合同法的规定，损害了劳动者的合法权益，依法应当向张某支付赔偿金。张某要求某科技公司支付赔偿金7800元，未超过法律规定的赔偿金范围，法院予以支持。

四、律师评析

通过上述案例及法院审理意见可知，用人单位可以以劳动者违反公司相关规章制度的规定为由与劳动者解除劳动关系，但该内部规章制度是否合法合理，关系到用人单位的解除行为是否违反劳动合同法及其他法律法规的强制性规定，对案件的结果也有着决定性影响。

首先，用人单位制定的内部规章制度应当符合法律法规的强制性规定，不能单方扩大用人单位的权利而免除自己的法定责任，排除或限制劳动者的合法权益，加重劳动者的义务，也不得对劳动管理范畴以外的事项作出强制性规定。一旦此种规章制度因内容违法而被认定为无效条款，则用人单位基于此规章制度单方解除或终止劳动合同的行为就会被认定为违法解除，须按经济补偿金的双倍向劳动者支付赔偿金。如该内部规章制度损害到劳动者的合法权益，劳动者也可随时通知用人单位解除劳动合同，并要求经济补偿。

其次，用人单位还应该根据公司生产经营的需要及法律法规的变化随时更新内部规章制度，确保内部规章制度能够与时俱进，不与法律法规发生冲突，并且符合用人单位生产发展的现状。

最后，用人单位的内部规章制度除了内容要合法外，还要符合法律规定的制定和公布程序才能对劳动者产生法律效力。根据我国《劳动合同法》第4条的规定，用人单位制定和公布规章制度应当逐一履行如下法律程序：

1. 用人单位在制定、修改或者决定有关劳动报酬、工作时间、休息休假、劳动安全卫生、保险福利、职工培训、劳动纪律以及劳动定额管理等直接涉及劳动者切身利益的规章制度或重大事项时，应当提出方案和意见，经职工代表大会或者全体员工讨论，与工会或者职工代表平等协商确定。用人单位应保管好与劳动者协商相关事项的证据材料，比如已签名的会议纪要、文件签收通知单等文件，以证明用人单位已履行与职工平等协商的法律义务。

2. 直接涉及劳动者切身利益的规章制度和重大事项决定应当公示或者告

知劳动者。用人单位可采取以下方式履行告知义务：(1)将用人单位规章制度汇编成员工手册，在签订劳动合同或召开职工代表大会时发放给参会员工本人，由员工签字确认已收悉并提醒劳动者及时全面阅读，如有异议应在一定时间内以书面形式提出，逾期则视为对该规章制度认可；(2)组织新入职员工参加有关公司内部规章制度的培训，并签署培训纪要；(3)用人单位可将规章制度列为劳动合同的附件，作为劳动合同的重要组成部分。

3. 在规章制度和重大事项决定实施过程中，工会或者职工认为用人单位的规章制度不适当的，有权向用人单位提出，通过协商作出修改和完善。

因此，用人单位对内部规章制度应进行全面的法律审查，修改或废止违反法律、法规强制性或禁止性规定的条款，确保内部规章制度的内容合法。例如，用人单位最好不要在内部规章制度中规定无论何种情形下公司均可以不经通知而直接以多付一个月工资的形式提前解除与劳动者间的劳动关系，除非劳动者对此行为以书面形式予以追认。否则，一旦因此发生劳动争议，劳动者以用人单位解除劳动合同的理由不是《劳动合同法》第40条规定的三种情形之一，从而要求用人单位承担违法解除劳动关系的赔偿金时，用人单位将会因为该规章制度内容违法而承担败诉风险。此外，用人单位还应根据社会发展和法律、法规的变化及时更新规章制度的内容，以确保内部规章制度符合公司生产经营的需要。用人单位在制定规章制度时应严格履行法定程序，与工会或全体职工平等协商确定规章制度的内容，在制定完成规章制度后，用人单位应当及时公示或者告知全体职工，确保劳动者能够及时、充分地了解内部规章制度的内容。

第二节 在关联企业中变更劳动关系的经济补偿金的计算

一、争议焦点

1. 劳动者在用人单位的工作年限问题。在劳动合同的履行过程中，用人单位可能会根据生产经营需要或者基于其他方面的考量将劳动者派往其下属单位或者关联企业工作，或者因公司改制、合并、重组后以新公司的名义与劳动者重新签订劳动合同。那么一旦发生需要用人单位支付经济补偿金的情形，劳动者的工作年限应从何时起算？

2. 劳动者的工资计算标准问题。因用人单位性质及经营方式的不同，劳动者的工资组成可能为基本工资、绩效工资、加班费等，也可能为计件工资，有的还包括各项奖金、补贴、津贴等，在计算经济补偿金时，离职前12个月的平均工资应包含哪几项？

二、基本案情[①]

刘某于2001年6月入职北京某技术公司（后更名为"北京某集团公司"），经多次变更工作单位后进入北京某电子有限公司工作（以下简称"某电子公司"）。2010年9月，刘某进入正在筹备期的北京某数码有限公司（以下简称"某数码公司"）工作。刘某到某数码公司工作后，未与某数码公司就是否延续其在某电子公司的待遇问题作出书面约定，亦未向电子公司提出劳动争议。2010年9月至2011年5月期间，某数码公司按刘某在某电子公司时月工资15650.00元的标准为刘某发放工资。2011年4月30日，某数码公司向刘某发出签订劳动合同意向书，内容为："公司人力资源部已于4月19日通过E-mail公告全体劳动者签订劳动合同的意向及具体时间表。您已于4月24日准时出席了公司安排的关于劳动合同的培训。公司希望与您在5月20日前签署完毕劳动合同。如逾期不签，公司将参照国家有关规定视同您单方与公司解除劳动关系。"刘某接到上述通知后，对劳动合同内容有异议，并与公司进行了多次协商，但未能达成一致意见。某数码公司于2011年5月23日向刘某送达终止劳动关系通知书，解除了与刘某的劳动关系，工资截至2011年5月23日，其中含年休假工资，并在离职手续转单中注明不支付刘某经济补偿金。

刘某申请仲裁，要求某数码公司给付解除劳动合同的经济补偿金，并报销有关费用。仲裁委员会认为，因双方在签订劳动合同的问题上不能协商一致，某数码公司解除其与刘某劳动关系，刘某要求发给经济补偿金无法律依

---

① 资料来源：(2002) 高民终字第138号。

据。故裁决：1. 某数码公司支付刘某移动电话费 383.70 元；2. 驳回刘某的其他申诉请求。刘某不服，向法院提起诉讼。

一审法院经审理判决：1. 某数码公司支付刘某经济补偿金 156500.00 元；2. 某数码公司支付刘某 2011 年 5 月报销费用 1144.97 元；3. 驳回刘某的其他诉讼请求。一审判决后，某数码公司不服，提起上诉。

二审法院经审理判决如下：1. 撤销一审判决第 1、2 项；2. 维持一审判决第 3 项；3. 某数码公司支付刘某经济补偿金 15650.00 元；4. 某数码公司支付刘某移动电话费 383.70 元；5. 驳回某数码公司其他上诉请求。

三、裁判观点

本案中的争议焦点为：某数码公司与某电子公司是否为关联企业？如是关联企业，则劳动者到与原用人单位有关联关系的新用人单位工作，依要求重新签订劳动合同时，就劳动合同内容与新用人单位不能达成一致而解除劳动关系的，新用人单位应如何支付劳动者经济补偿？

一审法院认为，某数码公司与某电子公司系关联企业。某数码公司不同意按原劳动合同履行，其作为新用人单位，有权根据公司的实际情况与刘某重新签订劳动合同。在双方就合同内容不能达成共识的情况下，应遵循平等自愿、协商一致的原则解除刘某与原用人单位的劳动合同。协商解除劳动合同的，应当给予经济补偿金，并按刘某服务期 10 年计算，因此依法判决支持了刘某的诉讼请求。

但二审法院认为，某电子公司与某数码公司系两个独立的法人。刘某由某电子公司进入某数码公司工作，不属于两公司经协商而形成的人事调动关系，不能认定某数码公司对刘某的劳动关系是刘某在某电子公司劳动关系的延续。刘某到某数码公司工作后，其与某电子公司的劳动关系自行终止，与某数码公司形成事实上的劳动关系。某数码公司与刘某协商签订劳动合同未能达成一致意见，故某数码公司在解除与刘某劳动关系时应当给予经济补偿金 15650 元。故依据《民事诉讼法》第 153 条第 1 款第 3 项之规定，作出上述判决。

四、律师评析

《劳动合同法》第 47 条规定了经济补偿金的基本计算依据,即:经济补偿按劳动者在本单位工作的年限,每满一年支付一个月工资的标准向劳动者支付。六个月以上不满一年的,按一年计算;不满六个月的,向劳动者支付半个月工资的经济补偿。由此引申出两个基本问题:

(一)关于劳动者在用人单位的工作年限的计算

《劳动合同法实施条例》第 10 条规定:劳动者非因本人原因从原用人单位被安排到新用人单位工作的,劳动者在原用人单位的工作年限合并计算为新用人单位的工作年限。原用人单位已经向劳动者支付经济补偿的,新用人单位在依法解除、终止劳动合同,计算支付经济补偿的工作年限时,不再计算劳动者在原用人单位的工作年限。《劳动争议司法解释(四)》第 5 条第 2 款规定:用人单位符合下列情形之一的,应当认定属于"劳动者非因本人原因从原用人单位被安排到新用人单位工作":(一)劳动者仍在原工作场所、工作岗位工作,劳动合同主体由原用人单位变更为新用人单位;(二)用人单位以组织委派或任命形式对劳动者进行工作调动;(三)因用人单位合并、分立等原因导致劳动者工作调动;(四)用人单位及其关联企业与劳动者轮流订立劳动合同;(五)其他合理情形。

由此可见:

1. 如劳动者仍在原工作场所、工作岗位工作,仅仅是原用人单位变更为新用人单位,则劳动者尽管又与新用人单位重新签订劳动合同,但因此种变更系原用人单位单方变更,非劳动者个人原因造成,因此除非原用人单位在与劳动者解除劳动关系时已向其支付过经济补偿金,否则劳动者在原用人单位的工作年限可以累计至新用人单位。新用人单位如与劳动者解除劳动关系,劳动者的工作年限应从入职原用人单位时起算。

2. 用人单位委派、任命、调动劳动者至新用人单位工作或者原用人单位分立、合并成新用人单位的,劳动者的工作年限是合并计算的,即从劳动者与原用人单位建立劳动关系时起计算劳动者的工作年限,除非原用人单位已向劳动者支付过经济补偿金。因为原用人单位分立或合并，它的权利和义务应由变更后的用人单位享有和承担。分立或合并后的用人单位可依据实际情况与原用人单位的劳动者遵循平等自愿、协商一致的原则变更、解除或重新签订劳动合同。新用人单位与劳动者就合同内容无法达成一致的，应遵循平等自愿、协商一致的原则解除劳动合同。协商解除劳动合同的，用人单位应该支付经济补偿，支付年限从劳动者入职原用人单位时起算。

3. 劳动者在集团公司的几个子公司间调动。从《公司法》的角度出发，子公司与集团公司属于不同的法人主体，都为独立公司，拥有独立法人人格，在工商部门领取企业法人营业执照，有自己的公司名称和章程，以自身财产独立承担民事责任，二者之间责任并不连带。因此，尽管在同一集团下面，不同的子公司属于不同的用人单位。集团公司及其下属子公司之间人员调动，因涉及两个企业法人，面临着"被调动劳动者的工作年限是否连续"，"调出单位是否应按被调动劳动者在调出单位的工作年限支付其经济补偿金"的问题。根据《劳动合同法》的规定，除了劳动者提出协商解除、劳动者因个人原因辞职及因过错被辞退的情形外，用人单位均需要按劳动者工作年限支付其经济补偿金。劳动者与集团公司签订劳动合同，集团公司将其调至集团公司控股子公司工作的，工资均由子公司负责，该行为是一种调岗行为，方便人才流动，是生产经营的需要。由于此类劳动者的劳动关系保留在集团公司，其在各子公司之间的工作年限当然发生连续计算。

如果劳动者未与集团公司签订劳动合同，仅分别与不同子公司签订劳动合同，则除非集团公司内部规定此种情况劳动者的工作年限应连续计算，否则后签订劳动合同的子公司在对劳动者进行经济补偿时无须考虑其在其他子公司的工作年限。因为不同子公司间并无合并、分立或人事调动关系，而仅有其他关联关系，劳动者的劳动关系并不必然存在延续。这种情况下，在不同子公司之间进行人员调动时，如调入公司与劳动者关于权利义务有重大变更和其他约定的，可采用"与调出公司解除劳动合同、与调入公司签订劳动合同"这种处理方式，即调入公司可借与劳动者重新签订新的劳动合同的契机，对权利义务重新进行约定。同时，可以在合同中约定劳动者工作年限是否连续计算，如果约定连续计算工作年限，则调出公司就不再需要支付经济补偿金。

当然，如果调出公司希望规避支付经济补偿金，而调入公司也愿意全部承接被调入劳动者的劳动关系，则调出公司、劳动者及调入公司可签订三方协议，就三方劳动关系的承接、劳动者的工作年限是否连续计算，以及福利待遇等权利义务进行约定。如约定劳动者的用人单位从调出公司变更为调入公司，其工作年限从调出公司顺延至调入公司连续计算、薪酬待遇不变等。这种签订协议的形式可以代替"劳动者与调出公司解除劳动合同、与调入公司签订劳动合同"的处理方式，达到变更劳动合同中用人主体的目的。这种情形下调出公司就不需要支付劳动者经济补偿金，而由调入公司承继劳动者在调出公司的工作年限。这种签订三方协议的方式既节省企业用工成本，又简化了不同企业之间人员调动的相应手续，减少了企业人力资源管理的工作量。

4. 劳动者在同一公司下的不同分公司之间变动工作。从《公司法》的角度看，分公司是在总公司授权范围内独立开展业务的，其不具有独立的法人资质，无独立的章程名称，无独立财产，虽有"公司"字样但并非真正意义上的公司，虽可作为民事诉讼的当事人，但不能独立对外承担民事责任，全部责任由总公司承担。总公司与分公司实为一个企业法人，总公司在公司内部管辖系统中，处于领导、支配地位；分公司则在业务、资金、人事等方面受总公司管辖，在法律上和经济上都不具有独立地位。若在总、分公司之间发生人员调动，则仅涉及工作岗位或工作地点的变更，无须改签劳动合同，且不涉及用工主体变更，仅需经劳动合同双方协商一致，对已签订的劳动合同中的相应条款进行变更即可，并不涉及第三方参与。因此，劳动者在不同的分公司之间签订劳动合同的，属于跟总公司一家用人单位建立劳动关系。发生劳动争议时，可以单独选择总公司，也可单独选择分公司，或者选择总公司与分公司共同承担。

（二）关于劳动者月平均工资的计算

《劳动合同法》第 47 条所指的月工资是指劳动者在劳动合同解除或者终止前 12 个月的平均工资。《劳动合同法实施条例》第 27 条对此加以明确，即月工资应当按照劳动者应得工资计算，包括计时工资或者计件工资以及奖金、津贴和补贴等货币性收入。劳动者在劳动合同解除或者终止前12个月的平均工资低于当地最低工资标准的，按照当地最低工资标准计算。劳动者工作不满12个月的，按照实际工作的月数计算平均工资。

劳动者每月应得工资与实发工资的主要差别在于各类扣款和费用。应得工资指未扣社保、住房公积金、个人所得税的所有应发工资的总和；实发工资是指劳动者实际到手的工资。由于用人单位代扣代缴的社会保险费、税费等均为劳动者个人劳动所得的组成部分，用人单位只是履行了代扣代缴义务，因此，所扣除的部分款项实际上也是劳动者的工资，应计入劳动者的工资总和，在计算经济补偿金时应当以税前的、未扣社保等费用的工资作为计算基数。

同时，《劳动合同法》第47条第2款另规定：劳动者月工资高于用人单位所在直辖市、设区的市级人民政府公布的本地区上年度职工月平均工资三倍的，向其支付经济补偿的标准按职工月平均工资三倍的数额支付，向其支付经济补偿的年限最高不超过12年。因此，针对月工资高于用人单位所在直辖市、设区的市级人民政府公布的本地区上年度职工月平均工资三倍的高收入人群，对于经济补偿金的支付同时规定了两项限制，即对工资数额的限制和对支付年限的限制。针对上述高收入群体，即使其在用人单位的实际工作年限超过12年，也只能按12年计算。

总之，用人单位在与劳动者确立劳动关系时，应在劳动合同中明确劳动者在本单位的工作年限以及劳动者月工资的具体组成部分。这样即使发生需要支付经济补偿金的情形，也既能切实维护好劳动者的合法权益，营造良好有序的就业环境，又能最大限度地规避企业的法律风险，降低企业的用工成本。

第三节 赔偿金和违约金能否同时主张

一、争议焦点

用人单位与劳动者在劳动合同中约定，如果任一方违反劳动合同的约定或者违反劳动合同法的规定解除劳动合同的,须向对方支付违约金。那么如果用人单位提前解除劳动合同,劳动者认为该解除行为是违法的,能否同时要求用人单位支付违法解除劳动关系的赔偿金和违约金?

二、基本案情[①]

2010年8月2日,被告徐某以原告某公司拒绝为其办理退工手续给其造成损失为由,向上海市某区劳动人事争议仲裁委员会申请仲裁,要求原告办理退工手续,按月工资人民币10000元的标准计发2010年8月1日至办结退工手续期间的损失,并支付2010年7月的工资人民币6100元及25%的经济补偿金。2010年9月19日,该仲裁委员会裁决原告应为被告办理退工手续,支付2010年7月的工资人民币6100元,未支持被告的其他请求。

原告不服,向上海市某区人民法院提起诉讼,并诉称:原、被告于2008年7月4日签订劳动合同,合同期限至2013年7月4日。合同约定,被告提出解除劳动合同的,原告应予办理相关手续,但被告给原告造成经济损失尚未处理完毕或未按照合同约定承担违约责任的除外。2008年12月8日,原、被告签订员工出国培训合同,约定服务期为5年,自被告回国正式上班之日起计算。2009年3月11日,原、被告签订第二份员工出国培训合同,约定服务期为10年,自被告回国正式上班之日起计算。两份员工出国培训合同均约定了人民币350万元的违约金。2010年7月1日,被告突然提出辞职,后自行离开。2010年7月29日,原告发出告知函,要求被告于次月15日按劳动合同、员工出国培训合同及员工保密及竞业禁止协议书上的条款,前往原告处办理离职手续并领取7月份的工资;当日,原告委托律师以快递方式向被告发函,告知被告支付违约金人民币350万元,自结束劳动关系之日起三年内遵守相关竞业限制条款和保密条款。根据劳动合同的约定,原告要求被告支付违约金和赔偿金后才为其办理退工手续。被告工作至2010年7月28日,其当月工资远不能抵充违约金。现要求判令原告不为被告办理退工手续、不支付被告2010年7月的工资人民币6100元。

---

① 案例来源:上海市某区人民法院(2011)×民一(民)初字第356号。

被告徐某辩称：被告于2008年7月4日进入原告处工作，双方签订劳动合同、员工保密及竞业禁止协议书，合同期限自2008年7月4日至2013年7月4日。2010年7月1日，被告提前30天向原告递交辞职函，2010年7月27日双方办理了工作交接。原告至今拒绝为被告办理退工手续，违反了法律规定，故不同意原告的诉讼请求。

三、裁判观点

上海市某区人民法院经审理认为，劳动者提前30日以书面形式通知用人单位，可以解除劳动合同。被告徐某于2010年7月1日向原告某公司递交辞职函，双方于2010年7月27日办理了工作交接手续，故法院确认双方之间的劳动合同已解除。

用人单位应当在解除劳动合同时出具解除劳动合同的证明，并在15日内为劳动者办理档案和社会保险关系转移手续。原、被告签订的劳动合同中约定，被告提出解除劳动合同的，原告应予办理相关手续，但被告给原告造成经济损失尚未处理完毕或未按照合同约定承担违约责任的除外。因该约定违反法律规定，应属无效，且原告可就违约金和赔偿金另行主张，故原告要求被告支付违约金和赔偿金后才为其办理退工手续，显无依据，法院不予支持。

用人单位应当按照劳动合同约定和国家规定，向劳动者及时足额支付劳动报酬。由此，原告不支付被告2010年7月的工资之请求，无依据，法院不予支持。因原告认可被告2010年7月的税前工资为人民币6270元，故被告现主张人民币6100元，并无不当，法院予以确认。

故判决：一、原告某公司应于本判决生效之日起15日内为被告徐某办理退工手续；二、原告某公司应于本判决生效之日起10日内支付被告徐某2010年7月的工资人民币6100元。

四、律师评析

用人单位与劳动者如在劳动合同中约定任何一方违反法律规定或劳动合

同要求解除劳动合同的,需要向守约方支付违约金,该约定是否有效?如任何一方无正当理由提前解除劳动合同,另一方能否同时主张违约金和赔偿金?对此,有如下几种观点:

第一种观点认为,该约定因违反了《劳动合同法》第25条的规定而无效。因为《劳动合同法》明确规定,除劳动者违反服务期约定和违反竞业限制约定的情形外,用人单位不得与劳动者约定由劳动者承担违约金,故用人单位不能因劳动者提前解除劳动合同而向其主张违约金。同理,该约定无效,所以劳动者也不能同时向用人单位主张违约金和赔偿金。

第二种观点认为,该约定部分有效,故劳动者可以同时向用人单位主张违约金和赔偿金,但用人单位不能向劳动者主张违约金。因为《劳动合同法》规定的是用人单位不能以劳动者违反服务期约定和违反竞业限制约定两种情形以外的理由与劳动者约定由劳动者承担违约金,但并没有限制用人单位在这两种情形之外承担违约金。因此,如果用人单位单方违反该约定与劳动者解除劳动关系,该约定对用人单位具有约束力,劳动者可以同时主张违约金和赔偿金。但如果劳动者违反约定,用人单位则不能向劳动者主张违约金。

第三种观点认为,应区分不同情况以判定该约定是否有效以及劳动者可否据此同时主张违约金和赔偿金。即:(1)如果劳动合同将劳动者与用人单位承担违约责任的情形约定在同一条款中,劳动者与用人单位的权利义务彼此对应,则该条款因违反《劳动合同法》的规定而无效,不论是用人单位还是劳动者,都不能据此向对方主张违约金。因为如对用人单位和劳动者的违约金割裂开理解,认为违约金约定对劳动者无约束力但对用人单位有约束力,就会过分加重用人单位的责任,也是对劳动者权利的过分保护。(2)如果劳动合同将劳动者承担违约金的情形和用人单位承担违约金的情形分别规定在不同的条款中,则约定由劳动者承担违约金部分的条款即便因与《劳动合同法》的强制性规定相抵触而无效,也不影响其他约定由用人单位承担违约金的合同条款的效力。因此,当劳动者违反相关约定时,用人单位不能向劳动者主张违约金,但当用人单位违反该约定提前解除劳动关系时,劳动者却可以同时向用人单位主张违约金和赔偿金。

笔者倾向于第三种观点。首先,上述三种观点都提到了如果用人单位与劳动者在劳动合同中约定由劳动者承担服务期和竞业限制之外的其他情形下的违约金的条款是无效的，即便该条款是双方协商后达成的，一旦发生劳动争议，仍然会因违反法律的强制性规定而被认定无效，从而对劳动者不产生约束力，劳动者也不会因此需要承担违约责任。其次，劳动合同虽是劳动者与用人单位双方合意的结果，但在劳动关系的确立以及劳动合同的签署过程中，劳动者相对处于从属和被支配地位，而且劳动合同的文件一般是由用人单位提供的，劳动者在订立劳动合同时很少会直接提出异议。此外，在劳动合同履行的过程中，如果用人单位需要对违约金条款进行变更，只需与劳动者协商一致即可，否则该条款对用人单位当然有效，用人单位在存在违约情形时须受其约束。因此，用人单位不能因劳动者违反服务期约定和竞业限制约定以外的违约行为要求其承担违约责任，但如果该违约金条款与劳动者的违约金条款是分别约定的，劳动者则可据此同时要求用人单位支付违约金和赔偿金。

然而，如果用人单位的违约金条款和劳动者的违约金条款属于同一条款，是相互对应的，则不应将劳动者的违约金条款效力和用人单位违约金条款的效力对立认定，否则会单方加重用人单位的责任。因《劳动合同法》已规定当用人单位违法解除劳动合同时需向劳动者支付赔偿金，且赔偿金的标准是合法解除劳动关系所应支付的经济补偿金的两倍，已是对劳动者合法权益的充分救济，这种情况下如果还允许劳动者同时主张违约金，对用人单位来说显失公平，也是对劳动者的过分偏袒，有违法律的公平和正义。

那么，双方在劳动合同中可以就哪些问题约定违约金？约定的违约金过高时，承担责任的一方在庭审过程中可否要求人民法院对此加以调整呢？

对此，《上海市劳动合同条例》第17条规定："劳动合同对劳动者的违约行为设定违约金的，仅限于下列情形：（一）违反服务期约定的；（二）违反保守商业秘密约定的。"《上海市劳动合同条例实施细则》第8条也规定："按照《条例》第十六条的规定，双方当事人可以在劳动合同或保密协议中约定劳动者在一定的期限内不得到有竞业限制的用人单位任职，劳动者违反竞业限制约定的，应当按约定的违约金承担违约责任。"

也就是说，上海的用人单位可以在劳动合同中对劳动者就服务期、保守商业秘密和竞业限制的违约行为加以限制，约定如劳动者违反相关条款，须向用人单位支付一定数额的违约金，但违约金数额应当遵循公平、合理的原则确定。例如，《上海市劳动合同条例实施细则》第7条就规定："劳动合同当事人按照《条例》第十七条的规定约定违约金的，违约金数额、承担责任和支付办法应由双方当事人按照公平、合理的原则在劳动合同中约定。劳动者违反约定的，应当承担违约责任。双方当事人约定的违约金数额高于因劳动者违约给用人单位造成实际损失的，劳动者应当按双方约定承担违约金；约定的违约金数额低于实际损失，用人单位请求赔偿的，劳动者应按实际损失赔偿。约定的违约金数额畸高的，当事人可以要求适当减少。双方当事人因违约金发生争议的，可以按劳动争议处理程序解决。"

第五章

劳务派遣*

第一节 被派遣员工发生工伤时的赔偿责任承担

一、争议焦点

1. 如果劳务派遣单位与用工单位约定,由其中一方给劳动者缴纳社会保险并承担未缴纳所造成的一切后果,则劳动者在工作中因工受伤产生的工伤保险待遇损失应由谁来承担?如果双方没有约定或者约定不明确,则要按照什么原则来确定赔偿责任?

2. 若劳务派遣单位或用工单位中有一方向劳动者赔偿了全部工伤损失,那么承担赔偿责任的一方可否向另一方追偿?

二、基本案情[①]

原告A劳务派遣服务有限公司(以下简称"A劳务公司")因与被告B电子有限公司(以下简称"B电子公司")产生劳务派遣合同纠纷,向某市人民法院提起诉讼。

---

* 本章作者:张艳丽。
① 案例来源:江苏省某某市中级人民法院(2013)苏中民终字第2531号。

劳动争议与工伤纠纷实务指南

原告A劳务公司诉称：2011年2月28日，A劳务公司、B电子公司签订《劳务派遣协议书》，约定由A劳务公司为B电子公司提供劳务派遣用工服务，岗位及工种为包装作业员（只限于包装员工）；不允许B电子公司将A劳务公司员工派遣到其他单位，否则由此造成的一切后果由B电子公司承担。2011年7月1日，A劳务公司与曹某签订了为期三年的全日制劳动合同后，将曹某派遣至B电子公司工作，双方约定曹某仅从事包装作业。2011年7月8日，B电子公司安排曹某代替物料部门员工从事输送物料工作，造成曹某受伤，A劳务公司支付医疗费63344.67元、补助金278677.2元（两项合计342021.87元）。因B电子公司安排曹某从事包装以外的工作违反了原被告双方协议的约定，并致使曹某受伤。因此诉请法院判决被告赔偿原告经济损失342021.87元，并支付相关利息损失及本案诉讼费用。

被告B电子公司辩称：B电子公司从未安排曹某到物料部门工作，曹某在B电子公司从事的工作属于包装岗位。此外，根据原被告间签订的《劳务派遣协议书》，如A劳务公司未及时为派遣人员代缴各项保险费，由此造成的一切后果由A劳务公司承担。派遣人员曹某发生工伤时，B电子公司已按约定及时通报A劳务公司，积极配合A劳务公司做好工伤申报工作，工伤医疗费已由B电子公司先垫付；A劳务公司须在工伤认定后15日内，将B电子公司的垫付费支付给B电子公司。本案中因A劳务公司未及时为曹某办理社保，致使曹某的有关医疗费用、伤残补助金、工伤医疗补助金无法获得社保支付，根据原、被告双方协议，由此造成的损失应由A劳务公司负担。

第三人曹某述称：2011年7月1日，其被原告A劳务公司派往被告B电子公司从事包装工作。2011年7月8日，因物料部门人员请假，B电子公司临时让曹某接料送料，在物料部门接送物料过程中曹某左上肢绞伤发生损害，后被送至某市中医医院抢救治疗，花去医疗费用63344.67元，其中A劳务公司支付51572.09元，B电子公司支付11772.08元。因事发时A劳务公司没有为其缴纳社会保险，故目前其已收到A劳务公司依昆劳人仲案字（2013）第0313号仲裁裁决支付的补助金278677.2元。

一审法院判决：一、被告B电子有限公司支付原告A劳务派遣服务有限公司68404.37元，扣除已经支付的11772.08元，余款56632.29元于判决生效后10日内履行完毕。二、被告B电子有限公司于判决生效后10日内赔偿原告A劳务派遣服务有限公司利息损失（以56632.29元为基数，从2013年4月28日起按照中国人民银行公布的同期银行贷款基准利率计算至判决生效之日止）。一审判决后，B电子公司不服，向某市中级人民法院提起上诉，二审法院经审理后判决驳回上诉，维持原判。

三、裁判观点

法院认为：本案中，A劳务公司与B电子公司签订了《劳务派遣协议书》，该协议内容不违反法律强制性规定，且系双方当事人真实意思表示，应认定为合法有效。根据协议书约定，A劳务公司作为派遣单位负责为劳动者缴纳社保，并承担未缴纳造成的一切后果。A劳务公司在将曹某派遣至B电子公司前未为曹某缴纳社保，导致曹某在B电子公司工作期间因工受伤产生工伤保险待遇损失，因此本案中产生的损失原则上应由A劳务公司负担。但根据《劳动合同法》第92条之规定，对外应由A劳务公司与B电子公司向曹某承担连带赔偿责任。现A劳务公司已按生效劳动仲裁裁决书确定的金额向曹某支付赔偿费用，故有权向B电子公司提起追偿之诉。因为B电子公司作为用工单位，根据工作需要安排曹某从事临时性工作，系在其经营管理权限范围之内，该情节虽不能成为认定B电子公司存有过错的事由，但B电子公司作为实际用工者和劳动者付出劳务的主要受益者，对被派遣员工依法负有保障其劳动安全的责任，其不能因与A劳务公司之间的相关约定，而对派遣员工的劳动安全保障漠视不理，因此B电子公司对损害的发生亦具有法律上的责任，应适当分担损害赔偿数额，判决认定其承担比例为20%。

四、律师评析

司法实践中，雇佣与使用相分离是劳务派遣关系的最基本特征。基于该特征，劳动者一方面面临派遣单位和用工单位的双重管制，另一方面也因为三方主体间权利、义务及责任的划分比较复杂，导致劳动者的合法权益受到用工单位的侵犯后，因用工单位与派遣单位在责任承担问题上互相推诿，从而使劳动者在被派遣劳动关系中处于更加弱势的地位，也使得劳务派遣法律争议的问题频出。

因此，《劳动合同法》第 92 条明确规定，用工单位给被派遣劳动者造成损害的，劳务派遣单位与用工单位承担连带赔偿责任。《劳动合同法实施条例》第 35 条也规定，用工单位违反劳动合同法和本条例有关劳务派遣规定，给被派遣劳动者造成损害的，劳务派遣单位和用工单位承担连带赔偿责任。如本案中因劳务派遣单位或用工单位未依法为被派遣员工缴纳社会保险，造成被派遣员工因工受伤产生的工伤保险待遇损失，劳务派遣单位向被派遣劳动者实际全部支付后，有权向用工单位提起追偿之诉，追偿比例应当根据双方的责任大小予以确定。但如劳务派遣单位与用工单位约定，由劳务派遣单位给劳动者缴纳社保并承担未缴纳所造成的一切后果，因上述约定系双方在平等自愿基础上作出的，无违反法律、法规的情形，则该约定应认定为合法有效。根据约定，因劳务派遣单位未给劳动者缴纳社保，劳动者因工受伤所产生的损失原则上应由劳务派遣单位承担。但是用工单位作为实际用工者和劳动者付出劳务的主要受益者，对被派遣员工依法负有保障其劳动安全的责任，其对损害的发生具有法律上的责任，不能因与劳务派遣单位之间的相关约定，而对派遣员工的劳动安全保障置之不理，应当分担损害赔偿数额。因此，此种情形下，对于劳动者在工作中因工受伤产生的工伤保险待遇损失，劳务派遣单位负有赔偿责任，同时，用工单位应适当分担损害赔偿数额。也就是说，劳动者在合法权益受到损害后，可主张由劳务派遣单位和用工单位承担连带赔偿责任，至于劳务派遣单位与用工单位之间是否另有约定，与劳动者无关。因该约定仅对协议双方产生约束力，不具有对外效力，因此，劳务派遣单位或用工单位任何一方均不得以该协议中明确约定由对方承担赔偿责任为由而拒绝对劳动者履行赔偿责任。但协议中约定不承担责任的一方在对劳动者承担责任后，可依据该约定向承担责任的一方进行追偿。

当然，对于劳务派遣单位因违法解除劳动合同等行为给劳动者造成的损害，劳动者不能依《劳动合同法》第 92 条的规定要求用工单位承担连带责任。因为在劳务派遣合同存续期间，用工单位不享有对劳动者用工关系的任意解除权，如需解除用工关系将劳动者退回劳务派遣单位必须符合法定情形。因此，只要用工单位是因派遣期限届满或劳动者严重违反用工单位规章制度和劳动纪律而合法解除用工关系的，用工单位就无须对其将劳动者退回劳务派遣单位后劳务派遣单位解除与劳动者间劳动关系的行为承担法律责任。

综上所述，劳务派遣单位和用工单位应当签订劳务派遣协议，就双方的权利义务及责任承担作出明确的约定。只要该约定不因违反法律、法规的强制性规定而被认定无效，那么一旦发生争议就可按照双方之间的约定来处理。如果双方之间没有约定或者约定不明确，则可以根据"谁用工，谁受益，谁负责"的原则来确定双方间的责任。因此，一份内容详尽、形式完备的劳务派遣协议会大大降低企业在派遣过程中的法律风险。

面对越来越复杂的用工环境，劳务派遣机构和用工单位、被派遣劳动者三方均要有相应的应对措施。

（一）用工单位

1. 选择具备法律、法规规定的资质条件的劳务派遣单位，即该派遣机构须依法成立并且其经营范围中包含劳务派遣的业务。企业如果选择不具有法定资格的劳务派遣机构，就会存在极大的用工风险。司法实践中，一旦发生争议，一般会认定劳动者与用工单位之间存在劳动关系，从而由用工单位承担全部法律责任。

2. 协议约定劳务派遣单位与劳动者的订约义务及解约义务，即须明确约定劳务派遣单位需要与被派遣劳动者签订两年以上的劳动合同，以防派遣单位不签、迟签劳动合同从而将相关法律风险转嫁给用工单位。此外，还须明确用工单位将劳动者退回派遣单位的各种情形及退回方式，以免发生劳动争议后被要求承担相应的法律责任。

3. 协议约定派遣单位依法为劳动者支付工资、缴纳社会保险的义务以及承担未依法缴纳社会保险的法律责任，以防止派遣公司不缴或少缴社会保险。

4. 协议约定劳动者发生工伤的责任承担及违约处理事项。双方可以约定劳动者发生工伤或产生劳动争议后的责任承担主体以及费用如何分担，还可约定劳务派遣单位违约时应如何承担违约责任，并且还可约定用工单位在要求派遣单位承担完所有损失的同时仍有权解除双方间的劳务派遣协议。

5. 执行国家劳动保护特别规定，不得将劳动者再次派遣至其他单位。用工单位应严格执行国家劳动标准，为派遣员工提供相应的劳动条件和劳动保护。给被派遣劳动者安排工作岗位后，不得以工作岗位发生变更或因其他原因造成工作无法进行等为由将劳动者再次转派给其他用人单位。

（二）劳务派遣单位

1. 依法成立并规范自己的经营活动。根据《劳动合同法》的规定，劳务派遣单位应当与被派遣劳动者签订两年以上的固定期限劳动合同，按月支付报酬；被派遣劳动者无工作期间，劳务派遣单位应当按照所在地人民政府规定的最低工资标准，向其按月支付报酬。同时，应保证被派遣劳动者享有与用工单位劳动者同工同酬的权利。

2. 提高自己的人才资源储备和服务管理能力。随着劳动力需求的日益增加，用工荒等问题开始频频出现，很多企业对劳动者的需求大规模增加。与此同时，随着社会的发展和劳务派遣法律、法规的完善，从事劳务派遣的机构越来越多，对劳务派遣机构人才资源的储备和劳动者素质均有了新的要求。因此，劳务派遣机构除了要对现有的人员进行管理培训之外，还需要在业务范围和服务项目等方面不断拓展，提升自己的服务管理能力和应急处理能力。

3. 与劳动者、用工单位书面约定好各自的权利义务及责任。明确用工单位将劳动者退回的具体情形，以免因用工单位无正当理由突然退回被派遣劳动者给劳务派遣单位增加不必要的人力管理成本及应急处理成本等。同时，也可约定如因用工单位单方无理由退回被派遣劳动者而发生劳动争议的，由用工单位自行承担责任，但因该约定仅具有对内效力，因此在派遣单位对劳动者进行赔偿后可向用工单位追偿。

（三）被派遣劳动者

1. 与劳务派遣单位签订为期两年以上的劳动合同，明确双方的权利义务。如应在劳动合同中明确约定由劳务派遣单位为劳动者缴纳社会保险，办理社会保险手续；约定派遣期间的工资标准、工资组成、工资发放时间及发放方式；约定未被派遣安排工作期间的工资补偿标准等。

2. 在用工单位发生工伤后，及时通知劳务派遣单位依法提出工伤认定申请，并要求用工单位予以配合。根据最高人民法院《关于审理工伤保险行政案件若干问题的规定》第3条第2款的规定,"劳务派遣单位派遣的职工在用工单位工作期间因工伤亡的,派遣单位为承担工伤保险责任的单位",被派遣劳动者在用工单位工作期间因工受到伤害的,应向劳务派遣单位所在地的社会保险行政部门提出工伤认定申请。此外,根据人力资源和社会保障部制定的《劳务派遣暂行规定》第10条的规定,"被派遣劳动者在用工单位因工作遭受事故伤害的,劳务派遣单位应当依法申请工伤认定,用工单位应当协助工伤认定的调查核实工作。"

3. 在用工单位工作期间因工受到伤害引发劳动争议的,可将劳务派遣单位和用工单位作为共同的责任承担主体提起诉讼,并在诉讼请求中明确由劳务派遣单位承担赔偿责任,用工单位承担连带责任。

第二节 劳务派遣中的同工同酬

一、争议焦点

用工单位基于降低用工成本和用工风险的考量,选择向劳务派遣单位缴纳派遣费用,由劳务派遣机构指派劳动者在用工单位从事相应的工作岗位,并由派遣单位为被派遣劳动者支付工资、缴纳社会保险。如用工单位存在相同或类似的工作岗位,作为被派遣的劳动者可否要求享有与用工单位其他同岗位劳动者同工同酬的权利?该"同工同酬"是只包含工资,还是也同时包括其他奖金及福利?

二、基本案情[①]

原告方某于2010年11月进入被告外服公司工作,双方每两年签订一次书面劳动合同及派遣协议,外服公司自2010年11月1日起将原告派遣至被告A公司工作。原告与外服公司签订的最后一份劳动合同期限为2014年11月1日至2016年10月31日,合同约定原告的工作岗位为"HR officer",每

---

① 案例来源:(2015)浦民一(民)初字第43685号。

月工资为人民币12000元。2015年5月8日起原告因病开始休病假,中国人民武装警察部队医院为原告开具2015年5月8日至7月5日、7月20日至7月31日期间的病假证明。原告在病假前的正常月工资标准为12000元。2015年7月10日,A公司书面告知原告"自7月始的病假工资将调整为5451元"。A公司按每月12000元标准发放原告2015年5月和6月的工资,但在6月份工资中扣发原告5月8日至6月19日的病假工资3420.69元;2015年7月31日,A公司按照5451元标准计发原告该月工资,并返还了6月份中多扣的6月1日至6月19日病假工资1655.17元,该月A公司共计发放原告工资4774.69元。2015年9月8日,原告与外服公司解除劳动合同关系。原告认为A公司对其他员工的病假工资按病假员工的工作年限对应基本工资的相应比例进行发放,对原告区别对待,违反了同工同酬的规定。因此,2015年9月11日,原告向上海市某区劳动人事争议仲裁委员会提出仲裁申请,要求A公司按照税前工资的80%的基数扣除社保、公积金及税款后支付2015年6月1日至7月31日的病假工资差额4844.75元。仲裁未予支持,原告不服仲裁裁决,向法院提起诉讼,法院经审理后驳回了原告方某的诉讼请求。

三、裁判观点

法院认为,根据本市相关规定,职工疾病或非因工负伤待遇高于本市上年度职工月平均工资的,可按本市上年度月平均工资计发。原告于2015年5月休病假前的正常月工资标准为12000元,其疾病待遇高于本市上年度月平均工资标准即每月5451元,因此被告A公司告知原告自2015年7月起按照上述标准发放2015年7月病假期间工资,并无不妥。原告对A公司足额发放其2015年6月工资不持异议,法院予以确认。原告认可被告A公司按照每月5451元标准发放其2015年7月工资的金额无误,但表示2015年7月工资差额主要是工资按5451元标准计发造成的,如按照12000元标准计算,应当发放税后工资7045.65元,A公司实发3119.52元,存在工资差额3926.13元,原告因此将诉讼请求更改为要求A公司支付2015年7月工资差额3926.13

元;同时,原告表示A公司若按5451元工资标准计发其2015年7月工资,则对A公司发放该月工资3119.52元及返还6月工资中多扣的1655.17元后,对发放的金额不持异议。两被告对原告的上述计算方式无异议,但不同意支付原告变更诉讼请求后的工资差额。综上,在A公司可以按照每月5451元标准发放其病假工资的前提下,原告要求A公司支付2015年7月工资差额的诉讼请求,无事实依据,法院不予支持。

四、律师评析

司法实践中,关于劳务派遣案件中"同工同酬"问题的处理一直是一个难点。具体来说,主要是关于劳动者之间"同工"的认定以及劳动者劳动报酬标准的确定。

首先,根据《劳动合同法》第63条的规定:"用工单位应当按照同工同酬原则,对被派遣劳动者与本单位同类岗位的劳动者实行相同的劳动报酬分配办法。用工单位无同类岗位劳动者的,参照用工单位所在地相同或者相近岗位劳动者的劳动报酬确定。"而劳动部办公厅关于印发《关于〈劳动法〉若干条文的说明》的通知(劳办发〔1994〕289号)第46条明确规定:"工资分配应当遵循按劳分配原则,实行同工同酬。工资水平在经济发展的基础上逐步提高,国家对工作总量实行宏观调控。本条中的'同工同酬'是指用人单位对于从事相同工作,付出等量劳动且取得相同劳绩的劳动者,应支付同等的劳动报酬。本条中的'工资水平'是指一定区域一定时期内平均工资的高低程度。"由此可见,只要用工单位对于具有相同的劳动技能,从事相同工作,付出等量劳动且取得相同劳动成果的劳动者在劳动报酬分配办法上做到一视同仁,即可被视为遵守了"同工同酬"原则,而不必要求劳动者之间的实际收入完全等同。这就要求用工单位在制定薪酬管理制度时,应根据劳动者的工作能力、业绩水平、工作年限等作出具体规定,以避免被派遣劳动者与用工单位其他同岗位劳动者之间以身份关系划分等级,从而引发诸多劳动争议,给用工单位造成不必要的麻烦。

其次,关于劳动报酬标准的确定,《劳动合同法》第11条规定:"用人单位未在用工的同时订立书面劳动合同,与劳动者约定的劳动报酬不明确的,新招用的劳动者的劳动报酬按照集体劳动合同规定的标准执行；没有集体劳动合同或者集体劳动合同未规定的，实行同工同酬。"也就是说，劳务派遣单位应在与被派遣劳动者的劳动合同中明确约定劳动报酬，否则应按照集体合同规定的标准执行，只有当没有集体劳动合同或者集体劳动合同未规定的，才按照同工同酬的原则处理。因此，在劳务派遣关系中，只要派遣单位与被派遣劳动者在劳动合同中对劳动报酬作了明确约定，原则上就按劳动合同的约定执行。因该合同系派遣单位与劳动者直接签订，用工单位并未直接参与，因此就要求用工单位监督好二者间劳动合同的签署，在派遣关系产生前明确好被派遣劳动者的工资标准，以免在日后的劳动争议中处于被动地位。此外，同工同酬一般情况下也只被限定在与工资、加班费等有关的薪酬部分，而无关乎奖金和福利等。

除此之外，用工单位选择劳务派遣用工还应符合《劳动合同法》第66条的规定："劳动合同用工是我国的企业基本用工形式。劳务派遣用工是补充形式，只能在临时性、辅助性或者替代性的工作岗位上实施。前款规定的临时性工作岗位是指存续时间不超过六个月的岗位；辅助性工作岗位是指为主营业务岗位提供服务的非主营业务岗位；替代性工作岗位是指用工单位的劳动者因脱产学习、休假等原因无法工作的一定期间内，可以由其他劳动者替代工作的岗位。用工单位应当严格控制劳务派遣用工数量，不得超过其用工总量的一定比例，具体比例由国务院劳动行政部门规定。"需要明确的是，相关岗位只要具备上述"三性"中的"一性"就可以使用劳务派遣，而无须同时具备临时性、替代性、辅助性，而且用工单位使用的被派遣劳动者数量一般不得超过其一定时期内用工总量的10%，该用工总量以该一定时期内与用工单位签订劳动合同的所有人员为计算标准，包括非全日制用工。此外，根据《劳务派遣暂行规定》的要求，用工单位决定使用被派遣劳动者的辅助性岗位，应当经职工代表大会或全体职工讨论，提出方案和意见，与工会或职工代表平等协商确定，并在用工单位内公示。也就是说，用工单位辅助性岗位的确定必须经过民主和公示程序，确保其在程序上合法。

综上所述，基于用工单位营利性的特征及降低用工成本的考虑，用工单位不可避免地要进行人力资源成本的有效管控，特别是对一些临时性、辅助性、替代性的领域和岗位进行成本控制。因此,《劳动合同法》强调的派遣员工与正式员工同工同酬的权利,促使用工单位在选择劳务派遣的前提下进行成本控制的唯一办法就是在奖金和福利待遇上区别对待。当然,有的劳务派遣单位也会选择给所属的派遣员工发放一些特别福利,以缩小派遣员工因与正式员工间收入差距所引起的心理差距,缓和用工单位和被派遣劳动者之间的关系。同时,劳务派遣单位作为专业的人力资源供应机构,也有必要根据不同用工单位的客户需求设计不同的薪酬标准,以保障所属派遣员工与用工单位正式员工的同工同酬或者劳务派遣单位分派至不同用工单位的不同员工间的同工同酬,从而实现对派遣单位不同岗位的科学合理管理及对被派遣员工的薪酬进行统筹安排。

第三节 劳务派遣与劳务外包

一、争议焦点

劳务派遣关系中,劳务派遣单位与被派遣劳动者签订劳动合同、建立劳动关系,劳动者受劳务派遣单位的管理和制约;劳务外包关系中,发包单位一般并不直接管理和控制劳动者,仅使用劳动者的劳动成果。实践中,部分发包单位也会对劳动者实施一定的管理,由此造成劳务派遣与劳务外包的界限难以明确划分的情形。发生劳动争议时,有必要首先区别劳务派遣与劳务外包,这对最终责任承担很重要。

二、基本案情[①]

被告郭某于2011年4月28日与第三人C咨询公司建立劳动关系,由C咨询公司以服务外包形式将郭某安排至第三人B公司工作。原告A外服公司与C咨询公司系关联发包单位。2013年8月1日至2016年7月31日期间,由A外服公司与B公司签订外包服务合同。2014年4月28日,A外服公司

---

① 案例来源:(2015)浦民一(民)初字第11863号。

与郭某签订了期限为2014年5月1日至2015年4月30日的劳动合同，A外服公司将郭某安排至B公司工作。A外服公司承继了郭某在C咨询公司处的工龄及全部劳动权利义务。

B公司空调车间的生产线包含七道工序，依次分别为组装、钎焊、接线、总装、注液、测试、总检。郭某的岗位为钎焊工。该条生产线上的钎焊岗位包括郭某在内共计有11名员工。郭某在B公司工作期间，由B公司对郭某进行工作安排和日常管理。B公司《员工手册》第5.2条"考勤管理"规定，"除了法定节假日外，所有缺勤，不论其原因，员工应预先递交休假或缺勤申请，以获得主管的批准并作相应记录。……公司理解有时会出现不可预知的情况，使员工不能准时上班或出勤，如生病、交通问题等。无论何种情况的迟到或未经事先同意的缺勤，员工应尽快通过电话或其他方式告知其直接主管，以便公司可以及时安排调派工作。员工必须解释缺勤或迟到的理由，并按规定补办相关的请假手续。如果员工没能提供相应的证明，且没有向主管报告缺勤原因或理由不充分不被接受的，公司会将缺勤作为旷工处理并可采取纪律行动。"郭某于2012年5月9日签字确认"已收到B公司员工手册，已仔细阅读并理解其中的内容"。

2014年12月2日，郭某等11名钎焊工集体提出休假半天申请，B公司予以批准。2014年12月3日、12月4日，郭某等11名钎焊工再次集体提出休假申请，欲调休或年休2014年12月4日一天，B公司不予批准。2014年12月4日，郭某等11名钎焊工均未上班。当日，B公司的该条生产线停产。2014年12月9日，B公司向A外服公司发出通知书，内容为："陈某、洪某、郭某在未经批准的情况下，擅自不到公司上班，造成生产停线，影响重大。公司决定将此3人退回A外服公司。"同日，A外服公司向郭某发出解除劳动合同通知书，解除与郭某的劳动合同。

2015年1月13日，郭某作为申请人向上海市某区劳动人事争议仲裁委员会申请仲裁，要求被申请人A外服公司和B公司连带支付违法解除劳动合同赔偿金36736元。2015年3月9日，该仲裁委员会作出裁决：一、A外服公司支付郭某违法解除劳动合同的赔偿金31680.08元；二、对郭某的其他申诉请求不予支持。

仲裁裁决后，A外服公司不服，遂诉至法院。法院经审理后，判决原告A外服公司不支付被告郭某违法解除劳动合同的赔偿金31680.08元。

三、裁判观点

最高人民法院《关于审理劳动争议案件适用法律若干问题的解释》第13条规定，因用人单位作出的开除、除名、辞退、解除劳动合同、减少劳动报酬、计算劳动者工作年限等决定而发生的劳动争议，用人单位负举证责任。

本案中，双方的争议焦点在于：其一，被告郭某2014年12月4日有无存在旷工的违纪行为。经法院审理查明，郭某由A外服公司安排至B公司工作，由B公司对郭某进行工作安排和日常管理。郭某签字确认其已收到B公司的员工手册，并知晓员工手册内容，应当遵照执行。2014年12月4日，郭某向B公司提出休假申请但未获得批准后，当天未上班。郭某提供门诊病史、病假单、医疗费发票等证据证明其该日去医院看病了，并非无故旷工。对此，因郭某未按照B公司员工手册的规定履行相应的请假手续，没有向B公司请病假，B公司也没有收到郭某的病假单，因此法院认定郭某2014年12月4日存在旷工的违纪行为。其二，郭某旷工一天的违纪行为有无达到解除劳动合同的严重程度。单独来看，郭某旷工一天，不是导致B公司生产线停产的唯一原因，其严重性尚未达到解除劳动合同的程度。然而，根据事件发生的时间和背景综合分析，郭某的违规行为并非孤立偶发事件，2014年12月4日并非郭某一人旷工，而是B公司空调车间生产线上第二道工序的11名钎焊工集体未上班。这些员工的无故旷工行为本身和目的具有高度的一致性，正是这一集体无故旷工的共同行为直接导致B公司的生产线停产，给B公司造成了重大损害，该后果应由郭某等11人共同承担。原告A外服公司和B公司都不能纵容这种严重侵犯公司合法利益的行为，故法院认定郭某的旷工行为已达到解除劳动合同的严重程度。

综上，A外服公司于2014年12月9日依据员工手册的相关规定，解除与郭某的劳动合同，并无不当。A外服公司要求不支付郭某违法解除劳动合同赔偿金的请求,法院予以支持,故作出了上述判决。

四、律师评析

本案看似复杂,其实核心和焦点问题就一个:郭某和 A 外服公司之间的关系究竟是劳务派遣关系还是劳务外包关系?如果被认定系劳务派遣关系,且 B 公司将郭某退回 A 外服公司的行为如无正当理由,则 B 公司就有可能会被判决与 A 外服公司对违法解除郭某劳动关系的行为承担连带赔偿责任。反之,如果被认定为劳务外包关系,则 B 公司对 A 外服公司解除郭某劳动关系的行为不承担任何责任,郭某也无权向 B 公司主张任何解除劳动关系的赔偿金。

实践中,劳务派遣和劳务外包表面上有类似之处,甚至有时候区别很细微,尤其是在服务行业,如用工单位或发包单位都不与劳动者签订劳动合同等。因此,用人单位在相关协议和文件中使用一些条款或用语时要慎之又慎,以免在未来的争议和诉讼中将自己置于被动地位,从而给企业造成损失。针对劳务派遣和劳务外包的区别,用人单位可以从以下几方面进行比较:

项目	劳务派遣	劳务外包
概念	指由劳务派遣单位与被派遣劳动者订立劳动合同,并支付报酬,把劳动者派向其他用工单位,再由其用工单位向派遣机构支付一笔服务费用的一种用工形式	指发包单位将公司内的部分业务职能或工作内容发包给相关的服务机构,由服务机构自行安排人员按照发包单位的要求完成相应的业务职能或工作内容
性质	是劳动合同法明确规定的一种用工形式	不是用工形式,只是发包单位将某项业务外包给其他单位或组织来完成的一种经营方式
法律关系	三对法律关系,即劳务派遣单位与劳动者间的劳动合同关系,劳务派遣单位与用工单位的委托合同关系,以及用工单位与劳动者间的用工管理关系	两对法律关系,即发包单位与劳动者间的劳动合同关系以及发包单位与承包单位的委托合同关系
经营资质	严格按照劳动合同法和公司法的相关规定设立	一般无硬性要求,除非有特别法的规定
适用法律	劳动法、劳动合同法	民法、合同法

（续表）

项目	劳务派遣	劳务外包
适用范围	适用于用工单位的临时性、辅助性、替代性岗位，且一般不超过用工单位用工总量的10%	是从事发包单位特定项目而非特定岗位的人员，且外包员工应该占整个项目用工数量的全部
关注重点	劳务派遣一般是按照派遣的时间和费用标准，根据约定派遣的人数结算费用，其合同标的一般是"人"，购买的是劳动力的使用权，即劳动过程	外包一般按照事先确定的劳务单价根据劳务承包单位完成的工作量结算，其合同标的一般是"事"，购买的是承包单位的业务成果，即服务或产品
考核要求	用工单位对派遣员工进行考核	发包单位对工作成果进行验收考核
管理劳动者的责任主体	被派遣劳动者必须按照用工单位确定的工作组织形式和工作时间安排进行劳动，由用工单位直接对其工作过程进行监督、管理	发包单位对劳务承包单位的员工不进行直接管理，发包单位的规章制度不适用于外包员工，外包员工的工作组织形式和工作时间安排由承包单位自己安排确定
对外名义	被派遣劳动者常以用工单位的名义对外活动	外包员工不以发包单位名义而以承包单位名义对外活动
用工风险承担	劳务派遣单位与用工单位承担连带责任	除必须确保能提供必要的安全生产条件以外，发包单位对承包单位的员工不承担责任

（一）注意事项

结合劳务派遣和劳务外包的多种区别，笔者认为在签订劳务派遣合同和劳务外包合同方面，用人单位应该注意以下事项：

1. 合同名称上必须明确说明是劳务派遣合同还是劳务外包合同。因为劳务派遣适用劳动合同法，劳动合同法属于社会法范畴，带有一定的公法性质，更多体现对劳动者这一弱势群体的关照；而劳务外包适用合同法，更多崇尚当事人的意思自治，法不禁止即可为。因此，明确合同性质对完善合同内容、实现合同目的具有至关重要的作用。

2. 明确合同的标的以及结算方式，即合同的标的是"事"还是"人"，费用结算方式是工作量还是服务时间。因为劳务派遣中的核心要素是劳动过程，劳务派遣关系中的用工单位更关注的是被派遣劳动者的工作过程，也就是说，用工单位直接购买的是劳动力的使用权，并通过对被派遣劳动者的管理控制来实现本单位的经营目标,其客体是"人",即劳动力;而劳务外包中的核心要素是工作成果,发包单位关注的是承包单位交付的工作成果,至于承包单位如何完成工作,发包单位并不关心,承包单位只有在工作成果符合约定时才能获得相应的外包费用,其客体是"事",即服务或产品。

3. 明确对劳动者的管理责任主体,这是劳务派遣和劳务外包最主要的区别。因此,在区分劳务派遣和劳务外包关系时,确定对劳动者责任主体的前提就是明确对劳动者的管理主体。劳务派遣合同中,用工单位要求劳务派遣单位必须与劳动者签订劳动合同。在派遣协议中,按照劳动合同法的要求,应当约定派遣岗位和人员数量、派遣期限、劳动报酬和社会保险费的数额与支付方式以及违反协议的责任,明确劳务派遣单位应当将劳务派遣协议的内容告知被派遣劳动者。劳务外包合同可以要求劳务承包单位遵守发包单位的安全管理以及规章制度,但是要说明劳动者的工作时间以及工作内容安排由承包单位自己负责。要想做到"真外包",发包单位必须切断对从事外包劳务劳动者的直接管理,发包单位的要求、指令最好直接下达给承包单位在外包劳务现场指挥的管理人员。

4. 明确费用范围。在劳务派遣中,劳务派遣人员工资总额纳入用工单位工资总额的统计范围,具体包括用工单位负担的基本工资、加班工资、绩效工资以及各种津贴、补贴等,但不包括因使用劳务派遣人员而支付的管理费用和其他用工成本;而在劳务外包活动中,承包单位在发包单位支付的外包费用中向从事劳务外包工作的劳动者支付劳动报酬,劳务外包费用不纳入发包单位的工资总额。

(二)实践适用

劳务外包与劳务派遣作为两种被广泛采用的用工形式,一方面为用人单位用工带来了便利,另一方面由于涉及用工单位(发包单位)、派遣单位(承包单位)及劳动者三方主体,其法律关系比较复杂,实践中适用哪种用工方式对用工单位和劳动者也有着至关重要的影响。笔者仅对不同用工方式的利弊进行阐明,供用工单位和劳动者在实践中参考。

1. 对用工单位(发包单位)

雇佣与使用相分离是劳务派遣用工的最基本特征,通常由劳务派遣单位与用工单位签订劳务派遣协议并与劳动者签订劳动合同,用工单位不直接与劳动者签订劳动合同。因此采用劳务派遣方式可以为用工单位带来很多好处,如用工方式灵活,招退工便捷,减少人员储备,节省人力成本和管理成本及降低争议风险等。但劳务派遣可承接的岗位是有限制的,一般仅在临时性、辅助性或者替代性的工作岗位上实施。此外,《劳动合同法》第92条明确规定,用工单位给被派遣劳动者造成损害的,劳务派遣单位与用工单位承担连带赔偿责任。因此建议用工单位在采用劳务派遣用工方式时要选择有相应资质的劳务派遣单位,督促劳务派遣单位及时与劳动者签订劳动合同,为劳动者缴纳社会保险等,以规避法律风险。

而在劳务外包中,基于外包员工并不是发包单位自己的员工,对于这些人员,发包单位无须承担劳动法上用人单位的义务(如签订劳动合同、缴纳社会保险、支付工资等),发包单位只需按照外包合同的约定对承包单位承担相应的合同法上的义务即可。如此一来,发包单位既满足了自己的用工需求,又大大规避了劳动法上的风险。然而,劳务外包也存在诸多法律风险。例如,外包范围和价格确定不合理,承包单位选择不当等,均可能导致发包单位遭受损失;劳务外包监控不严,服务质量低劣,可能导致发包单位难以发挥劳务外包的优势;劳务外包存在商业贿赂等舞弊行为,可能导致发包单位相关人员涉案以及发包单位对承包单位的指示有过失的,要承担相应的赔偿责任;等等。因此,建议发包单位合理利用劳务外包的经营策略以整合发包单位外部优秀资源,规避用工法律风险。同时需要提醒的是,根据《劳动合同法》第94条的规定,个人承包经营违反本法规定招用劳动者,给劳动者造成损害的,发包的组织与个人承包经营者承担连带赔偿责任。因此,发包单位采用劳务外包的用工形式时,最好是找法人实体作为承包单位,以减少风险。

2. 对劳动者

在劳务派遣与劳务外包关系中,因用工单位购买的合同标的分别是劳动力和劳务,那么对劳动者的管理主体就不同,其在法律关系上就直接体现为对劳动者责任的承担主体不同。

在劳务派遣用工中,用工单位给被派遣劳动者造成损害的,劳务派遣单位与用工单位承担连带赔偿责任。因此,劳动者既可向劳务派遣单位主张权利，也可向用工单位主张权利。在劳务外包中，因劳动者的劳动关系属于承包单位，发包单位并不对劳动者进行实际管理和控制，因此当劳动者的合法权益遭受侵害时，一般应向承包单位主张权利，而不向发包单位主张。

3. 适用范围

劳务派遣用工只能在临时性、辅助性或者替代性的工作岗位上实施。其中，临时性工作岗位是指存续时间不超过 6 个月的岗位，比如一些季节性用工；辅助性工作岗位是指为主营业务岗位提供服务的非主营业务岗位；替代性工作岗位是指用工单位的劳动者因脱产学习、休假等原因暂时无法工作的一定期间内，可以由其他劳动者替代工作的岗位。而劳务外包通常适用于劳动密集型的用工单位，包括用工单位中的某段较为独立的生产流水线；某些技术性的和事务性的工作，如人事管理流程中的职位需求分析、工作分析、招聘、筛选、培训、绩效考评、员工意见调查、薪酬福利、员工劳动关系管理等。

总体来说，劳务派遣是早期政策背景下形成的用工方式，解决了当时用工单位的用工问题，所以，该模式比较简单，容易操作；近些年，随着企业用工管理的成熟发展，劳务外包越来越成为解决企业用工需求的重要方式，在操作方面，劳务外包需要承包单位更加专业，经验更加丰富一些。

第四节 逆向派遣

一、争议焦点

1. 用人单位在未与劳动者有效解除或终止劳动关系的情况下，要求劳动者与第三方劳务派遣单位签订派遣协议，并将劳动者回派至该用人单位从事原岗位工作，该派遣行为是否有效？

2. 用人单位或其所属单位出资或者合伙设立的劳务派遣单位，向本单位或者所属单位派遣劳动者的，劳务派遣合同是否有效？被派遣劳动者劳动关系的相对方是该实际用工单位还是劳务派遣单位？

二、基本案情[①]

常某于 2003 年 10 月至某工学院饮服部门工作，任验收员。2008 年 1 月 1 日，常某与某劳务公司签订劳务派遣合同，由该劳务公司将其派遣至原岗位工作，劳动合同期限为 2008 年 1 月 1 日至 2010 年 12 月 31 日。2011 年 1 月 1 日，常某再次与某劳务公司签订劳动派遣合同，合同期限为 2011 年 1 月 1 日至 2013 年 12 月 31 日。某劳务公司于 2008 年 1 月 1 日起为常某缴纳基本养老保险，自 2011 年 4 月 1 日起缴纳五项社会保险。根据常某申请，某工学院批准其于 2011 年 12 月 1 日至 2012 年 3 月 1 日期间休产假，产假期间，按正常工资标准发放工资。2012 年 3 月 1 日产假期满后，常某向工学院、劳务公司三次邮寄安排工作岗位申请书，均未得到回复，某劳务公司为常某缴纳五项社会保险至 2012 年 4 月份。该劳务公司成立于 2007 年 6 月 29 日，发起人为某招待所（投资占 60%）、胡某和庄某。2008 年 7 月 14 日，某劳务公司申请新增投资人某软件公司（出资占 40%），某招待所出资比例由此变为 36%。某招待所投资人为某工学院（出资占 90%）和郑某，某工学院还持有某软件公司 5% 的股份。由于某工学院和某劳务公司拒绝为常某安排工作，常某诉至法院，请求确认其与某劳务公司签订的劳务派遣合同无效，某工学院为其办理解除劳动合同相关手续等。法院经审理后支持了常某的诉讼请求。

三、裁判观点

法院认为，某工学院与其他发起人投资设立某招待所和某软件公司，某招待所和某软件公司又与其他投资人设立某劳务公司，某工学院再将原雇用的常某改为由某劳务公司派遣至本单位。该行为违反了劳动合同法关于用人单位不得出资或合伙设立劳务派遣单位向本单位派遣劳动者的规定，常某与某劳务公司签订的两份派遣合同无效，常某劳动关系和劳动合同的相对人仍

[①] 案例来源：江苏省高院公布 2013 年劳动争议十大典型案例之七。

为某工学院，遂判决支持了常某的诉讼请求。

四、律师评析

用人单位为了逃避签订无固定期劳动合同和缴纳社保等法定义务，往往喜欢雇用派遣工。尤其在2008年《劳动合同法》实施以后，更是想尽各种办法将原本的常用工在不改变工作岗位、工作内容的情况下转变为派遣工。本案就是一起典型的由"逆向派遣"引起的劳动争议案件。根据《劳动合同法》的有关规定，在劳务派遣法律关系中，劳务派遣单位通过签订书面劳动合同与劳动者建立劳动关系，然后把招用的劳动者派遣到实际用工单位，但用工单位与劳动者之间并不形成劳动关系，而是由劳务派遣单位承担用人单位的主体责任。但是，"逆向派遣"恰恰颠倒了劳务派遣单位、用工单位及劳动者之间的关系，即用人单位通过与劳务派遣单位签订劳务派遣协议的方式将劳动关系仍然存续的、在原岗位正常工作的劳动者改变劳动关系归属，也就是将原劳动关系中的用人单位主体由用人单位变更为劳务派遣单位，而原用人单位则成为劳动者的用工单位。其实质上是用人单位借用劳务派遣的名义及形式规避《劳动合同法》规定的义务，以期达到降低用工成本，避免签订无固定期限劳动合同等目的。

实践中，"逆向派遣"往往导致被派遣劳动者不能享受接收单位正常的福利待遇，也不能享受与接收单位其他劳动者同工同酬的权利，且由于派遣单位和接收单位责任划分不明确，两单位常常发生争议，相互推诿，拒绝承担责任。这种行为极大地损害了劳动者的合法权益，既不利于劳动者保护，也严重打击了劳动者的工作积极性和工作热情。"逆向派遣"的实质就是"假派遣"，是通过变更劳动者劳动关系归属的方式混淆现存的事实劳动关系状况，并未实际改变劳动者的工作岗位及工作内容，与劳务派遣的立法目的背道而驰。而且所谓"逆向派遣"，由于会损害劳动者的合法权益，所以也违背了"不得利用法律达到不正当乃至非法目的"的法治理念。因此，一般情况下，仲裁委或者法院都会认定"逆向派遣"无效，实际用工单位应当继续承担劳动关系下用人单位的法律责任，从而对用人单位不正当的法律行为作出否定性评价，维护被派遣劳动者的合法权益。这也是实践中具有代表性的处理方式。

此外,用人单位自己设立劳务派遣单位向本单位或所属单位派遣劳动者,也是用人单位为了逃避签订无固定期劳动合同和缴纳社保等法定义务最常用的方法。对此,《劳动合同法》第67条规定,用人单位不得设立劳务派遣单位向本单位或者所属单位派遣劳动者。《劳动合同法实施条例》第28条规定,用人单位或者其所属单位出资或者合伙设立的劳务派遣单位,向本单位或者所属单位派遣劳动者的,属于《劳动合同法》第67条规定的不得设立的劳务派遣单位。我国劳动法律、法规对劳务派遣作如此规范,目的就在于防范用人单位将本来完整的劳动关系人为分割开来,逃避劳动法责任,任意使用劳务派遣工。因此,用人单位或其所属单位出资或者合伙设立的劳务派遣单位,向本单位或者所属单位派遣劳动者的,劳务派遣合同无效,劳动者劳动关系的相对方仍是该实际用工单位。用人单位若想用这种方法来逃避自身法定责任,是不会得到法院支持的。

在用人单位经营管理过程中,通常会使用以下几种方式进行"逆向派遣":

1. 欺诈型

欺诈型,即在劳动合同期满或者劳动合同履行过程中,拿一份没有抬头的劳动合同让劳动者先签字,再以需要公司盖章审核为由收回,然后在抬头上填上派遣公司的名称,进行"欺诈派遣"。这种情况下,一旦发生劳动争议,用人单位就会拿出之前要求劳动者签字的、后期收回并补上派遣公司抬头的劳动合同,以劳动者系派遣员工、其与劳动者间不存在劳动关系为由进行抗辩,而大多数劳动者又没有其他证据证明该份所谓劳动合同系在受欺诈的情形下签订的,只能承担败诉风险。

2. 胁迫型

胁迫型,即在劳动关系存续期间,用人单位突然要求劳动者与本单位解除劳动关系,然后在一定期限内与其指定的第三方劳务派遣公司签订劳动合同,否则就视为劳动者自行放弃合同签订权,用人单位也得以直接解除与劳动者间的劳动关系。或者,用人单位威胁劳动者,称如果劳动者不愿与第三方劳务派遣公司签订劳动合同就是拒不配合用人单位的工作、拒不服从用人单位的工作安排,用人单位可以据此直接解除双方间的劳动关系。劳动者迫于用人单位的压力,不得不在违背自己真实意愿的情况下与第三方劳务派遣公司签订劳动合同,从而在不自愿的状态下与第三方劳务派遣公司建立了劳动关系,也规避掉了原用人单位的责任和义务。

3. 隐蔽型

隐蔽型,即在劳动关系存续期间,用人单位既未与劳动者签订劳动合同,也未为劳动者缴纳社会保险,同时要求不相关的第三方(一般为某某劳务公司)以现金或转账形式向劳动者发放工资。如此一来,一旦发生劳动争议,劳动者很难有充足证据证明自己与该用人单位之间存在劳动关系,而用人单位也往往以劳动者是由第三方派遣至其单位且第三方系劳动者的工资支付主体为由,不认可与劳动者之间的劳动关系,从而使劳动者陷入被动。

"逆向派遣"往往是用人单位在充分准备后采取的,方式较为隐秘,且用人单位在此过程中占据主导地位。相对来说,在面对用人单位要求签订空白合同后收回盖章或者社保、工资由第三方支付时,劳动者对此要么不关心,要么疏忽大意或心存侥幸,又或者是迫于种种压力,没有及时提出异议、保留相关证据或主张权益,导致发生工伤或者产生其他劳动争议时,往往因举证不能而承担不利后果,使自己的合法权益遭受到侵害,并不得不承担由此带来的巨大损失。

笔者遇到的一个劳动争议案件就是类似情况。劳动者自2003年2月起在某建筑公司任塔吊工,双方自始未签订过劳动合同,但该建筑公司及其前身每月通过银行转账的方式交叉向劳动者支付工资。2013年底,建筑公司以上级检查需要规范劳动用工为由,要求劳动者签订一份劳动合同,但该合同上没有用人单位的名称,合同内容也是空白的,该建筑公司要求劳动者在合同末页"乙方"处签名后就收回了合同。因合同只有一份且劳动者签名时被告知仅是为了应付上级检查,并不具有实质意义,所以劳动者一直没有向该建筑公司要求查看过合同。2014年10月,该建筑公司的一个项目主管口头通知劳动者解除劳动关系,因对经济补偿问题未能达成一致,双方发生劳动争议。庭审时建筑公司拿出有劳动者签名的合同,称该劳动者是第三方劳务公司派遣过来的员工,派遣期间工资也是由该劳务派遣公司发放的,与其不具有劳动关系，故建筑公司不应承担解除劳动关系的赔偿金。劳动者主张其是在建筑公司欺诈下签订的合同，且该合同在签订时是空白的，劳动者仅签了名字，对合同内容并不明知，因而认为该建筑公司的行为是一种"逆向派遣"，是建筑公司借用劳务派遣的名义及形式规避无固定期限劳动合同的签订，在法律上是无效的。但该案经法院审理后，以劳动者无证据证明其与建筑公司之间存在劳动关系为由，判决驳回了劳动者的诉讼请求。

因此，鉴于相关法律风险，笔者在此提醒劳动者，特别是建筑行业或人员流动性比较大的劳动密集型产业的劳动者，在入职后应尽快要求用人单位签订书面劳动合同，如遇到用人单位要求签订空白合同或由不相关第三方代发工资、代缴社保时应保留好相关证据，以免发生劳动争议时处于不利地位。

需要特别注意的是，如果用人单位是在依法解除与劳动者间的劳动关系后，如合同期满双方未续签、双方协商一致解除劳动关系（包括事实劳动关系）、劳动者已经领取用人单位支付的经济补偿金等的情况下再让劳动者与劳务派遣单位签订劳动合同，并将劳动者重新派回原用人单位继续劳动的，该做法并不违法。此种情形下，因劳动者与原用人单位的劳动关系已经实际解除或终止，双方间基于劳动关系所产生的权利义务也依法终结，那么劳动者就享有充分的就业选择权，其与劳务派遣单位签订的劳动合同就是真实有效的，劳务派遣单位也应该据此承担《劳动合同法》中规定的用工主体所应承担的法律义务，同时享有《劳动合同法》中规定的用工主体所享有的法定权利。在此情形下，劳动者就不得以原用人单位的做法是"逆向派遣"为由主张该劳务派遣行为无效，从而要求原用人单位承担用工主体责任。由此可知，原用人单位无须对此种派遣用工行为承担《劳动合同法》所规定的法定义务的前提必须是：此前已经真实有效地解除或终止了与劳动者间的劳动关系（包括事实劳动关系）。

第六章

特殊用工主体的保护问题*

第一节 女职工"三期"的特殊保护

女职工是任何一家用人单位都无法避免的员工类型之一,女职工由于其生理的特殊性,用工成本一般会比男性员工要高。特别是女性一般拥有孕期、产期及哺乳期,鉴于法律对女性该特殊时期的特殊保护,有的用人单位为了降低自己的用工成本,以各种手段对其进行"刁难",这也导致特殊时期的女职工与用人单位之间的纠纷成为劳动争议的重灾区。本节内容简单梳理一下法律对女职工的特殊保护,以及特殊保护的例外情况。

一、争议焦点

女性怀孕期间,用人单位是否无权单方解除或者终止劳动合同?

二、基本案情

案例一

李某于2013年3月25日入职某装饰装修公司,双方签订了一份为期两

---

* 本章作者:金慧霞。

年的劳动合同，李某的月工资为2000元加绩效。2013年10月12日，装饰装修公司向李某送达解除劳动合同通知书，称因李某出现违反国家有关法规及有严重违反公司规章制度等情况，决定从2013年10月12日起与李某解除劳动合同。李某称2013年5月其到医院检查确认已怀孕两个多月，但公司经理处处刁难，并强行解除了劳动合同。李某认为装饰装修公司在其怀孕期间解除劳动合同明显违法，要求法院判令双方继续履行劳动合同。被告装饰装修公司辩称：李某来被告处工作时隐瞒了怀孕的事实，骗取了工作机会。自2013年9月始，李某长期未上班，亦未提交任何请假材料，被告解除劳动合同合法。

案例二

2010年6月12日，程某入职某商贸公司，双方签订了一份三年的劳动合同。程某于2012年3月怀孕，并在2012年4月15日至2012年9月16日期间休了病假。2012年10月12日，商贸公司以程某存在提交虚假诊断证明和门诊就诊记录为由与程某解除了劳动合同。程某到劳动仲裁委申诉，仲裁委裁决商贸公司支付程某违法解除劳动合同赔偿金368258元。

商贸公司不服裁决，起诉至法院。商贸公司向法庭提交了北京某妇幼保健院诊断证明书、门诊就诊记录复印件及休假申请表，主张该组证据系程某向公司提交的请假材料，但经公司核实，诊断证明书和门诊就诊记录系伪造的。商贸公司员工手册载明：员工提供虚假的个人信息（包括但不限于教育学历、离职证明、健康证明、体检证明、病休证明……）属于严重违纪行为，公司可立即解除与其之间的劳动合同。商贸公司主张程某存在伪造病历请假的行为，公司解除与程某劳动合同的行为合法，请求法院判令公司无需向程某支付违法解除劳动关系赔偿金。经法院调查核实，程某提交的门诊就诊记录并非程某所述的医院医生所出具。法院认为，程某存在提交虚假门诊就诊记录请假的行为，原告公司依据员工手册规定与程某解除劳动合同，符合法律规定，无需向程某支付违法解除劳动合同赔偿金。

三、裁判观点

案例一 本案中,李某向公司提交了请假申请,但被公司以相关证明不全而未予批准。法院认为,原告向被告提交的相关证明是否齐全,并不能作为被告拒绝原告休假的理由,被告公司在明知李某怀孕且已经提交请假条的情况下,仍然以李某违反法律规定和单位规章制度为由解除了劳动合同,该辩解不予采信。被告公司的行为应属于违法解除,故依法判决装饰装修公司继续履行与李某签订的劳动合同。

值得注意的是,按照《劳动合同法》第 48 条的规定,在用人单位违法解除的情形下,劳动者在劳动仲裁或向法院起诉时可选择要求用人单位继续履行劳动合同,也可以要求用人单位承担违法解除赔偿金的责任,但二者只能择一,不能同时适用。

案例二 本案中,程某在向单位请病假时提交了假的门诊就诊记录,根据原告公司的规章制度,该种行为属于严重违反用人单位的规章制度,故原告单位与程某解除劳动合同的行为是合法的,无需向其支付违法解除劳动合同赔偿金。在劳动者严重违反用人单位规章制度时,双方之间的劳动合同就不再受《劳动合同法》第 42 条用人单位不得解除劳动合同规定的约束。

综上,"三期"期间的女职工一定不要抱侥幸心理,一定要办理正规的请假手续,以免给用人单位合法解除劳动关系提供理由。另外,用人单位如果要维护自己的合法权益,一定要留心保存、搜集证据,以便将来维权时不至于处于劣势地位。

法律依据:《劳动合同法》第 39 条规定:劳动者严重违反用人单位的规章制度的,用人单位可以解除劳动合同。

四、律师评析

通过上面两个案例的对比,我们不难发现,并不是说女性一旦怀孕,就可以"为所欲为"。法律虽然对"三期女职工"有特殊保护的规定,但是也给这种保护加了一个"紧箍咒",以防止特殊时期女职工滥用自己的权利,而损害用人单位的合法权益。接下来,笔者梳理了一些较为常见的女职工"三期"

问题，供读者在实务操作中参考。

(一)女职工的"三期"特殊保护问题

所谓女职工的"三期"，即孕期、产期及哺乳期。女职工在"三期"内，法律对其的特殊保护主要体现在以下几个方面：

第一，用人单位不得依据《劳动合同法》第40条"无过失性辞退"的规定及第41条"经济性裁员"的规定，与"三期"女职工解除劳动合同；

第二，女职工处于"三期"内时劳动合同到期的，劳动合同不得终止，应当顺延至孕期、产期、哺乳期结束时方能终止；

第三，女职工可依法享受产假、哺乳假、产前假等特殊假期；

第四，怀孕女职工在劳动时间内进行产前检查，所需时间计入劳动时间；

第五，女职工在孕期不能适应原劳动的，用人单位应当根据医疗机构的证明，予以减轻劳动或者安排其他能够适应的劳动；

第六，对怀孕7个月以上的女职工，用人单位不得延长劳动时间或者安排夜班劳动，并应当在劳动时间内安排一定的休息时间；

第七，用人单位不得无故降低其工资待遇；

第八，"三期"女职工应当享受的其他特殊保护情形。

由此可见，《劳动法》《劳动合同法》《女职工劳动保护特别规定》等法律、行政法规的规定，都体现了对"三期"女职工的普遍特殊保护原则。

(二)"三期"女职工特殊保护的例外情况

"三期"女职工并非握有"免死金牌"。当出现《劳动合同法》第39条"过错辞退"的情形时，用人单位仍然有权与其解除劳动合同，具体如下：(1)在试用期间被证明不符合录用条件的；(2)严重违反用人单位的规章制度的；(3)严重失职，营私舞弊，给用人单位造成重大损害的；(4)同时与其他用人单位建立劳动关系，对完成本单位的工作任务造成严重影响，或者经用人单位提出，拒不改正的；(5)因《劳动合同法》第26条第1款第1项规定的情形致使劳动合同无效的；(6)被依法追究刑事责任的。我们可以看出，除了第一种情况，余下五种情形都属于员工一方存在重大过错。这样的法律规定，也能有效防止"三期"女职工滥用自己的权利，从而有效地保护企业的合法权益。

(三)"三期"女职工的特殊假期及待遇

法律对"三期"女职工特殊保护的一大表现,就是规定了其享受有特殊的假期及假期待遇。笔者对此进行了梳理,方便大家查询与适用。

1. 产假

《女职工劳动保护特别规定》第 7 条规定:"女职工生育享受 98 天产假,其中产前可以休假 15 天;难产的,增加产假 15 天;生育多胞胎的,每多生育 1 个婴儿,增加产假 15 天。女职工怀孕未满 4 个月流产的,享受 15 天产假;怀孕满 4 个月流产的,享受 42 天产假。"由此可见,产假假期长短与是否难产、是否多胞胎直接挂钩。另外,需要强调一点,怀孕后流产的妇女,也依法享受一定天数的产假。

然而,各个省、自治区、直辖市会根据当地的实际情况,就产假的天数作出当地的特别规定。例如,上海市于 2016 年 2 月 23 日修订的《上海市人口与计划生育条例》第 31 条第 2 款规定:"符合法律法规规定生育的夫妻,女方除享受国家规定的产假外,还可以再享受生育假三十天,男方享受配偶陪产假十天。生育假享受产假同等待遇,配偶陪产假期间的工资,按照本人正常出勤应得的工资发给。"由此可见,上海市规定产假为 128 天。

过去各地方一般还规定:如果女方生育时符合晚育条件的,产假为 128 天;不符合晚育条件的,产假为 98 天。但是,随着国家全面实施二孩政策,《人口与计划生育法》及各地方《人口与计划生育条例》相继作出修订,现在产假不再就女方是否晚育作出不同规定。

2. 哺乳时间及哺乳假

对哺乳未满 1 周岁婴儿的女职工,用人单位应当在每天的劳动时间内为哺乳期女职工安排 1 小时哺乳时间;女职工生育多胞胎的,每多哺乳 1 个婴儿,每天增加 1 小时哺乳时间。哺乳时间为女职工的正常上班时间,用人单位同样应当支付劳动报酬。另外,女职工哺乳期内,用人单位不得延长其劳动时间或者安排夜班劳动。

各地方会对哺乳假作出具体规定。例如,上海市规定,产假结束后可以继续请哺乳假六个半月。但是,女职工请哺乳假需要符合一定的条件:须经二级以上医疗保健机构证明患有产后严重影响母婴身体健康疾病的,本人提出申请,用人单位应当批准其哺乳假。女职工按有关规定享受的产前假、哺乳假期间的工资不得低于其原工资性收入的80%。对于"严重影响母婴身体健康疾病"如何界定,2010年12月22日上海市卫生局《关于医疗机构依法开具产前假和哺乳假有关疾病证明通知》第3条罗列了以下几种情况:"1.产后抑郁症;2.全子宫切除术后;3.有前述所列的产前严重的妊娠合并症,产后未缓解的;4.产时曾经历危重抢救,目前仍存在重要脏器功能损害;5.婴儿有先天缺陷致喂养困难:早产儿、唇腭裂、先天性心脏病等;6.双胎及以上;7.婴儿患有中重度营养不良、贫血、佝偻病;8.婴儿曾患有严重感染性疾病:如败血症、脑膜炎、肺炎等;9.婴儿患有遗传代谢性疾病。"

3. 陪产假

陪产假的享受主体为男性配偶,时间长短根据各地方作出的具体规定操作,例如北京市及广东省均为15天;上海市规定为10天。配偶陪产假期间的工资,按照本人正常出勤应得的工资发给。

4. 产前假

这里所谓的"产前假",并不包括在生产前休息的15天产假内,而是指产假以外的假期。全国性的法律、行政法规并没有对这类产前假作出规定,但是在很多地方性法律规范中均有出现。例如,上海市规定:女职工妊娠28周以上,如工作许可,经本人申请,单位批准,可请产前假两个半月,产前假只能按预产期在产假前执行。产前假的工资按本人原工资的80%发给。单位增加工资时,女职工按规定享受的产前假应作出勤对待。

(四)女职工违反计划生育的法律后果

实践中,有公司人事咨询:单位女员工违反计划生育政策怀孕,用人单位应当如何处理?《上海市人口与计划生育条例》第41条规定,对违反条例规定生育子女的公民,除征收社会抚养费外,给予以下处理:(1)分娩的住院费和医药费自理,不享受生育保险待遇和产假期间的工资待遇;(2)持有《光荣证》的,应退回《光荣证》,终止凭证享受的一切待遇,并退回依据本条例第35条规定所享受的奖励;(3)系国家工作人员的,依法给予行政处分,系其他人员的,所在单位可以给予纪律处分;(4)系农民的,调整自留地和安排宅基地时,不增加自留地和宅基地的分配面积。

对于用人单位是否有权以员工违反计划生育为由将其辞退,法律没有明文规定,故笔者不建议用人单位这么操作,因为这极有可能被司法部门定性为违法解除劳动合同的行为。

以上梳理,可使大家对"三期"女职工的特殊假期有比较全面的了解。需要注意的是,这方面较多是政策性及地方性的规定,遇到具体问题时,应当结合当时当地的实际情况,因时因地制宜。

第二节 防止办公室性骚扰

"性骚扰"是个经常听到的词语,在各类影视剧中也多有涉及,也就是说这类问题在现实生活中应当不属于个案。但是,在司法实践当中此类案例却并不多见,这主要和性骚扰具有隐蔽性、突发性的特征有关。另外,当事人遇到性骚扰后,一般羞于启齿,更多的选择忍气吞声,由此更放纵了这种行为的实施者。

何谓"性骚扰"?我国法律法规并没有给出明确定义。《妇女权益保护法》第40条仅笼统地规定:"禁止对妇女实施性骚扰。受害妇女有权向单位和有关机关投诉。"在一些地方性的规定中,对"性骚扰"进行了更为明确的界定,后文我们将进行详述。本书主要针对劳动过程中出现的性骚扰行为进行探讨。

一、争议焦点

用人单位以员工存在性骚扰行为为由,依据公司规章制度的规定将该员工开除,是否属于合法解除劳动合同?

二、基本案情

熊某系成都某公司员工,担任维修主管职务,其在上班时间曾采用语言挑逗、通过电脑网络发送黄色照片以及趁对方不注意时触摸臀部等方式,对同一办公室的女员工赵某多次进行骚扰。公司就该问题多次找熊某谈话、教育,但是熊某拒不接受教育,也不承认错误,后公司只得依据公司制定的

《员工奖惩条例》第 7 条,以熊某严重违反纪律及公司的规章制度,且不接受教育为由,作出解除与熊某劳动合同关系的决定。

之后,熊某以公司无正当理由解除劳动合同为由,向当地劳动仲裁委申请劳动仲裁,经过审理,仲裁裁决支持公司的解聘决定。

三、裁判观点

熊某不服仲裁裁决,并向当地基层人民法院起诉。审理过程中,受害人赵某作为证人出庭作证,并且提供了熊某与赵某之间的录音资料。一审认定熊某确实对赵某实施了骚扰行为,公司依据规章制度解除与熊某劳动合同的行为合法,故判决驳回熊某的诉讼请求。

一审宣判后,熊某依然不服,以原判决认定骚扰同一办公室女员工无证据证明,均为该女员工一面之词,该女员工事后对熊某有关心及暧昧的事实等提出上诉,请求撤销原判,撤销公司解聘决定。中级人民法院审理后认为:赵某作为一名认知正常的女性,在明知社会对性骚扰的受害妇女存在偏见的情况下,仍然谎称被男同事性骚扰的可能性较小,故认定证人的可信度较高。熊某与赵某之间的录音资料虽然没有提供母本进行核对,但该录音资料与赵某的证言相结合,可以认定熊某存在骚扰赵某的行为。熊某的行为属于公司规章制度中规定的严重违纪行为,公司作出解聘熊某的决定,有事实和法律依据,应予以支持。上诉人熊某提交的证据不能否定其对赵某进行了骚扰的事实,对其要求撤销解聘决定的诉讼请求不予支持。最终,中级人民法院认定:原判认定事实清楚,适用法律正确,审判程序合法,应予维持。二审判决:"驳回上诉,维持原判。"此为终审判决。

从一审及二审判决来看,法院认为工作场所的性骚扰行为应当成为用人单位劳动纪律可以规范的内容,一旦员工在工作场所对上司、下属或者其他同事进行性骚扰,用人单位就可以依据制定的规章制度,并根据行为的严重程度、后果,对骚扰者作出批评、教育,直至开除的处理。

四、律师评析

(一)性骚扰的基本含义

1. 性骚扰的定义

我国法律并没有对"性骚扰"作出明确定义,2005年8月28日修订的《妇女权益保障法》仅笼统地规定了"禁止对妇女实施性骚扰"。但是,地方上对于性骚扰行为作了更为细致的规定。例如,《上海市实施〈妇女权益保障法〉办法》第32条规定:"禁止以语言、文字、图像、电子信息、肢体行为等形式对妇女实施性骚扰。受害妇女有权向有关单位和部门投诉。"《北京市实施〈妇女权益保障法〉办法》第33条规定:"禁止违背妇女意志,以具有性内容或者与性有关的语言、文字、图像、电子信息、肢体行为等形式对妇女实施性骚扰。"

上海及北京的地方规定具有一定的代表性,概括来说性骚扰具有以下特点:第一,违背妇女意志,即这种行为不受妇女的欢迎;第二,以性为内容或者与性有关;第三,一般表现为语言、文字、图像、电子信息、肢体行为等形式。

2. 性骚扰的认定

通常情况下,都是男性对女性实施性骚扰行为。这容易产生一个问题:某一特定行为,当女方认为是性骚扰,男方却并不认为这是一种性骚扰行为时,应如何定性行为性质呢?现阶段,国内法律暂时没有作出明确的规定。实务操作中,更倾向于按照受害人的合理感受为依据,即以一个普通的正常人的标准来判断,某一行为是否已经达到了性骚扰的程度。这样也能较好地防止行为实施者随意地以"开个玩笑"这种理由逃避法律责任。

在认定性骚扰时,还会遇到一个问题,即一次行为即能构成性骚扰,还是说次数上必须要达到"多次"才能认定为性骚扰?首先,从字面意思来看,"骚扰"这个词语从其含义上来说确有"多次"的内涵。笔者倾向于认为"性骚扰"一般来说不会是单次行为。认知上的差异,再加上教育、地域、家庭工作环境等因素,可能会导致每个人对性骚扰的认知有所不同。举例来说,一名男同事对女同事开了一个含有性含义的玩笑或者拥抱了女同事一下,该女性当即或者事后表示出了反感或者不满,如果该男同事以后不再实施此类行为,那笔者认为这就不宜认定为性骚扰行为。如果女方明确表示了反感或者不满,该男同事仍然继续实施该种行为,则宜认定为性骚扰行为。当然,如果某次性骚扰行为情节比较严重的话,也可以依据此单次行为即认定为性骚扰。

3. 性骚扰行为的表现形式

一般性骚扰行为表现为以下几种形式:

第一,实施含有性含义的肢体行为。例如,触摸、碰撞、亲吻对方的身体敏感部位,如面部、臀部、乳房、阴部及腿部等,以及实施其他故意违背当事人意愿的身体接触。

第二,说一些含有性含义的语言。例如,具有性暗示的言语、黄色笑话、色情文艺内容或者以甜言蜜语加以诱惑等。

第三,其他形式。除了以上两类,行为人还会向对方展示类似于色情图片或影视作品、色情淫秽读物等类易让对方感到难堪的物品、资料。

(二)公司内部性骚扰纠纷解决的意见与建议

自21世纪初,性骚扰问题才在我国国内受到民众的注意。但是,我们在调研中发现,一些公司及领导对这一问题并不重视。很多公司认为这仅仅是一个自我约束、道德层面的问题,没有必要上升到公司规章制度的范畴。但是,笔者认为,性骚扰问题是公司管理中需要认真对待的问题,不容小觑。

1. 正确认识性骚扰问题有利于创建健康的办公生态环境

办公室性骚扰一般多发生在上级男领导与女下属之间。由于男性领导职位较高,女方即使受到骚扰,只要骚扰的情形不严重,很多女性就会选择忍气吞声。不仅如此,很多时候受害女性反而会遭受非议。例如,"如果这个女的作风正派,怎么会被人骚扰?""看她平时穿得花枝招展的,不骚扰她骚扰谁啊?""活该!说不定是她自己勾引领导的呢。"诸如此类,办公室的其他员工不仅不会同情受害人,反而成了行为人的"帮凶"。长此以往,办公室的生态环境就会遭到破坏,成为男性领导滥用权力的场所,不利于员工的正常工作。

2. 公司应当积极应对性骚扰行为

(1) 制定规范性骚扰行为的公司规章制度

如上面的案例所示，公司之所以能为赵某维护其合法权利，主要是依据公司规章制度的明确规定。公司与劳动者之间并非平等关系，而是一种上下级的隶属关系，法律赋予公司一定程度的用工自主权及规章制度制定权，员工应当受到公司合法合理的管理。但是，公司制定此类规章制度时，必须根据《劳动合同法》的相关规定，履行合法的民主讨论及公示公告程序，以确保规章制度的合法有效。

(2) 建立完备的员工申诉制度

面对员工向公司反映的性骚扰问题，公司应当重视并及时处理。对相关当事人进行约谈并制作相应的书面记录（该记录最好经各方当事人签名确认），或者保存相关录音、录像证据。如查证属实，应当对行为人及时进行批评教育，如行为人拒不改正，或者有其他严重情节的，公司可对该员工启动公司规章制度，以有效维护受害员工的合法权益。

第三节 非全日制用工问题

非全日制用工是劳动用工制度的重要形式，也是灵活就业的主要方式。所谓非全日制用工，是指以小时计酬为主，劳动者在同一用人单位一般平均每日工作时间不超过 4 小时，每周工作时间累计不超过 24 小时的用工形式。从这一定义可以看出，全日制与非全日制用工之间的主要区别在于计酬方式及工作时间等。

本节所涉及的非全日制用工，仅指劳动者与用人单位之间建立的劳动关系，不包括劳动者向其他个人或者家庭提供劳动的情况。

一、争议焦点

劳动者与用工单位发生劳动争议时，如何认定双方为全日制用工形式，还是非全日制用工形式？

二、基本案情

蒋某于 2005 年进入某医院工作，在职期间医院未为其缴纳社会保险。双方签订过两份非全日制劳动合同，合同期限分别为 2011 年 7 月 1 日至 2012 年 12 月 31 日，2013 年 1 月 1 日至 2013 年 12 月 31 日。合同约定，蒋某的岗位为营销人员，每周上班 6 天，每天工作 4 小时，合同未约定劳动报酬。劳动合同到期后，蒋某就离职补偿问题与该医院存在争议，故于 2014 年 6 月 25 日向上海市某区劳动争议仲裁委员会申请仲裁，要求该医院：（1）支付蒋某经济补偿金 22500 元；（2）支付蒋某未休年休假工资 29482 元。经过仲裁委审理，裁决对蒋某的全部仲裁请求不予支持。

蒋某不服该仲裁裁决，遂起诉至该区基层人民法院。一审过程中，蒋某陈述其每月固定工资为 2250 元，另加提成。但是医院对此不予认可，医院陈述蒋某的工资为 17 元/小时，每 15 天支付一次工资。为反驳蒋某的主张，医院提供了两份非全日制劳动合同及蒋某 2013 年 1 月至 11 月期间的非全日制用工考勤及工资发放表，该表记载了蒋某的出勤日期、工作小时数、工资等内容，蒋某在该表上签字确认。发放表显示，蒋某的工资为每半个月结算一次，工资大致以 17 元/小时计算。结合双方的证据及陈述，一审认定双方为非全日制用工关系，故对蒋某要求医院支付经济补偿金及未休年休假工资的诉请全部不予支持。

一审宣判后，蒋某不服，向二审法院提起上诉，要求撤销原判决并改判支持蒋某的一审诉讼请求。蒋某的上诉理由系认为该两份非标准劳动合同是医院基于自己的考虑，故意提供给蒋某的，蒋某因法律意识不强，加之待遇与之前没有变化，所以才会签字。签订非全日制用工合同前后，蒋某的工作岗位、工作待遇等均没有任何变化：基本工资 2250 元/月，另加业务提成 80 元/月。二审法院经过审理认定：没有证据证明蒋某签订两份非全日制劳动合同时，单位一方存在欺诈或胁迫等情形，故两份合同都是双方真实的意思表示。从蒋某的证据来看，不能显示双方是按照全日制劳动关系履行的，故蒋某依据标准劳动关系主张医院支付其经济补偿金及未休年休假工资，二审法院不予支持。最终二审法院判决：驳回上诉，维持原判。

三、裁判观点

　　蒋某与某医院之间的劳动争议案件,第一项争议焦点在于:双方的用工关系究竟是普通的全日制用工,还是特殊的非全日制用工?从一审双方提交的证据来看,双方签订过两份非全日制劳动合同,工资结算周期为每半个月结算一次,工资计算标准为按小时计酬。《劳动合同法》第 68 条规定:"非全日制用工,是指以小时计酬为主,劳动者在同一用人单位一般平均每日工作时间不超过四小时,每周工作时间累计不超过二十四小时的用工形式。"第 72 条第 2 款规定:"非全日制用工劳动报酬结算支付周期最长不得超过十五日。"由此可见,双方之间的劳动关系更符合非全日制用工的形式,故两级法院认定双方为非全日制用工关系正确无误。

　　第二项争议焦点在于:成立非全日制用工关系的,合同到期时,用人单位是否应当支付劳动者经济补偿金?对于这一点,《劳动合同法》第 71 条明确规定:"非全日制用工双方当事人任何一方都可以随时通知对方终止用工。终止用工,用人单位不向劳动者支付经济补偿。"由此可见,如果双方成立非全日制用工关系的,双方均享有随时终止劳动合同的权利,且不需要支付任何经济补偿。由此可见,该医院不需要向蒋某支付经济补偿金。

　　第三项争议焦点在于:非全日制用工形式下的员工,是否享有年休假待遇?针对这个问题,法律并没有作出最直接的规定,但是,经过对法律条文的解读,笔者认为,除了另行约定的以外,原则上采用非全日制用工形式的员工,是不享受年休假待遇的。劳动和社会保障部于 2003 年发布的《关于非全日制用工若干问题的意见》明确规定:"非全日制劳动合同的内容由双方协商确定,应当包括工作时间和期限、工作内容、劳动报酬、劳动保护和劳动条件五项必备条款,但不得约定试用期。"其中并不包含"休息休假",也就是说,休息休假并非全日制用工合同的必备条款,所以用工单位可以不给予员工年休假。《企业职工带薪年休假实施办法》第 11 条规定:"计算未休年休假工资报酬的日工资收入按照职工本人的月工资除以月计薪天数(21.75 天)进行折算。"而非全日制用工是按小时进行计薪,这也无法与年休假计算方式匹配。所以,综合法律规定来看,用人单位对非全日制用工下的员工,可以不安排年休假。因此，两级法院均判决不支持蒋某要求医院支付未休年休假工资的诉讼请求。

四、律师评析

（一）全日制用工与非全日制用工的区别

全日制用工与非全日制用工存在诸多不同之处，具体见表6-1：

表6-1　全日制用工与非全日制用工的不同之处

区别点	全日制用工	非全日用工
计薪方式	根据计时制、计件制或不定时工作制，区别计算薪酬	一般按照小时工资计算劳动报酬，小时工资不得低于当地政府颁布的小时最低工资标准。
工作时间限制	标准工时制下，每日工作时间不超过8小时、平均每周工作时间不超过44小时	同一用人单位平均一般每日工作时间不超过4小时，每周工作时间累计不超过24个小时
是否必须订立书面劳动合同	应当订立书面劳动合同	口头协议与书面协议均可
可否约定试用期	根据劳动合同的期限约定试用期，试用期最长不超过6个月	不得约定试用期
解除或终止劳动合同的补偿	根据劳动合同解除的情况不同，可能产生经济补偿金或赔偿金	不需要支付经济补偿，但是如果双方协议约定提前解约需要承担违约责任的，该约定有效
工资支付周期	一般按月支付	最长不得超过15日

值得注意的是，非全日制劳动合同另行约定的，从合同具体约定。

用人单位如何证明与劳动者建立的是非全日制用工关系呢？在此我们可以参考一些地方出台的法律文件，例如2013年上海市高级人民法院发布的《劳动争议案件审理要件指南（一）》第9条规定，用人单位应当举证证明存在以下事实时，方能认定双方建立的是非全日制用工关系：（1）用人单位与劳动者间存在非全日制用工合意及劳动事实；（2）劳动者在同一用人单位一般平均每日工作时间不超过4小时，每周工作时间累计不超过24小时；（3）劳动报酬以小时计酬为主；（4）劳动报酬结算支付周期最长不超过15日。

结合上面的案例，法院正是依据这四个方面判决蒋某与医院系非全日制用工关系。以上四点也可以作为非全日制用工的四大重要特征。

（二）两个以上劳动关系冲突的避免

由于法律规定在非全日制用工的情况下，劳动者每天工作不超过4个小时，故法律也允许劳动者可以与一个以上的用人单位建立劳动关系，这样规定是为了充分发挥劳动者的劳动力。但是，为了平衡双方的权利义务，法律明确要求后订立的劳动合同不得影响之前订立的劳动合同的履行。这样能防止劳动者滥用自己的权利，损害用人单位的利益。

需要提醒用人单位的是，如果劳动者同时建立了两个以上的劳动关系，且后建立的劳动关系确实影响了先建立的劳动关系的，用人单位要追究劳动者的相关责任却可能陷入举证困难的尴尬境地。首先，用人单位要证明后建立的劳动关系确实影响了先前建立的劳动关系；其次，用人单位一般要证明劳动者的上述给其带来了何种影响。这两点在证明时都比较困难。故笔者的建议是，用人单位可以与劳动者订立保密协议或竞业限制协议等方式，并且书面约定劳动者违反协议时应当承担的法律责任，从而全面有效地保护用人单位自身的合法权益。

（三）劳务派遣不得招用非全日制工

《劳动合同法实施条例》第30条规定："劳务派遣单位不得以非全日制用工形式招用被派遣劳动者。"即法律明令禁止劳务派遣单位为被派遣员工招录非全日制工作。《劳动合同法》对"劳务派遣"有非常明确的规定及限制，而非全日制用工则是一种灵活的用工形式，所以用人单位在与劳动者建立劳动关系时，一定要区别对待，尽量以书面形式将双方劳动关系的性质加以明确，以免将来产生劳动争议。

（四）非全日制用工的社会保险问题

《社会保险法》规定，未在用人单位参加基本养老保险及基本医疗保险的非全日制从业人员，由劳动者以个人名义自由参保。由此可见，法律没有强制要求用人单位为其缴纳这两种社会保险。至于失业保险及生育保险二项，该法未要求用人单位为非全日制劳动者缴纳。

笔者在此要强调一下"工伤保险"的问题。《实施〈社会保险法〉若干规定》第9条规定："职工（包括非全日制从业人员）在两个或者两个以上用人单位同时就业的，各用人单位应当分别为职工缴纳工伤保险费。职工发生工伤，由职工受到伤害时工作的单位依法承担工伤保险责任。"也就是说，非全日制从业人员遭遇工伤时，系由受到伤害时工作的单位依法承担工伤保险责任。所以，为了有效规避用人单位的用工风险，建议用人单位及时为此类员工缴纳工伤保险，否则一旦员工遭遇工伤，用人单位将支付巨额的工伤理赔金。《关于非全日制用工若干问题的意见》第12条规定："用人单位应当按照国家有关规定为建立劳动关系的非全日制劳动者缴纳工伤保险费。从事非全日制工作的劳动者发生工伤，依法享受工伤保险待遇；被鉴定为伤残5—10级的，经劳动者与用人单位协商一致，可以一次性结算伤残待遇及有关费用。"

第四节 涉外劳动关系

近年来，受经济全球化的影响以及我国对外开放程度的加深，外国人、无国籍人到我国工作，以及港澳台居民到内地工作的人数逐年增加，在活跃我国劳动力市场的同时，涉外劳动争议案件数量也不断增加。在本节中，我们结合案例探讨我国涉外劳动争议认定等方面的法律问题。

一、争议焦点

如何认定外国人、无国籍人和港澳台居民与内地用人单位之间存在劳动关系？

二、基本案情

马丁（德国国籍）于2009年10月进入A公司担任总经理职务，双方签订了书面劳动合同，合同期限为3年。2011年10月，双方签订一份补充协议，将劳动合同期限延长至2015年9月30日。2011年12月，B公司收购A公司，并将A公司名称变更为B公司，马丁继续在更名后的公司担任总经理职务。2012年7月，马丁由B公司安排至同一集团下的C公司工作，约定年薪为14万欧元,马丁与C公司未签订书面劳动合同,C公司也未为马丁办理外国人就业证。2013年5月17日,C公司通知马丁解除双方的劳动关系,并将工资结算至2013年9月30日。马丁认为,C公司单方解除劳动关系的行为严重侵犯了其合法权益,随即申请劳动仲裁,要求:一、撤销C公司单方解除劳动关系的决定,恢复双方的劳动关系;二、按每月11666欧元的标准支付马丁2013年10月1日起至仲裁裁决恢复劳动关系之日止的工资。劳动仲裁委经审查后认为,C公司未为马丁办理外国人就业证,双方之间的争议不属于其受理范围,遂作出"不予受理"的决定。马丁对该决定不服,向当地法院提起诉讼。

案件审理过程中,马丁出示了其与A公司签订的雇佣合同、补充协议等证据证明劳动关系及相关待遇,以及C公司对马丁的工作考核表、名片、请假记录单等证据证明马丁在C公司工作及职务。另外,马丁出示一张由湖北省外国专家局核发的就业证,有效期为2010年9月21日至2012年10月10日,聘用单位为A公司,后该证有效期延至2013年10月10日。庭审中,双方对马丁在C公司任职工作的事实均没有异议,争议焦点在于:马丁与C公司之间是否为劳动关系,马丁能否依据我国《劳动合同法》的规定主张相关权利。

三、裁判观点

马丁与C公司之间的劳动争议案件,法院经过审理认为,根据《劳动争议司法解释(四)》第14条的规定:"外国人、无国籍人未依法取得就业证件即与中国境内的用人单位签订劳动合同,以及香港特别行政区、澳门特别行政区和台湾地区居民未依法取得就业证件即与内地用人单位签订劳动合同,当事人请求确认与用人单位存在劳动关系的,人民法院不予支持。"另外,《外国人在中国就业管理规定》第24条规定:"外国人在中国就业的用人单位必须与其就业证所注明的单位相一致。"本案中,马丁虽然提供了就业证,但是该证载明的聘用单位并非C公司,而且马丁举证的雇佣合同、续签协议等的签订单位也均非 C 公司。C 公司虽然认可马丁在其处提供劳动，但是双方既没有签订书面劳动合同，C 公司又未为马丁办理外国人就业证，在未经就业许可的情况下，马丁与 C 公司之间形成的是劳务关系，而非劳动关系。对于马丁基于劳动关系要求 C 公司撤销单方解除劳动关系的决定，恢复双方劳动关系，以及按每月 11666 欧元支付马丁 2013 年 10 月 1 日至恢复劳动关系之日工资的诉请，法院均不予支持。

由此可见，认定外国人、无国籍人及港澳台居民与境内用人单位之间存在劳动关系，须要符合两点要求：第一，该劳动者依法取得了就业证。第二，就业证载明的用人单位与劳动者实际就业单位一致。如果上述三类劳动者不满足这两点要求，则其与用人单位之间形成的仅为劳务关系。

四、律师评析

（一）就业许可制度

《外国人在中国就业管理规定》第 5 条规定："用人单位聘用外国人须为该外国人申请就业许可，经获准并取得《外国人就业许可证书》后方可聘用。"《台湾香港澳门居民在内地就业管理规定》第 4 条规定："台、港、澳人员在内地就业实行就业许可制度。用人单位拟聘雇或者接受被派遣台、港、澳人员的，应当为其申请办理《台港澳人员就业证》；香港、澳门人员在内地从事个体工商经营的，应当由本人申请办理就业证。经许可并取得就业证的台、港、澳人员在内地就业受法律保护。"由此可见，我国法律明确规定，外国人及台、港、澳地区居民在我国内地就业的，必须申请就业许可证。

不仅如此，在中国就业的外国人还应当符合以下条件，方可就业：（1）持有职业签证入境（有互免签证协议的，按照协议办理）；（2）取得《外国人就业许可证书》；3. 外国人居留证件。除了上述规定，各地方也出台了相关的法律规定，如 2013 年上海市高级人民法院发布的《劳动争议案件审理要件指南（一）》规定：对于外国人、台港澳居民、定居国外华侨主张其与境内的实际用工主体存在合法劳动关系的，应举证证明同时存在如下要件事实：（1）上述人员与实际用工单位存在劳动关系；（2）上述人员持有职业签证或相应就业证及居留证，且在有效期内；（3）上述人员实际就业的用人单位必须与其就业证所注明的单位一致。

(二)办理就业许可证的例外情况

我国对外国人、港澳台居民实行就业许可的同时,也对符合一定条件的外国人,给予一定的便利条件。

1. 对于符合以下条件的外国人,可以免办就业许可证和就业证:

(1) 由我国政府直接出资聘请的外籍专业技术和管理人员,或由国家机关和事业单位出资聘请,具有本国或国际权威技术管理部门或行业协会确认的高级技术职称或特殊技能资格证书的外籍专业技术和管理人员,并持有外国专家局签发的《外国专家证》的外国人;

(2) 持有《外国人在中华人民共和国从事海上石油作业工作准证》从事海上石油作业、不需登陆、有特殊技能的外籍劳务人员;

(3) 经文化部批准持《临时营业演出许可证》进行营业性文艺演出的外国人。

2. 对于符合以下条件的外国人,可免办就业许可证,入境后凭职业签证及有关证明直接办理就业证:

(1) 按照我国与外国政府间、国际组织间协议、协定,执行中外合作交流项目受聘来中国工作的外国人;

(2) 外国企业常驻中国代表机构中的首席代表、代表。

《劳动争议司法解释(四)》对以上内容也作了明确规定,其第 14 条规定:外国人、无国籍人未依法取得就业证件即与中国境内的用人单位签订劳动合同,以及香港特别行政区、澳门特别行政区和台湾地区居民未依法取得就业证件即与内地用人单位签订劳动合同,当事人请求确认与用人单位存在劳动关系的,人民法院不予支持。该条第 2 款又规定了以下例外情况:持有《外国专家证》并取得《外国专家来华工作许可证》的外国人,与中国境内的用人单位建立用工关系的,可以认定为劳动关系。

(三)劳动合同期限的限制

根据《外国人在中国就业管理规定》,外国人与用人单位订立劳动合同的期限最长不得超过 5 年。劳动合同期限届满时,该外国人的就业证即行失效。用人单位须续订劳动合同的,应当在劳动合同期限届满前 30 天内,向劳动行政部门提出延长聘用时间的申请,经批准并办理就业证延期手续。

(四) 外国人在我国就业的法律保护

外国人在我国大陆就业时,并非绝对适用我国《劳动合同法》及相关法律、法规的规定,而是需要根据不同情况区别对待。

对于以下方面的内容,法律进行了明确规定:

(1) 用人单位支付所聘用外国人的工资不得低于当地最低工资标准;

(2) 在中国就业的外国人的工作时间、休息休假、劳动安全卫生以及社会保险按国家有关规定执行;

(3) 用人单位与被聘用的外国人发生劳动争议,应按照《劳动法》和《企业劳动争议调解仲裁法》处理。

对于上述几方面以外的劳动相关法律问题应当如何进行确定,在实务当中存在一定的争议,司法实践也并不统一。例如,上海市司法实践一般认为,在保障此类人员最低工资、工作时间、休息休假、劳动安全卫生等基本劳动权利的原则下,应结合平等自愿、意思自治以及诚实信用、公平合理等原则,充分审查当事人之间的约定。对于除上述两类法律明确规定之外的劳动权利义务,可以按当事人之间的书面劳动合同、单项协议或其他协议以及实际履行的内容予以确定。

第五节 未成年人用工问题

《劳动法》第15条规定,禁止用人单位招用未满16周岁的未成年人。我们对未满16周岁的用工有一个更直白的叫法,即"童工",由此可见,使用"童工"是我国法律明确禁止的行为。但是,法律允许用人单位招录年满16周岁,未满18周岁的未成年员工。本节探讨用人单位聘用合法的未成年员工时,应当注意的一些问题。

一、争议焦点

尚未获得学校颁发的毕业证书的准毕业生,以就业为目的与用人单位经过协商,双方自愿签署了劳动合同,是否可以认定双方存在合法、有效的劳动关系？

二、基本案情

小郭系江苏某中专药学专业2008届毕业生。2007年10月26日，年满17周岁的小郭向Y公司求职，并在该公司求职人员登记表中登记为2008届毕业生，2007年是其实习年。2007年10月30日，小郭与Y公司签订一份全日制劳动合同，期限自2007年10月30日至2010年12月30日，其中前两个月为试用期，岗位为营业员，试用期满后月工资不低于900元，试用期内工资不低于正式用工工资的80%。该劳动合同约定，录用条件之一为具备中专或以上学历。2008年7月21日，Y公司向南京市某区劳动仲裁委申请劳动仲裁，要求确认小郭与该公司的劳动关系不成立。该区劳动仲裁委经过审查，依据劳动部《关于贯彻执行〈劳动法〉若干问题的意见》，认为小郭系一名中专在校学生，不符合就业条件，不具有建立劳动关系的主体资格，在校学生勤工助学或者实习与用人单位之间的关系不属于劳动法的调整范畴，故以Y公司与小郭之间的争议不属于劳动争议处理范围为由，决定终结Y公司诉小郭的仲裁活动。小郭对此不服，向当地基层法院起诉，请求确认双方之间的劳动合同有效。

三、裁判观点

法院经过审理认为，小郭与Y公司签订劳动合同时年满16周岁，符合《劳动法》规定的就业年龄。本案中，小郭明确向Y公司表达了求职就业的意向，双方也签订了书面劳动合同。虽然Y公司庭审中辩称：双方建立的是实习关系，并非劳动关系，但是法院认为，实习是以学习为目的，到机关、企业、事业单位等参加社会实践，以巩固、补充课堂知识，没有工资，不存在由实习生与单位签订劳动合同，明确岗位、报酬、福利待遇等情形。小郭的情形显然不属于实习，Y公司的抗辩理由不能成立。对于Y公司辩称小郭不符合录用条件，法院认为，小郭在填写求职人员登记表时，明确告知其系

2008届毕业生,2007年是学校规定的实习年,自己可以正常上班。Y公司对此情形完全知晓,双方在此基础上就应聘、录用达成一致意见,签订了劳动合同,应是双方真实意思的表示,不存在欺诈、隐瞒事实或胁迫等情形,且小郭已于2008年7月取得毕业证书,故Y公司辩称小郭不符合录用条件的理由亦不能成立。综上所述,小郭和Y公司双方签订的劳动合同是双方真实意思表示,不违反法律、行政法规的禁止性规定,该劳动合同合法、有效,对双方均具有法律约束力。依照《劳动法》第17条、第18条之规定,法院判决:小郭与Y公司于2007年10月30日签订的劳动合同有效。

一审宣判后,Y公司不服并提起上诉,二审法院经过审理认为,一审法院认定事实清楚,适用法律正确,依法驳回Y公司上诉,维持原判。

四、律师评析

(一)招用未满16周岁未成年人的例外情况

《未成年人保护法》第38条明确规定:"任何组织或者个人不得招用未满16周岁的未成年人,国家另有规定的除外。"本条所谓的"另有规定",一般限于文艺、体育和特种工艺单位这些特殊的用人单位有权依据法律规定招用未满16周岁的未成年人。其在录用未满16周岁未成年人时,必须依照国家有关规定,履行审批手续,并保障其接受义务教育的权利。

对于非法招用未满16周岁未成年人的单位或者个人,法律对其规定了严厉的处罚措施,即由劳动保障部门责令改正,处以罚款;情节严重的,由工商行政管理部门吊销营业执照。

(二)招用未成年工的劳动限制

由于未成年人正处于生长发育期,身心发育尚不完全,法律对其采取特殊劳动保护措施。用人单位在录用合法的未成年工时,与年满18周岁员工应当注意区别对待。

《未成年人保护法》规定:不得安排未成年工从事过重、有毒、有害等危害未成年人身心健康的劳动或者危险作业。其他法律对录用这类特殊员工,也规定了一定的限制条件。例如,《职业病防治法》第39条规定:用人单位不得安排未成年工从事接触职业病危害的作业;《未成年工特殊保护规定》更为详细地罗列了用人单位不得安排未成年工从事的具体劳动范围。

（三）招用未成年工的程序要求

为了有效保护未成年工的合法权益，用人单位在录用这类特殊员工时，应当注意符合法律规定的程序要求。

1. 用人单位应当对未成年工进行定期健康检查：（1）安排工作岗位之前；（2）工作满一年；（3）年满18周岁，距前一次的体检时间已超过半年。用人单位应根据未成年工的健康检查结果安排其从事适合的劳动，对不能胜任原劳动岗位的，应根据医务部门的证明，予以减轻劳动量或安排其他劳动。

2. 对未成年工的使用和特殊保护实行登记制度。

3. 未成年工上岗前，用人单位应对其进行有关的职业安全卫生教育、培训；未成年工体检和登记，由用人单位统一办理和承担费用。

（四）在校实习生的用工问题

尚未毕业的在校学生去用人单位实习，一旦双方发生纠纷，对于如何界定双方的法律关系，实务中常常产生争议。首先，"实习"并非一个法律词语，实习生与用人单位形成何种法律关系，笔者认为需要根据个案实际情况综合进行判断。

1. 勤工助学。《关于贯彻执行〈劳动法〉若干问题的意见》第12条规定："在校生利用业余时间勤工助学，不视为就业，未建立劳动关系，可以不签订劳动合同。"所谓勤工助学，一般指学生在学校的组织下利用课余时间，通过劳动取得合法报酬，用于改善学习和生活条件的社会实践活动。由此可见，法律明确规定勤工助学的学生与用人单位不构成劳动关系。

2. 对于尚未毕业的学生到用人单位实习的，需要视具体情况区别对待。第一种情况，双方订立了书面劳动合同。在上面的案例中，小郭与Y公司签订了劳动合同，且合同内容非常详实，对双方的权利义务规定得很明确，在这种情况下，小郭完全符合劳动合同法意义上的劳动者，可以认定双方为劳动关系。第二种情况，如果双方未订立书面劳动合同，当具备一定条件时，是否也能认定在校实习生与用人单位存在劳动关系呢？笔者认为，对于这种情况，争议比较大，但是司法实践中一般更倾向于不认定双方构成劳动关系。

2016年4月11日，由教育部等五部门联合制定的《职业学校学生实习管理规定》对于职业学校学生实习作出了较为详细的规定,用人单位在使用实习生时,可以作为参考。

笔者的建议是,对于尚未毕业的在校学生,尽可能与其签订书面实习协议,明确用工性质及双方的权利义务,以免未来发生纠纷与争议。

第六节 退休人员用工问题

退休人员是当下我国多元化劳动力市场中不可或缺的一部分,许多劳动者虽然达到了退休年龄,却依然身体健康,愿意继续在职场中积极发挥自己的能力,获得劳动报酬。用人单位出于用工成本、工作经验等因素考虑,也很愿意聘请符合条件的退休人员在特定岗位继续为单位提供劳动。本节主要探讨这类人员在用工过程中会遇到的一些常见问题,以及如何更有效地帮助企业及劳动者规避各自的风险。

一、争议焦点

已达退休年龄人员与用人单位之间建立的是否必然为劳务关系?如果答案是否定的,那么应当依据什么标准来判断退休人员与用人单位之间建立的是劳务关系还是劳动关系?

二、基本案情

案例一

刘某(女)于1999年12月1日入职深圳某医药公司,历任杭州及苏州分部筹建负责人,自2001年3月1日起担任上海部门项目经理,2011年8月17日起担任该公司法定代表人、董事兼经理。2011年11月,公司为其办理了退休手续。刘某与该医药公司最后一份劳动合同订立时间为2013年1月4日,根据该合同约定,刘某每月税前工资31667元。但是,2014年2月起,该公司突然将刘某的工资调整为税前每月20000元。2014年12月,该公司通知刘某解除双方的劳动合同。刘某认为,该公司的行为违反了劳动合同法的相关规定,遂向仲裁委申请仲裁。仲裁委认为刘某已达退休年龄,故不予受理。随即刘某向当地基层法院起诉,要求该公司支付刘某:(1)2014年2月至12月的工资差额及50%经济赔偿金;(2)2014年的年终奖;(3)解除劳动合同经济补偿金。

一审法院经过审理查明,刘某自2011年12月开始即享受养老金待遇,根据《劳动争议司法解释(三)》第7条的规定,法院最终认定本案为劳务纠纷而非劳动争议。

案例二

汪某(女)系一名外来务工人员,于2013年8月进入上海某餐饮公司工作,岗位为洗碗工,双方订立了为期一年的合同。2014年合同到期后,双方未续签合同,但是汪某仍然继续在该餐饮公司工作。2014年12月,汪某在工作期间去卫生间途中不慎摔伤。2015年3月4日,汪某向当地劳动仲裁委申诉,要求确认自2013年8月起与某餐饮公司存在劳动关系。仲裁委以汪某于2007年12月达到法定退休年龄,其主体不适格为由,决定不予受理。汪某不服仲裁委决定,遂向当地基层人民法院起诉。一审中,某餐饮公司答辩称:汪某已经超过法定退休年龄,故双方之间建立的并非劳动关系,不属于劳动合同法调整范畴。审理中,汪某出示了员工出入卡、银行工资明细、工作服、病史资料、110报警回执单以及汪某户籍所在地社会保险事业管理局出具的证明,这份证明主要为了说明汪某没有参加过社会保险,也没有享受过养老保险待遇。

经过审理,一审法院认为,汪某于2013年8月21日进入餐饮公司工作时虽然已满50周岁,达到法定退休年龄,但其并未参加城镇职工基本养老保险,也未享受基本养老保险待遇,依照《劳动争议司法解释(三)》第7条的规定,遂判决汪某与某餐饮公司之间自2013年8月21日起存在劳动关系。

三、裁判观点

案例一中的刘某与案例二中的汪某与其用人单位发生用工争议时,都已经达到了女性法定退休年龄,但是法院的裁判结果却截然相反,由此可见,达到退休年龄并不必然导致劳动者与用人单位形成劳务关系。退休人员的用工问题一度在实践当中争议较大,各地方司法判例结果可能截然相反。《劳动争议司法解释(三)》出台后,其第7条对这类特殊人员作出了明确规定,也让劳动司法实践更趋于统一。《劳动争议司法解释(三)》第7条规定:"用人单位与其招用的已经依法享受养老保险待遇或领取退休金的人员发生用工争议,向人民法院提起诉讼的,人民法院应当按劳务关系处理。"根据该条解释可知,符合以下条件之一的,劳动者与用人单位之间形成的即为劳务关系:(1)劳动者已经开始享受养老保险待遇;(2)劳动者已经开始领取退休金。刘某自2011年起已经开始领取退休金,虽然其与单位签订了劳动合同,但是双方实际为劳务关系。汪某虽然也早已达到退休年龄,但是因为其未享受养老待遇,也未领取退休金,法院依然认定双方构成劳动关系。

四、律师评析

(一)退休年龄

1. 一般退休年龄

劳动和社会保障部办公厅《关于企业职工"法定退休年龄"含义的复函》明确规定:"国家法定的职工退休年龄,是指国家法律规定的正常退休年龄,即:男年满60周岁,女工人年满50周岁,女干部年满55周岁。"由此可见,男性退休年龄统一均为60周岁,而女性须区别对待,一般女性职工为50周岁退休,女干部为55周岁退休。

2. 特殊退休年龄

上文提到女干部的退休年龄区别于非干部女职工,那何谓"女干部"呢?法律没有给出明确的界定标准。2013年《上海市高级人民法院审理劳动争议案件指南(一)》第6条对一些特殊的退休年龄进行了说明:1995年劳动部在《关于贯彻执行劳动法若干问题的意见》中明确,用人单位全部职工实行劳动合同制后,职工在用人单位内由转制前的原工人岗位转为原干部(技术)岗位或由原干部(技术)岗位转为原工人岗位,其退休年龄和条件,按现岗位国家规定执行。2001年原国家经贸委、人事部、劳动和社会保障部在《关于深化国有企业内部人事、劳动、分配制度改革的意见》中规定,取消企业行政级别,明确企业不再套用政府机关的行政级别,不再比照国家机关公务员确定管理人员的行政级别。打破"干部"和"工人"的界限,变身份管理为岗位管理,在管理岗位工作的即为管理人员。岗位发生变动后,其收入和其他待遇要按照新的岗位相应调整。同时,规定管理人员是指企业内部担任各级行政领导职务的人员、各职能管理机构的工作人员以及各生产经营单位中专职从事管理工作的人员。除应由出资人管理和应由法定程序产生或更换的企业管理人员外,对所有管理人员都应实行公开竞争、择优聘用,也可以面向社会招聘。

关于退休(职)人员年龄的核定,1996年上海市社会保障局在《关于审核上海市企业职工办理退休退职手续若干问题的规定》中作了具体规定:

(一)凡男职工年满60周岁、女职工年满50周岁(从事管理和技术岗位工作的年满55周岁),并已符合退休(职)条件的(下同),可按有关规定办理退休、退职手续。

(二)女职工原从事管理和技术岗位工作,后因合同期满或其他工作需要又改为从事生产服务工作岗位的,经单位出具有关证明后,可按其实际从事的岗位核定退休、退职年龄。

(三)凡具有高级专业技术职务任职资格,并聘任在技术岗位上的女性高级专家,本人自愿,且能坚持正常工作的,退休年龄可按60周岁核定。

(四)少数职工确因工作需要,能坚持正常工作,征得本人同意,经主管部门批准,并报各区、县社会保险事业管理中心(以下简称"区、县中心")备案后,也可适当延长其退休年龄。延长期限一般为1—5年。期满需要继续延长的,应按规定重新办理手续。

(五)高级专家需延长退休年龄的,由单位填写《高级专家延长离、退休年龄审批表》,区、县和主管局提出意见,报主管部、委、办批准;无归口部、委、办的,经区、县和主管局批准,抄送市社会保险管理局备案后,可适当延长退休年龄。副教授、副研究员以及相当这一级的高级专家（高工、高经等）退休年龄可延长至65周岁；教授、研究员以及相当这一级的高级专家，可延长至70周岁。

3. 达到法定退休年龄的法律后果

《劳动合同法实施条例》第21条规定："劳动者达到法定退休年龄的，劳动合同终止。"《劳动合同法》第44条第2款规定："劳动者开始依法享受基本养老保险待遇的，劳动合同终止。"也就是说，用人单位可以依据这两条法律规定，与达到退休年龄的或者开始享受养老保险待遇的劳动者终止劳动合同。

（二）区别退休人员用工的几种不同情况

1. 用人单位招用已经依法享受养老保险待遇或领取退休金的人员发生用工争议的，按照劳务关系处理。

2. 对于虽然已达到法定退休年龄，但用人单位未与其解除劳动关系仍继续用工，未按规定办理退休手续的，一般按照劳动关系处理。

3. 对于已达到法定退休年龄，且用人单位与其已解除劳动关系，但因劳动者社会保险费缴费年限不够，不能享受养老保险待遇的，劳动者只要依照《社会保险法》有关规定补缴社保费后即可享受养老保险待遇，其再就业与用工单位发生争议的，一般按劳务关系处理。

4. 另外，对于企业停薪留职人员、未达到法定退休年龄的内退人员、下岗待岗人员以及企业经营性停产放长假人员，与新的用人单位发生用工争议的，按劳动关系处理。

需要说明的是，上海市劳动和社会保障局在2003年发布的《关于特殊劳动关系有关问题的通知》（沪劳保关发〔2003〕24号）规定，协议保留社会保险关系人员、企业内部退养人员、停薪留职人员、专业劳务公司输出人员、退休人员、未经批准使用的外来从业人员及符合劳动者一方在用人单位从事有偿劳动、接受管理，但与另一用人单位存有劳动合同关系或不符合劳动法律规定的主体条件这一前提条件的其他人员，与用人单位形成的为特殊劳动关系，对于这类特殊劳动关系人群，在"工作时间、劳动保护及最低工资"三方面参照劳动法律，其他方面可依照协议内容确定。但是，《劳动争议司法解释（三）》出台后，相冲突的内容按照《劳动争议司法解释（三）》操作。

（三）退休人员的工伤问题

退休人员在工作时受伤的，是否属于工伤，赔偿主体应该如何确定？人力资源和社会保障部发布的《关于执行〈工伤保险条例〉若干问题的意见（二）》（人社部发〔2016〕29号）第2条对两类退休人员的工伤情况进行了规定：

1. 达到或超过法定退休年龄，但未办理退休手续或者未依法享受城镇职工基本养老保险待遇，继续在原用人单位工作期间受到事故伤害或患职业病的，用人单位依法承担工伤保险责任。

2. 用人单位招用已经达到、超过法定退休年龄或已经领取城镇职工基本养老保险待遇的人员，在用工期间因工作原因受到事故伤害或患职业病的，如招用单位已按项目参保等方式为其缴纳工伤保险费的，应适用《工伤保险条例》。

第七章

规章制度*

第一节　用人单位如何制定违纪处理制度

一、违纪处理概述

1. 违纪类型

实务中出现的违纪行为多种多样，列举以下几种：

第一种，违反工作秩序。比如，违反考勤制度、休假制度、岗位职责、安全生产制度、财务制度，不服从工作指示，越权渎职行为等。

第二种，违反商业秩序。比如，违反服务期、竞业限制约定，泄露商业信息和商业秘密，提供虚假信息骗取职位，擅自兼职、自我交易和飞单、商业贿赂等。

第三种，违反社会秩序。比如，盗窃、职务侵占、打架斗殴、毁坏财物、吸毒、赌博、卖淫、嫖娼等违反治安管理行为及其他违法行为。

第四种，过激维权行为。比如，罢工停工、擅自报警或媒体披露、网络煽动制造混乱、拦堵车辆等。

---

* 本章作者：于虹。

2. 违纪处理方式

企业中违纪处理方式主要有：警告、记过、赔偿损失、扣减工资、调岗降薪、解除劳动合同等。

(1) 对于不涉及劳动合同核心条款变更的警告、记过处分，司法不予干预。江苏省昆山市劳动争议仲裁院、市法院、苏州市中级人民法院、苏州市劳动争议仲裁处《劳动争议座谈会纪要》(2010年5月11日)第11条规定："企业内部记过等处分……不属于劳动争议受理范围，不予受理。"但是，如果以警告、记过多次累加构成解除劳动合同条件时，司法对企业作出警告、记过处分的事实依据要作出审查。

(2) 劳动者重大过失导致用人单位损失的，用人单位可依法或依约定要求劳动者赔偿损失。

其一，劳动者违反服务期约定、保密义务和竞业限制约定时用人单位可请求赔偿损失。

根据《劳动合同法》(2008年1月1日)第90条，"劳动者违反本法规定解除劳动合同，或者违反劳动合同中约定的保密义务或者竞业限制，给用人单位造成损失的，应当承担赔偿责任"，在上述三种特定情况下，用人单位可请求劳动者赔偿损失。

根据《劳动合同法实施条例》(2008年9月18日)第26条，"有下列情形之一，用人单位与劳动者解除约定服务期的劳动合同的，劳动者应当按照劳动合同的约定向用人单位支付违约金：……(二)劳动者严重失职，营私舞弊，给用人单位造成重大损害的……"如劳动者存在严重失职或营私舞弊，给用人单位造成重大损害，用人单位可单方解除劳动合同，并请求支付服务期违约金。

其二，其他情况下因劳动者本人原因给用人单位造成经济损失的，用人单位可按照劳动合同约定或规章制度规定要求劳动者赔偿损失。

广东省劳动和社会保障厅《关于劳动争议有关问题的函复》(粤劳社函[2000]26号)第1条规定，"因工作失误造成企业经济损失应否赔偿问题。如劳动合同中对此没有约定，此争议属于民事纠纷，不属于劳动争议范围，企业可遵循民事法律的规定向工人追究责任。如劳动合同中对此有约定，因此引起的争议则属于劳动争议。企业追偿应依据《民法通则》及配套法规、规章及企业内部的规章制度处理",即在劳动合同或规章制度中对劳动者重大过失造成用人单位损失进行赔偿作出约定,是用人单位在劳动争议中追偿损失的前提条件。如果没有约定,则不属于劳动争议,只能按照民事程序处理。

劳动部《工资支付暂行规定》第16条规定,"因劳动者本人原因给用人单位造成经济损失的,用人单位可按照劳动合同约定要求其赔偿损失。经济损失的赔偿,可从劳动者本人的工资中扣除。但每月扣除的部分不得超过劳动者当月工资的20%。若扣除后的剩余工资部分低于当地月最低工资标准,则按最低工资标准支付",即劳动关系存续期间,经济损失可以在劳动者工资中逐月扣除,但要保障劳动者的生活费。

《广东省工资支付条例》(2005年5月1日)第15条规定,"因劳动者过错造成用人单位直接经济损失,依法应当承担赔偿责任的,用人单位可以在其工资中扣除赔偿费,但应当提前书面告知扣除原因及数额;未书面告知的不得扣除",即工资中扣除赔偿费须提前书面告知劳动者。

江苏省劳动争议仲裁委员会《江苏省劳动仲裁案件研讨会纪要》(苏劳仲委〔2007〕1号)第4条规定,"劳动者在工作中因过错给用人单位造成经济损失的,首先要衡量劳动者的过失程度,属一般过失的不宜要求劳动者承担赔偿责任;属于重大过失的,劳动者应当承担的赔偿责任应限于用人单位的直接经济损失",即劳动者只有具有重大过失的情况下才会对直接经济损失承担赔偿责任。

根据广东省中山市中级人民法院《关于审理劳动争议案件若干问题的参考意见》(2011)第9.9条,"劳动者在履行劳动合同过程中造成用人单位损失,用人单位在解除劳动合同时要求劳动者一次性赔偿的,应予支持"之规定,在劳动合同解除时,用人单位可要求劳动者一次性赔偿其造成的损失。

根据山东省劳动厅、山东省高院《关于审理劳动案件若干问题的规定》(鲁劳发〔1998〕147号)第12条,"用人单位因职工违纪作了处理、处分决定的同时,给单位造成经济损失的可要求其承担赔偿责任,劳动者不承担的,用人单位在作出决定后60天内向仲裁委员会申诉的,仲裁委员会应予受理。用人单位对自动离职的职工,在没有作出处理决定之前提出申诉要求职工赔偿的,仲裁委员会在裁决职工赔偿的同时,明确终止双方的劳动关系。用人单位对职工作出开除、除名、辞退、自动离职决定后再提出赔偿要求的,仲裁委员会不予受理"之规定,用人单位赔偿请求需要在劳动关系解除之前或同时提出,在劳动关系解除之后提出的,不作为劳动争议处理。

(3)用人单位有权依据按合法程序制定的规章制度或依据劳动合同的约定,在不超过法定限额条件下对违纪员工作出扣减工资处罚,但司法要审查其合理性、合法性及处罚依据。对于每月扣除工资的限额,各地方规定有所不同。

广东省中山市中级人民法院《关于审理劳动争议案件若干问题的参考意见》(2011年9月8日)第7.6条规定:"对用人单位在章程及劳动合同中就劳动者违反劳动纪律或造成损害予以罚款的约定,在处理时应把握以下原则:(一)用人单位为维护其正常经营管理,监督员工严格、准确执行有关规章制度,在不违反法律强制性规定的情况下,以已经通过民主程序制定并已向劳动者公示的规章制度或者以双方通过合意方式在劳动合同中的明确约定作为依据,对劳动者予以罚款的,应合理支持,但不宜在裁判文书中直接载明支持用人单位罚款,应当表述为一种扣款形式的经济管理手段。(二)为避免用人单位滥用上述经济惩罚措施侵害劳动者合法权益,应对用人单位所主张的事由、依据进行严格审查,并对其惩罚的金额是否合理和有失公平作出判断。对企业的经济惩罚措施超过劳动者月标准工资百分之十的,不予支持。(三)用人单位既无章程制度依据,也无劳动合同依据对劳动者采取罚款的经济惩罚措施,不予支持。"

上海市高院《民事法律适用问答》(2002年第4期)第8条规定:"用人单位在自己制定的工作规则中规定,职工盗窃单位物品的,按照被盗窃物品的几十倍甚至上百倍的罚款等对职工违纪行为进行处罚,这些规定是否都有效?答:依照《中华人民共和国行政处罚法》的相关规定,只有依照法律规定有权实施罚款、拘留等行政处罚措施的机关,才能依法定程序和权限,对违法者采取罚款等强制措施。而劳动法上的用人单位不是行政执法机关,无权对职工的违法行为进行罚款。但是,用人单位以减少违纪职工工资的给付、降低违纪职工的待遇、免除职务,甚至终止劳动合同等劳动法许可范围的措施，对违纪者作出内部纪律处罚，是为了维持单位对职工进行正常管理所必要的，应当准许。因此，用人单位的规定是否有效也不能一概而论，关键要看单位对于违纪职工的处罚规定，是否在劳动法许可的范围内，以及其处罚与职工的违纪的程度是否大致相当。如扣发职工工资的，也还应当为其保留符合本市最低工资标准规定的工资，作为生活的保障。如果职工违纪情况严重而被终止劳动合同的，则不必如此保留。"

《上海市企业工资支付办法》第22条规定："劳动者因本人原因给单位造成经济损失，用人单位依法要其赔偿，并需从工资中扣除赔偿费的，扣除的部分不得超过劳动者当月工资收入的20％，且扣除后剩余部分的工资不得低于本市规定的最低工资标准。"

(4) 调岗降薪属于劳动合同的变更，以双方协商一致为原则，用人单位单方作出调岗降薪的决定需要满足法定条件。

广东省高级人民法院、广东省劳动人事争议仲裁委员会《关于审理劳动人事争议案件若干问题的座谈会纪要》第22条第1款规定，"用人单位调整劳动者工作岗位，同时符合以下情形的，视为用人单位合法行使用工自主权，劳动者以用人单位擅自调整其工作岗位为由要求解除劳动合同并请求用人单位支付经济补偿的，不予支持：（一）调整劳动者工作岗位是用人单位生产经营的需要；（二）调整工作岗位后劳动者的工资水平与原岗位基本相当；（三）不具有侮辱性和惩罚性；（四）无违反法律法规的情形"。单方调岗必须是以用人单位生产经营需要为要件的，并不得具有侮辱性和惩罚性。故用人单位在对违纪员工处罚时适用单方调岗降薪具有很大风险，宜以协商一致为主要原则。

广东省高级人民法院、广东省劳动人事争议仲裁委员会《关于审理劳动人事争议案件若干问题的座谈会纪要》第22条第2款规定，"用人单位调整劳动者的工作岗位且不具有上款规定的情形，劳动者超过一年未明确提出异议，后又以《劳动合同法》第三十八条第一款第（一）项规定要求解除劳动合同并请求用人单位支付经济补偿的，不予支持。"

《劳动争议司法解释（四）》第11条规定，"变更劳动合同未采用书面形式，但已经实际履行了口头变更的劳动合同超过一个月，且变更后的劳动合同内容不违反法律、行政法规、国家政策以及公序良俗，当事人以未采用书面形式为由主张劳动合同变更无效的，人民法院不予支持。"所以，劳动者根据用人单位的调岗通知到新岗位工作超过一个月，构成已实际履行变更劳动合同。

无论用人单位的单方调岗行为是否被法院认定为合法，劳动者因不接受调岗而不出勤，均构成旷工，除非劳动者有证据证明客观上已无可能到原岗位上班。

对于调岗时能否调薪的问题，如用人单位内部没有岗位职责、绩效考核及薪酬标准，调岗合法不必然导致企业可以单方调薪，仍需要双方协商一致才可以。

（5）用人单位可以根据合法有效的规章制度或劳动纪律，与严重违纪的劳动者解除劳动合同，并不支付经济补偿金。

根据江苏省盐城市中级人民法院《关于劳动争议案件的会议纪要》（2004年5月27日）第15条规定，"用人单位的规章制度在劳动争议纠纷中的性质：用人单位的规章制度与诉争事实有直接关系并由一方当事人作为诉称、辩解的理由或被一方当事人提出异议时，人民法院应当依据《劳动法》第四条、《最高院解释》第十九条等规定审查其合法性。合法的规章制度视为对双方都有约束力的契约，可以作为人民法院审理劳动争议案件的依据"之规定，法院在适用规章制度前要审查其合法性。

根据湖北省高院《关于审理劳动争议案件若干问题的意见（试行）》（2004年3月21日）第16条，"劳动者对用人单位的规章制度提出异议的，用人单位应举证证明规章制度不违反国家法律、行政法规以及政策的规定，并已向劳动者公示"之规定，用人单位需要承担规章制度内容、制定程序合法的举证责任，主要是对规章制度经由民主程序制定，并已向劳动者公示等程序问题的举证。

如规章制度中对违纪事实的规定出现缺漏，用人单位可依据劳动者严重违反劳动纪律行使单方解除权。浙江省劳动争议仲裁委员会《关于劳动争议案件处理若干问题的指导意见》（2009年8月21日）第46条规定，"对劳动者无正当理由未办理请假手续，擅自离岗连续超过十五日，用人单位规章制度已有规定的，按照相关规定执行；用人单位规章制度无规定的，用人单位可以劳动者严重违反劳动纪律为由解除劳动合同。"

根据《劳动争议司法解释》第13条的规定，"因用人单位作出的开除、除名、辞退、解除劳动合同、减少劳动报酬、计算劳动者工作年限等决定而发生的劳动争议，用人单位负举证责任"，用人单位单方对违纪员工解除劳动合同的，用人单位对违纪事实的存在负举证责任。

用人单位完成了规章制度合法性和劳动者存在违纪事实的充分举证，则解除违纪员工的劳动合同合法。

3. 特殊人群违纪处理

（1）对"三期"女职工违纪的处理。《劳动合同法》第42条规定，用人单位不得依据《劳动合同法》第40条、第41条规定解除与"三期"女职工劳动合同。而依据《劳动合同法》第39条之规定，员工严重违反用人单位规章制度解除劳动合同是法定绝对解除情形，同样适用于"三期"女职工；"三期"女职工请病假的，适用医疗期之规定给与病假待遇；医疗期过后的请假可以按照事假处理。也就是说，"三期"女职工出现严重违纪的，同样可以解除劳动合同。

用人单位能否以女职工计划外生育为由解除劳动合同？一、用人单位不得以女职工违反计划生育政策为由解除劳动合同，这是法律规定的基本原则。计划生育属于国家政策，劳动者违反计划生育规定，是一种行政违法行为，应承担行政管理法律责任，不属于《劳动合同法》调整范畴。关于劳动者违反计划生育政策行为的认定，只能由计划生育管理部门实施，用人单位、劳动仲裁部门和法院均无权认定女职工是否违反了计划生育政策。[①] 二、如果用人单位依法制定的规章制度中明确规定了劳动者不得违反计划生育政策、违反计划生育政策属于严重违反用人单位规章制度的，则用人单位可以解除违反计划生育政策女职工的劳动合同。[②] 因为用人单位在企业规章制度中明确将员工违反计划生育政策怀孕、生育等行为列为严重违反规章制度的行为，并

---

① 参见沈威：《女职工违反计划生育政策，用人单位是否可以解除劳动合同？》，http://blog.sina.com.cn/s/blog_7a32d45d0102v8lx.html，2016年11月5日访问。

② 同上。

不违法。

（2）对停工、罢工中劳动者违纪行为的处理。《上海市集体合同条例》第21条规定："职工不得采取下列行为：（一）限制企业一方人员的人身自由，或者对其进行侮辱、威胁、恐吓、暴力伤害；（二）违反劳动合同约定，不完成劳动任务，或者以各种方式迫使企业其他员工离开工作岗位；（三）破坏企业设备、工具等扰乱企业正常生产、工作秩序和社会公共秩序的行为；（四）其他干扰、阻碍集体协商的行为。"第40条规定："企业、职工违反本条例第二十一条规定，构成违反治安管理行为的，由公安机关依法处理；构成犯罪的，依法追究刑事责任。符合《劳动合同法》第三十八条、第三十九条规定情形的，企业、职工均可以依法解除劳动合同。"如果企业方已经启动集体协商程序，职工方已选派代表和企业开始了集体协商，则停工、罢工职工应该返回工作岗位，否则企业可以按照旷工处理。

二、制定违纪处理制度程序相关要点

《劳动争议司法解释》第19条规定："用人单位根据《劳动法》第四条之规定，通过民主程序制定的规章制度，不违反国家法律、行政法规及政策规定，并已向劳动者公示的，可以作为人民法院审理劳动争议案件的依据。"

1. 规章制度须经民主程序制定

依据《劳动合同法》第4条规定，"用人单位在制定、修改或者决定有关劳动报酬、工作时间、休息休假、劳动安全卫生、保险福利、职工培训、劳动纪律以及劳动定额管理等直接涉及劳动者切身利益的规章制度或者重大事项时，应当经职工代表大会或者全体职工讨论，提出方案和意见，与工会或者职工代表平等协商确定。在规章制度和重大事项决定实施过程中，工会或者职工认为不适当的，有权向用人单位提出，通过协商予以修改完善。用人单位应当将直接涉及劳动者切身利益的规章制度和重大事项决定公示，或者告知劳动者"，规章制度草案的确定需要经由全体职工或职工代表大会的广泛讨论。经过广泛讨论的规章制度草案经由职工代表大会或工会通过生效。

依据江苏省高院、江苏省劳动争议仲裁委员会《关于审理劳动争议案件的指导意见》（苏高法审委［2009］47号）第18条的规定，"用人单位在

《劳动合同法》实施后制定、修改规章制度，经法定民主程序与工会或职工代表协商，但未达成一致意见，若该规章制度的内容不违反法律、行政法规的规定，不存在明显不合理的情形，且已经向劳动者公示或者告知的，可以作为处理劳动争议的依据"，用人单位对合法的规章制度内容具有单决权。

浙江省高院《关于审理劳动争议案件若干问题的意见（试行）》（2009年4月16日）第34条规定："用人单位在《劳动合同法》实施前制定的规章制度，虽未经过该法第四条第二款规定的民主程序，但内容不违反法律、行政法规、政策及集体合同规定，不存在明显不合理的情形，并已向劳动者公示或告知的，可以作为人民法院审理劳动争议案件的依据。《劳动合同法》实施后，用人单位制定、修改或者决定直接涉及劳动者切身利益的规章制度或者重大事项时，未经过该法第四条第二款规定的民主程序的，一般不能作为人民法院审理劳动争议案件的依据。但规章制度或重大事项决定的内容不违反法律、行政法规、政策及集体合同规定，不存在明显不合理情形，并已向劳动者公示或告知，且劳动者没有异议的，可以作为人民法院审理劳动争议案件的依据。"江苏、上海、广东、北京、河北、内蒙古等地均作出类似规定。

依据江苏省南京市中级人民法院《关于积极应对和妥善审理宏观经济形势变化时期劳动争议案件的实施意见》（宁中法［2009］102号）第一章第3条之规定，"对企业以工会组织、职代会等形式通过的应对金融危机的临时性规章制度，人民法院不应简单地以其程序上的轻微瑕疵而否定其效力。如用人单位在仲裁或诉讼阶段的合理时间内，经过合法程序对相关规章制度的程序瑕疵进行弥补的，人民法院可视情综合认定该规章制度的效力"，规章制度的程序瑕疵可在诉讼中合理时间内弥补完善。

2. 用人单位制定的规章制度应向劳动者公示或告知

依据福建省高院《关于审理劳动争议案件若干问题的意见》（2001年12月19日）第38条之规定，"用人单位经职工大会或职工代表大会通过的规章制度，或未设职工代表大会的用人单位经股东大会、董事会等权力机构或依相应民主程序制定的规章制度，只要不违反国家法律、行政法规及政策规定，应当作为人民法院处理劳动争议案件的依据。但用人单位没有尽到告知义务的，不应作为处理案件的依据"，用人单位制定规章制度应向劳动者公示或告知。

3. 用人单位须建立员工申辩制度和工会告知制度

依据江苏省苏州市中级人民法院、苏州市劳动争议仲裁委员会《劳动争议研讨会纪要（一）》（2010年5月31日）第2条之规定，"（一）用人单位以劳动者严重违反规章制度等为由解除劳动合同：（1）用人单位以劳动者严重违反规章制度等解除劳动合同，应给与劳动者申辩机会以符合基本的正当程序要求；用人单位不能证明已给予劳动者申辩机会，劳动者主张用人单位违法解除劳动合同的，应予支持。用人单位是否已给予劳动者申辩机会，应根据劳动者过错行为是否处于持续状态，综合判断。（2）用人单位确有证据证明劳动者严重违反规章制度等被解除劳动合同的，但未履行《劳动合同法》第四十三条规定的通知工会义务，如果用人单位在仲裁裁决前将解除合同的事由通知工会并得到工会认可的，可以认定其解除劳动合同的行为有效；未组建工会的，用人单位应当将解除劳动合同的事由向全体劳动者公示"，因劳动者严重违纪用人单位解除劳动合同的，应当有劳动者申辩程序和工会告知程序或全体职工公示程序。

4. 用人单位须完成违纪处理决定送达程序

用人单位的违纪处理决定单方作出后送达给劳动者即为生效。用人单位可选用直接送达、留置送达、邮寄送达或公告送达的方式。直接送达需要劳动者签字确认；留置送达需要有见证人证明送达过程；邮寄送达需要有明确有效的送达地址和联系方式。在上述方法均不能送达时可以选用公告送达。

实践中也有地区作出较宽松的规定。比如，浙江省劳动争议仲裁委员会《关于劳动争议案件处理若干问题指导意见》（2009年8月21日）第46条规定，"用人单位以劳动者擅自离岗为由，做出解除劳动合同决定，但确因客观原因无法将该决定送达给劳动者，后劳动者以用人单位未履行相关手续为由主张解除决定无效的，不予支持。"但此规定也仅适用于劳动者擅自离岗的情况。

5. 违纪处理及时性要求

浙江省高级人民法院民事审判第一庭、浙江省劳动人事争议仲裁院《关于审理劳动争议案件若干问题的解答（二）》第8条规定，劳动者违反用人单位规章制度，符合用人单位与其解除劳动合同的条件的，用人单位一般应在知道或者应当知道之日起 5 个月内行使劳动合同解除权。其他省份可以参考适用。

在劳动合同续订的情况之下，上一份合同期内的违纪情况一般不得作为劳动合同解除的事由。

6. 用人单位作出违纪处理决定时同样要审查是否满足了自己规章制度本身规定的程序要求

有些用人单位在规章制度中规定处罚员工需要经过小组会议的，在操作时必须保留小组会议的相关记录。

三、制定违纪处理制度内容相关要点

1. 规章制度与劳动合同、集体合同要保持一致

最高人民法院《关于审理劳动争议案件适用法律若干问题的解释（二）》（以下简称《劳动争议司法解释（二）》）（法释［2006］6 号）第 16 条规定："用人单位制定的内部规章制度与集体合同或者劳动合同约定的内容不一致，劳动者请求优先适用合同约定的，人民法院应予支持。"

2. 规章制度规定的内容要合法

广东省惠州市中级人民法院、惠州市劳动人事仲裁委员会《关于审理劳动争议案件若干问题的会议纪要》（2012 年 7 月 9 日）第 31 条规定，"用人单位制定的规章制度相关条款存在违反法律、行政法规及政策规定，存在明显不合理以及免除自己法定责任、排除劳动者权利情形，可以认定规章制度相关条款不能作为劳动仲裁和人民法院裁判的依据。"

《劳动法》第 89 条规定，"用人单位制定劳动规章制度违反法律、法规规定的，由劳动行政部门给予警告，责令改正；对劳动者造成损害的，应当承担赔偿责任。"《劳动合同法》第 38 条规定，"用人单位的规章制度违反法律、法规的规定，损害劳动者权益的，劳动者有权单方面解除劳动合同，并有权要求用人单位支付经济补偿金。"

黑龙江省人力资源和社会保障局《关于审理劳动人事争议案件若干问题的处理意见（二）》（2012 年 9 月 10 日，黑人社发［2012］65 号）第 10 条规

定,"除《劳动合同法》第四十一条规定的情形之外,用人单位在劳动合同期内通过'末位淘汰'或'竞争上岗'等形式单方解除劳动合同,劳动者以用人单位违法解除劳动合同为由,要求用人单位继续履行劳动合同或者支付赔偿金的,应予支持。"

用人单位规章制度如果限制劳动者基本权利,则无效。比如,一段时间内禁止劳动者结婚、生育的规定违法无效;劳动者拒绝加班或调岗,用人单位可辞退的规定,排除了劳动者协商和选择的权利,无效。

3. 规章制度规定的内容不能明显不合理

法院对于显失公平、明显不合理的规章制度规定可以不予认可。

4. 规章制度规定的内容不能超出劳动管理范畴

比如,无限制延伸到职工工作之外的领域的规定是没有约束力的。比如,有些用人单位规定禁止劳动者一切兼职,禁止劳动者打黑车来单位上班等,此类规定超出劳动管理范畴。

5. 规章制度条款需要设定明确的罚则内容

员工一旦出现某种禁止行为,规章制度中应设定与此种禁止行为相对应的明确的惩罚措施。

6. 规章制度可适用累进制度规范常犯小错的员工

比如,员工在一年内(1月1日至12月31日)累计记过三次以上的,可以辞退。

四、用人单位要正确确定解雇违纪员工理由

根据《劳动争议司法解释》第13条之规定,"因用人单位作出的开除、除名、辞退、解除劳动合同、减少劳动报酬、计算劳动者工作年限等决定而发生的劳动争议,用人单位负举证责任",用人单位就解除劳动合同的主体、时间、理由及已经告知劳动者承担举证责任。

诉讼中,法院以解除劳动关系时告知的解除理由为审查范围审查解除行为的合法性,对事后在诉讼中补充的解除理由则不予审查。原因是在解除劳动关系时用人单位有开具解除通知、退工单等的义务。

如果用人单位认为劳动者有三项严重违纪行为,在解除通知书上写明了

三项理由,而在劳动争议处理过程中,用人单位仅举证证明了其中的一项严重违纪行为,我们不能够因此否定用人单位解除劳动合同的合法性。[1] 判定用人单位解除劳动合同合法与否,实际上就是对用人单位的解除通知进行合法性审查,而审查范围不应覆盖解除通知之外的其他理由。也就是说,即使依据用人单位补充或者变更的理由,可以认定用人单位解除的合法性,但是并不能认定用人单位在该案中解除劳动合同的合法性,也即用人单位补充或者变更的理由与该案没有关联性。[2]

有些情况下用人单位会因多个理由决定解雇一名劳动者,但不同的解雇理由需要不同的举证方式。比如,某员工持医院休假三天的病假条申请休假,用人单位批准。员工休假三天后未及时返工。用人单位要求员工返工,员工称还需要治疗,但拒绝提供需要治疗的证据。如果用人单位直接以旷工为由解除劳动合同显然存在一定风险。如果函告或录音催告员工提供请假证明后,以未出勤并严重违反请假制度为由解除劳动合同,则风险更低。律师同时建议,在解除劳动合同通知中将解除理由适当模糊化处理,以便于举证。

用人单位在制定员工违纪处理制度时要选择合法的处罚措施,保证内容和程序的合法性。用人单位在适用员工处罚制度,发出解除劳动合同通知书时,还要注意选择适当的解除理由。如此,才可以最大限度地降低用人单位的法律风险,维护工作纪律。

第二节　用人单位如何完善考勤制度

用人单位需要对考勤进行举证的纠纷主要是加班工资争议和因旷工违纪引起的解除劳动合同争议。在这两种争议诉讼中,用人单位承担了很大的举证责任。所以,用人单位需要完善考勤制度,以降低在诉讼中的风险。

---

[1] 参见唐付强:《用人单位单方解除劳动合同劳动争议疑难问题解析》,http://blog.sina.com.cn/s/blog_5f17b9680102dtsr.html,2016年11月20日访问。
[2] 同上。

一、用人单位记录考勤、工资的法定责任与诉讼中的举证责任分配

1. 用人单位有考勤、工资管理的法定义务

《江苏省工资支付条例》第17条规定,"用人单位应当书面记录支付劳动者工资的应发项目及数额、实发数额、支付日期、支付周期、依法扣除项目及数额、领取者姓名等内容。用人单位应当建立劳动考勤制度,书面记录劳动者的出勤情况,每月与劳动者核对并由劳动者签字。用人单位保存劳动考勤记录不得少于二年。用人单位不得伪造、变造、隐匿、销毁工资支付记录及劳动者出勤记录。"

江苏省徐州市中级人民法院《劳动争议案件指导意见(一)》(2010年4月15日)第22条规定,"在追索劳动报酬的举证责任方面,用人单位有义务提供考勤记录、工资支付记录、工资支付制度、单位规章制度等,如劳动者在时效期内追索若干年的工资,用人单位应承担至少两年的举证责任,超出两年的由劳动者举证。"

故用人单位要保管考勤、工资记录两年以上,对超出两年的部分不承担举证责任。

2. 加班事实存在和加班工资足额发放的举证责任分配

《劳动争议仲裁调解法》第6条规定,"发生劳动争议,当事人对自己提出的主张,有责任提供证据。与争议事项有关的证据属于用人单位掌握管理的,用人单位应当提供;用人单位不提供的,应当承担不利后果。"第39条规定,"劳动者无法提供由用人单位掌握管理的与仲裁请求有关的证据,仲裁庭可以要求用人单位在指定期限内提供。用人单位在指定期限内不提供的,应当承担不利后果。"

《劳动争议司法解释》第13条规定,"因用人单位作出的开除、除名、辞退、解除劳动合同、减少劳动报酬、计算劳动者工作年限等决定而发生的劳动争议,用人单位负举证责任。"如劳动者旷工,用人单位适用《劳动合同法》第39条规定以严重违反规章制度解除劳动合同的,则考勤记录为重要证据之一。

《劳动争议司法解释(三)》第9条规定,"劳动者主张加班费的,应当就

加班事实的存在承担举证责任。但劳动者有证据证明用人单位掌握加班事实存在的证据，用人单位不提供的，由用人单位承担不利后果。"

上述三条规定是全国性的，各地区在具体适用中有自己的规定。

江苏省苏州市中级人民法院、苏州市劳动争议仲裁委员会《劳动争议研讨会纪要（一）》（2010年5月31日）第1条规定，"（一）加班事实的证明问题：（1）涉及加班费的案件中，应当区分制度性加班和临时加班等不同情形，合理分配举证责任。制度性加班，在相对固定的企业生产、经营时间表框架内，一举轮班工作制度，劳动者证明出勤，即已证明日常工作时间范围内存在的加班事实；临时性加班的劳动者，其日常工作时间表符合国家标准工时制，必须以其他证据证明存在日常工作时间之外的加班事实。"用人单位要对劳动者日常的工作时间安排和要求承担举证责任，即先证明有没有制度性加班情形，比如做六休一。临时加班情形下，在具体适用《劳动争议司法解释（三）》第9条规定上，各地区的地方规定有区别。

重庆市五中院《关于当前审理劳动争议案件若干实务问题座谈纪要》（2010年10月）第11条规定，"劳动者请求用人单位支付加班工资，由劳动者对用人单位安排加班的事实负举证责任；用人单位对已经支付加班工资的事实负举证责任。劳动者追索两年前的加班工资，由劳动者对用人单位未足额支付加班工资的事实负举证责任。"此规定将证明两年内加班事实的举证责任分配给了劳动者。

广东省高级人民法院、广东省劳动争议仲裁委员会《关于适用〈劳动争议调解仲裁法〉、〈劳动合同法〉若干问题的指导意见》（粤高法发［2008］13号）第29条规定，"劳动者主张加班工资，用人单位否认有加班的，用人单位应对劳动者未加班的事实负举证责任。用人单位以已经劳动者确认的电子考勤记录证明劳动者未加班的，对用人单位的电子考勤记录应予采信。劳动者追索两年前的加班工资，原则上劳动者负举证责任，如超过两年部分的加班工资数额确实无法查证的，对超过两年部分的加班工资一般不予保护。"此规定将证明两年内加班事实的举证责任分配给了用人单位。

山东省高级人民法院、山东省劳动人事争议仲裁委员会《关于适用〈劳动合同法〉若干问题的意见》（2010年6月1日，鲁高法［2010］84号）第

36条规定,"劳动者主张加班费,应当提供加班事实的相关证据。用人单位否认劳动者加班的,用人单位应当对劳动者未加班的事实负举证责任。"此规定要求劳动者和用人单位均承担举证责任,依据优势证据进行裁判。

上海市法院审理加班工资纠纷中,适用《劳动争议司法解释(三)》第9条的规定。一般要求劳动者与用人单位均承担举证责任,劳动者先提供证明存在加班事实或证明用人单位存在加班记录的证据,用人单位则应当提供考勤或加班制度方面的证据。

3. 因旷工违纪引起的解除劳动合同争议中用人单位对考勤的举证责任

因旷工违纪引起的解除劳动合同争议中,用人单位对考勤的举证责任要高于加班费纠纷中的举证责任。

例如,原告郑某1986年12月入职甲公司,双方签订无固定期限劳动合同。甲公司的员工手册规定,公司实行电子考勤,如果考勤机故障,则当日按照实际进出时间登记于门卫记录本,供人事部门核查。员工假期由部门考勤员记录,每月底汇总交人事部门。员工连续旷工3天或一年内累计旷工5天属于严重违纪,公司有权单方解除劳动合同,不予支付任何经济补偿金。2013年8月26日,甲公司以郑某于2013年1月4日至4月3日期间无故旷工11天为由解除双方劳动合同。郑某提起仲裁,要求确认甲公司系违法解除,请求支付赔偿金。

法院认为,根据双方庭审中的陈述及提交的证据可见,甲公司并非以员工手册中规定的电子考勤作为判断郑某是否正常出勤或旷工的标准,而是由郑某所在部门每月核对员工出勤后提交人事部门。甲公司提供的部门考勤并未反映2013年1月4日至4月3日期间郑某存在旷工事实。此期间郑某的工资也未因缺勤而扣款。因此,甲公司以电子考勤记录为依据主张郑某旷工的事实不成立。甲公司系违法解除与郑某的劳动合同,应当支付赔偿金。

关于劳动者是否旷工,法院会考虑用人单位实际的考核结果,结合劳动者工资发放情况等综合认定。上述案例中用人单位多种考勤并存,电子考勤与人工考勤不一致,工资支付记录中也无因缺勤的扣款记录,导致法院对旷工这一事实不予认定。

二、用人单位完善考勤制度应注意的问题

1. 实行综合工时制或不定时工时制应完成约定和审批手续

用人单位对全部岗位或部分岗位的劳动者实行标准工时之外的综合工时或不定时工时制的,要与劳动者进行书面的约定,并办理行政审批手续。对于约定和审批这两个要件的审查,各地法院有一定程度的裁量权。

王洪胜与天津红星美凯龙公司劳动争议纠纷一案中,法院认为:"王洪胜原系美凯龙公司电工,虽劳动合同约定能够为标准工时制,但王洪胜的实际工作时间为上24小时,休48小时,后于2013年6月改为上12小时,休24小时;再上12小时,休48小时。2012年12月,经美凯龙公司经行政主管部门审批,电工岗位实行综合计算工时工作制。王洪胜继续到岗工作,并未提出异议。综合考虑王洪胜的工作性质及岗位特殊性,结合美凯龙公司已经对该岗位申请综合工时制并经过行政审批,故原判决认定王洪胜的工作岗位属于综合工时制并无不当。"岗位性质具有特殊性的情况下,法院会结合实际工作时间及审批情况,综合认定。

上海繁星针织服饰有限公司与江宏春劳动合同纠纷案中,二审法院认为:"繁星公司提供准予企业实行其他工作时间制度决定书,证明江宏春实行综合计算工时制;经质证,江宏春对该证据的真实性无异议,但认为与本案无关联性;经审查,该决定书期限为2014年5月2日至2015年5月1日,与本案无关联性,故对该证据不予采信。"用人单位的行政审批手续须要连续,并根据诉讼请求的时间段提供与之相对应的批准材料。

蔡敏娜与古驰公司劳动合同纠纷案中,法院认为:"蔡敏娜虽以合同约定为标准工时制为由提出抗辩,但员工手册已经明确对店铺员工实行综合计时制,蔡敏娜对此是清楚的;蔡敏娜与古驰公司于2009年5月签订的劳动合同补充协议亦对综合工时进行了约定,蔡敏娜确认在古驰公司工作之日起,古驰公司已获得相关部门批准实行综合工时制,并表示服从该工作时间安排。由于劳动合同中的约定已在实际履行中进行了变更,故对蔡敏娜主张其应实行标准工时制的主张,本院不予采纳。"用人单位对工时制度约定不明的,法院会审查实际履行情况。

站在用人单位角度，完成约定和审批这两个条件，才能最大限度地避免风险。

2. 考勤制度相关约定与实际考勤和工资发放记录保持一致

实务中存在多种考勤方式，如电子考勤、统计考勤等。部分用人单位人事或财务部门对电子考勤数据进行汇总后将之作为工时计算的依据。在一些加班费争议中，劳动者主张以电子考勤数据为准，用人单位主张以统计数据为准。用人单位应在考勤制度中明确考勤方式的规定，并将考勤记录由员工签字确认。

考勤制度要对工作时间安排作出明确规定。对工作日中间的休息时间给予明确规定，并去除在工作时间之外。用人单位对工作时间的安排是正常情况下用人单位需要劳动者工作的时间。如实行标准工时制的用人单位，规定劳动者每天工作 10 小时，则其中的 2 小时为加班时间。如用人单位制度中规定员工每天工作 8 小时，加班需要申请批准，员工未经批准，也未经用人单位另外安排而延长工作时间的，则可以不认定为加班。劳动者未在规定的工作时间考勤，则有可能构成迟到、早退、旷工等违纪行为。

缺勤记录中要注明事由。员工会因为病假、事假、调休、年休假等事由缺勤，不同的事由下员工享有的权利不同。对事由在缺勤记录中作明确记录，更利于诉讼中举证。比如，原告诉请应休未休年休假待遇纠纷中，如用人单位缺勤记录中未标注年休假事由，也无其他证据进行印证，则上海法院可能不予支持。

3. 考勤记录的劳动者确认、公示以及缺乏劳动者签字的证据的诉讼补救措施

已经经劳动者确认的考勤记录、工资发放表等能证明劳动者未加班的，法院会确认。

考勤记录、工资发放表等证据虽未经劳动者签字确认，但用人单位有证据证明根据规章制度或劳动合同约定，考勤记录、工资发放表等已通过一定方式向劳动者公示而劳动者在合理期限内没有提出异议的，法院会确认。

江苏省南京市中级人民法院、南京市劳动争议仲裁委员会《关于加班工资纠纷审理的若干法律适用意见》（宁中法〔2009〕213 号）第 3 条规定，

"劳动争议仲裁委员会、人民法院应审慎审查证据，对未经职工本人签字的考勤表、工资表等证据，要结合其他证据一并审查。如职代会、企业工会对相关证据内容进行确认的，劳动争议仲裁委员会、人民法院可酌情对相关证据进行认定。"这一条是用人单位对无劳动者签字的考勤证据补强其证据效力的途径。

未经劳动者确认或公示的考勤记录，如诉讼中劳动者否认其真实性，双方可对其原始载体申请鉴定。用人单位提交的电子考勤的打印件，因电子数据易被修改，且不是原始数据，一旦劳动者否认，则会产生诉讼风险。用人单位应该重视考勤记录的劳动者确认或公示程序。

在一些地区，告知和公示程序会对时效有影响。江苏省常州市中级人民法院《关于审理劳动争议案件的指导意见》（常中法［2011］35号）第23条规定，"劳动关系存续期间内产生的劳动报酬争议，如果用人单位已经按月支付工资，并有证据证明已通过一定方式向劳动者公示或告知了工资的应发项目及数额、实发数额、支付日期、支付周期、依法扣除项目及数额、领取者姓名等工资组成明细情况的，劳动者在合理期限内并未提出异议，劳动者申请劳动仲裁追索劳动报酬的，应当受《调解仲裁法》第二十七条第一款一年时效限制，从申请仲裁之日向前推一年内的劳动报酬争议事项予以审理。劳动关系存续期间的劳动报酬争议，如果用人单位虽然已经按月支付劳动者工资报酬，但未向劳动者告知或公示工资组成明细情况，劳动者申请劳动仲裁追索劳动报酬的，应当对用人单位两年考勤保存期间内的劳动报酬情况予以审查，并由用人单位对考勤记录、工资明细等举证，从申请仲裁之日向前推两年内的劳动报酬争议事项予以处理。劳动关系存续期间产生的劳动报酬争议，如果与本条第二款情况一致的，但劳动者能够提供两年以前考勤记录等有效证据的，审理追索劳动报酬争议案件不受两年期限的限制。"

4. 将加班与值班进行区别

上海市高级人民法院《关于审理劳动争议案件若干问题的解答》（沪高法民一［2016］17号）第3条规定，"以下情形中，劳动者要求用人单位支付加班待遇的，不予支持：（1）因用人单位消防安全、节假日等需要由用人单位临时安排或制度安排的与劳动者本职工作无关的值班的；（2）用人单位安排劳动者从事与其本职工作有关的临时值班任务,但值班期间可以休息的。在上述情形中,劳动者可以要求用人单位按照规章制度、集体合同、劳动合同或惯例等支付相应待遇。"北京市高级人民法院、北京市劳动争议仲裁委员会《关于劳动争议案件法律适用问题研讨会会议纪要》第22条,南京市中级人民法院、南京市劳动争议仲裁委员会《关于加班工资纠纷审理的若干法律适用意见》第20条均作出了类似的规定。

各地劳动争议仲裁委员会、法院对于值班与加班的区别,主流观点基本一致,即均认可仅为安全、消防、假日、防火、防盗或处理突发事件、紧急公务等原因进行的值班不是加班。① 故用人单位规章制度中可对值班的待遇作出区别于加班的约定。

5. 法律保护劳动者对是否接受用人单位安排加班的协商权

(2015)渝五中法民终字第03007号二审民事判决书上载,"本院认为,……根据《劳动合同法》第三十一条规定,用人单位应当严格执行劳动定额标准,不得强迫或变相强迫劳动者加班,用人单位安排加班的,应当按照国家有关规定向劳动者支付加班费。可见,劳动者拒绝加班是维护其权利的行为。本案中,上诉人国虹公司于2014年5月27日虽安排了被上诉人加班,但由于被上诉人已明确向国虹公司提出不同意加班,其行为合法,并非不服从用人单位的工作安排,故双方因劳动者不同意加班发生纠纷而导致生产线停产并非劳动者过错所致,国虹公司对此主张被上诉人工作失职,缺乏足够的事实依据。"可见,用人单位安排加班的情况下,劳动者具有同意加班或拒绝加班的选择权。

6. 规章制度对违反考勤制度的处罚措施要有具体的规定

有些用人单位的规章制度具体条款仅规定了禁止某种行为,没有对劳动者出现此种违纪行为时所对应的具体、明确的处罚措施的规定。这种条款在诉讼中是没有任何作用的。规章制度要实现对用人单位的自治,在诉讼中得到法院的认可,应当参照法律规则的三要素,即具备假定条件、行为模式、

---

① 参见王旭东主编:《最新企业人力资源管理法律风险防范与实务操作指南》,法律出版社2015年版,第89页。

法律后果这三个要素。

7. 用人单位可以对加班费的计算基数进行明确约定

关于加班工资的计算基数,目前全国性的法律、法规层面没有明确规定,各地实务操作略有不同。大部分地区按如下标准操作:(1)如果劳动合同中约定了加班工资的计算基数,则以约定为准;(2)如果劳动合同中没有约定加班工资的计算基数,但明确约定了工资数额的,应当以劳动合同约定的工资作为加班费的计算基准;(3)如果劳动合同约定不明确,则应当以实际工资作为计算基数。凡是用人单位直接支付给职工的工资、奖金、津贴、补贴等待遇都属于实际工资,但是伙食补助和劳动保护补贴等待遇应当扣除,不能列入计算范围。应当注意的是,如果劳动合同的工资项目分为"基本工资""岗位工资""职务工资"等项目,应当以各项工资的总和作为基数计发加班费,不能以"基本工资""岗位工资"或"职务工资"单独一项作为计算基数。[①] 故用人单位应该在劳动合同中约定加班工资的计算基数。

8. 用人单位应建立加班审批制度

北京市二中院《劳动争议案件疑难问题研讨会会议纪要》(2009年4月)第5条规定,"在审理追索加班工资案件中,对双方提交的证据应如何审查?在用人单位规章制度中规定加班需经审批的情况下,劳动者称其存在加班,用人单位否认的,应要求劳动者对加班经过了批准及加班工作的内容进行举证,劳动者提供打卡记录证明其加班的,一般不予支持。另外,对于用人单位提供的考勤记录,如劳动者否认其真实性的,劳动者亦应指出其不实之处并进行相应的举证,不能仅以考勤记录上没有其签字进行抗辩。但用人单位规章制度中规定考勤记录必须由劳动者签字方生效或者从对方无异议的考勤记录上可以得出考勤记录需劳动者签字方生效这一结论的情况除外。"从这一规定可见,用人单位的规章制度中建立加班审批制度可以加重劳动者主张临时性加班的举证责任。

[①] 参见王旭东主编:《最新企业人力资源管理法律风险防范与实务操作指南》,法律出版社2015年版,第77页。

第三节 用人单位如何完善病假管理制度

一、争议焦点

病假管理是规章制度中的重要部分。实务中,用人单位与劳动者会因为病假手续、病假真假、病假期间工资或待遇标准等问题发生纠纷。用人单位建立起完善的病假管理制度,既能避免和解决纠纷,又能遏制劳动者滥用病假。

二、基本案情

杨某以颈肩腰肌劳损为由,分两次向甲公司请假5天,并分别提供某医院出具的《疾病诊断证明书》。前两次请假甲公司批准。第三次请假时,甲公司产生怀疑,遂于11月5日派人陪同杨某至某医院检查,诊断结论为"颈椎正侧双斜位未见明显异常"。甲公司对杨某第三次请假不同意,并于11月6日至12月3日安排杨某工作,杨某拒绝。甲公司以杨某拒不服从安排到岗工作,严重违反规章制度为由解除了双方劳动关系。杨某以甲公司违法解除劳动关系为由提起劳动仲裁。本案经过仲裁、一审、二审程序。

三、裁判观点

法院认为,对于杨某是否因为"颈肩腰肌劳损"导致无法上班,应以医疗部门出具的诊断结果为依据。双方曾经于11月5日共同委托某医院就杨某实际病情进行检查。而根据某医院的诊断结论,杨某并无明显病症。杨某提出该诊断并未全面诊断,仅对局部进行了诊断,不能作为最终的诊断结论,但杨某并未申请重新诊断或者其他医疗机构进行鉴定。在杨某不能提供其他证据证明其主张的情形下,某医院的诊断可以作为本案定性的依据。因此,在不能认定杨某因患病导致其不能上岗工作的情形下,杨某多次拒绝甲公司的工作安排，甲公司以此为由解除双方劳动关系，符合法律规定，无须支付赔偿金。

四、律师评析

在怀疑劳动者滥用病假的情况下，甲公司派员陪同检查，得到医院客观的诊断结论，以此为依据作出工作安排并最终因劳动者拒不服从安排作出解除劳动关系决定，得到了司法的认可。用人单位完善病假管理制度可以参考如下内容。

（一）规范病假申请、销假和批准程序

上海市劳动局《关于加强企业职工疾病休假管理保障职工疾病休假期间生活的通知》（沪劳保发（95）83号）第2条规定，"职工疾病需要休假的，应凭企业医疗机构或指定医院开具的《病情证明单》，并由企业行政审核批准。职工疾病或非因工负伤需要转入长休的，应根据企业医疗机构或指定医院开具的《病情证明单》，由企业劳动能力鉴定委员会（小组）作出鉴定，报企业行政批准，并书面通知职工。"

用人单位可以规定申请病假需提前提出，提供医院（包括单位合理指定的医疗机构）开具的病情证明资料，填写格式化的病假申请，由规定部门书面批准后休假。病假申请附注医生姓名、联系方式、销假时需提交的医院开具的病假证明、就诊记录、病历本、挂号和医药费单据等证明材料。规章制度和病假申请同时注明以下内容：单位有权对职工病假进行复查，经查证为虚假病假的，属于严重违纪，用人单位可解除劳动合同。未提前请假的、请假手续不完备的，经催告后应于若干工作日内或最迟于销假之日补正，否则视为旷工。劳动合同中可约定员工连续病假一段时间以上，病假员工岗位已安排其他人顶替的，用人单位可安排复工员工至其他备选岗位。病假延续的需提前一个工作日提出，销假复工需要提供相关病情证明资料，并确认病假待遇。

劳动者如果不按照用人单位规定履行病假申请、销假和批准程序，可按照规章制度规定给予警告、记过处分，劳动者累计的警告、记过处分达到严重违纪程度，用人单位可以解除劳动合同。

（二）医疗期、病假待遇规定与约定

1. 医疗期

劳动部《关于发布〈企业职工患病或非因工负伤医疗期规定〉的通知》（劳部发〔1994〕479号）第2条规定，"医疗期是指企业职工因患病或非因工负伤停止工作治病休息不得解除劳动合同的时限。"第3条规定，"企业职工因患病或非因工负伤，需要停止工作医疗时，根据本人实际参加工作的年限和在本单位工作年限，给予三个月到二十四个月的医疗期。（一）实际工作年限十年以下的，在本单位工作年限五年以下的为三个月；五年以上的为六个月。（二）实际工作年限十年以上的，在本单位工作年限五年以下的为六个月；五年以上十年以下的为九个月；十年以上十五年以下的为十二个月；十五年以上二十年以下的为十八个月；二十年以上的为二十四个月。"这是全国性的规定。

上海市自2015年5月1日起施行的《关于本市劳动者在履行劳动合同期间患病或非因工负伤的医疗期标准的规定》第2条规定，"医疗期按照劳动者在本用人单位的工作年限设置。劳动者在本单位工作第1年，医疗期为3个月；以后工作每满1年，医疗期增加1个月，但不超过24个月。"这是上海市执行的"N+2"标准，N即员工在本单位的工作年限。

关于医疗期的计算问题，全国的标准是医疗期计算应从病休第一天开始，累计计算。病休期间，公休、假日和法定节假日包括在内。

医疗期3个月的按6个月内累计病休时间计算；6个月的按12个月内累计病休时间计算；9个月的按15个月内累计病休时间计算；12个月的按18个月内累计病休时间计算；18个月的按24个月内累计病休时间计算；24个月的按30个月内累计病休时间计算。不同医疗期内的病假是不能合并计算的。

上海市政府出台了特别的病假制度。上海员工病假时间从员工入职后累计计算，不存在周期、重新计算问题，且累计计算不含节假日、周末。

2. 病假待遇

根据《劳动保险条例实施细则（修正草案）》第16条、17条之规定，病假待遇分为由用人单位支付的病假工资和由劳动保险基金支付的疾病救济费。

劳动者连续休假在6个月以内的,用人单位支付病假工资。劳动者连续休假6个月以上的,用人单位停发病假工资,发放疾病救济费。

病假待遇＝计算基数＊比例系数

各地区医疗期待遇的具体规定有所不同,例如:

(1)在广东或北京,病假工资可以由用人单位与劳动者约定,只要不低于当地最低工资的80%即可。

(2)在上海通过三条线把握:

① 根据《上海市企业工资支付办法》第9条、第14条规定,病假工资计算基数按照以下原则确定:劳动合同对病假工资基数有约定的,按不低于劳动合同约定的劳动者本人所在岗位(职位)相对应的工资标准确定。集体合同(工资集体协议)确定的标准高于劳动合同约定标准的,按集体合同(工资集体协议)标准确定。无约定的,按照本人正常出勤工资的70%计算。最低限要求是计算基数不得低于最低工资标准。

② 根据上海市劳动局《关于加强企业职工疾病休假管理保障职工疾病休假期间生活的通知》第4条之规定,病假待遇计算中比例系数总结如下表:

表7-1 病假待遇计算方法

病假期	员工在本单位工作年限	比例系数
连续病假在6个月以内的(病假工资)	不满2年的	60%
	满2年但不满4年的	70%
	满4年但不满6年的	80%
	满6年但不满8年的	90%
	满8年及以上的	100%
连续病假超过6个月的(疾病救济费)	不满1年的	40%
	满1年但不满3年的	50%
	满3年及以上的	60%

③ 病假待遇的保底和封顶标准。劳动部《关于贯彻执行〈中华人民共和国劳动法〉若干问题的意见》第59条规定,"职工患病或非因工负伤治疗期间,在规定的医疗期内由企业按照有关规定支付其病假工资或疾病救济费,病假工资或疾病救济费可以低于当地最低工资标准支付,但不能低于最低工资标准的80%。"

■ 劳动争议与工伤纠纷实务指南

根据上海市劳动局《关于加强企业职工疾病休假管理保障职工疾病休假期间生活的通知》及上海市劳动和社会保障局《关于本市企业职工疾病休假工资或疾病救济费最低标准的通知》的相关规定，每月职工疾病或非因工负伤休假待遇低于本企业月平均工资 40% 的，应补足到本企业月平均工资的 40%，但不得高于本人原工资水平、不得高于本市上年度职工月平均工资。企业月平均工资的 40% 低于当年本市企业职工最低工资标准的 80% 的，应补足到当年本市企业职工最低工资标准的 80%。企业职工疾病休假工资或疾病救济费最低标准不包括应由职工缴纳的养老、医疗、失业保险费和住房公积金。保底标准为强制性标准。上海市劳动局《关于加强企业职工疾病休假管理保障职工疾病休假期间生活的通知》第 5 条规定了病假待遇的非强制性封顶标准，即"职工疾病或非因工负伤待遇高于本市上年度月平均工资的，可按本市上年度月平均工资计发。"此标准不具有强制性。如果用人单位的规章制度或合同中约定了较高的标准，则约定优先。用人单位在制定病假工资规章制度时，不要约定较高的标准，以免增加病假工资支出。

（3）浙江省劳动厅《关于转发劳动部〈企业职工患病或非因工负伤医疗期规定〉的通知》的补充意见规定："二、关于病假工资的计发问题：1. 职工因病或非因工负伤，病假在六个月以内的，按其连续工龄的长短发给病假工资。其标准为：连续工龄不满十年的，为本人工资（不包括加班加点工资、奖金、津贴、物价生活补贴；下同）的百分之五十；连续工龄满十年不满二十年的，为本人工资的百分之六十；连续工龄满二十年不满三十年的，为本人工资的百分之七十；连续工龄满三十年以上的，为本人工资的百分之八十。职工因病或非因工负伤，连续病假在六个月以上的，按其连续工龄的长短改发疾病救济费。其标准为：连续工龄不满十年的，为本人工资的百分之四十；连续工龄满十年不满二十年的，为本人工资的百分之五十；连续工龄满二十年不满三十年的，为本人工资的百分之六十；连续工龄满三十年以上的，为本人工资的百分之七十。"

（三）虚假病假识别

我国《执业医师法》第 23 条规定，"医师不得出具与自己执业范围无关或者与执业类别不相符的医学证明文件。"医生的执业类别通过国家卫计委官网可以查询。如果员工疾病类型与出具病假证明的医生的执业类别不符,则是虚假的病假。用人单位可以致函相关医疗机构核实医疗证明,也可以派员到医院的医务办公室或相关部门,要求核实员工病假单的真伪,还也可以派人陪同劳动者去医院复诊,帮助识别是否为虚假病假。

(四)"泡病假"与劳动合同解除

员工存在《劳动合同法》第 39 条规定的绝对过错型解除情形,用人单位可以不必考虑医疗期的规定,直接依法解除劳动合同。劳动者不履行请假手续擅自不到岗,经催告后仍不补正相关手续,可以认定为旷工,而适用《劳动合同法》第 39 条规定,解除劳动合同,不必支付经济补偿金。劳动者骗取、伪造、篡改、涂改病假单的行为,可在规章制度中确定为《劳动合同法》第 39 条中的严重违纪行为。

用人单位适用《劳动合同法》第 40 条规定,以劳动者患病或非因工负伤,在规定的医疗期满后既不能从事原工作,也不能从事用人单位另行安排的工作为由解除劳动合同,则需要考虑医疗期的规定,并及时给员工复岗通知。不能复工的再安排换岗。仍然不能到岗的,可以解除劳动关系,除当地有特殊规定的之外。比如在广州,如果劳动者医疗期满后因为住院继续请病假的,用人单位不能解除劳动关系。

(五)女职工违反计划生育政策的病假待遇

《上海市人口与计划生育条例》第 43 条规定,"对违反本条例规定生育子女的公民,除征收社会抚养费外,给予以下处理:(一)分娩的住院费和医药费自理,不享受生育保险待遇和产假期间的工资待遇……"其他地区规定与此类似。

违反计划生育政策的女职工不享有产假,医生有休息证明的,可以按照病假处理。违反计划生育政策女职工也属于"三期"女职工,也享有《劳动合同法》第 40、41、42 条规定的有关"三期"女职工劳动合同解除和终止的特殊保护。但是,如果用人单位的规章制度中明确规定了"职工必须遵守国家和地方的计划生育规定,违反的,公司可以解除劳动合同",这样的规章制度并没有违反国家法律规定，应是合法有效的。①

　　用人单位要在不违反法律强制规定的范围内建立有针对性的病假管理制度。如此，既能保障生病员工的基本生活，又能控制工资成本，杜绝虚假病假和"泡病假"现象。

---

　　① 参见王旭东主编：《最新企业人力资源管理法律风险防范与实务操作指南》，法律出版社2015年版，第105页。

第八章

竞业限制和服务期问题*

第一节 竞业限制是否应当有约在先

一、争议焦点

没有约定竞业限制条款,用人单位可以要求劳动者履行竞业限制义务吗?

二、基本案情

小军与 S 公司订立了一份劳动合同,合同约定小军担任该公司的副总经理工作,聘期为三年。合同到期后,由于小军在职期间表现出色,公司提出续签劳动合同,但小军没有同意。这时,公司才意识到小军在职期间接触到了公司大量的技术秘密,于是提出要与小军签订竞业限制协议,被小军拒绝了。后小军到另一家公司工作,该公司与 S 公司属于同行业。S 公司得知这一情况立即提出劳动仲裁,要求小军履行竞业限制义务。

---

* 本章作者:邬晓青。

三、裁判观点

仲裁机构认为,双方的劳动合同中并未约定竞业限制条款,故小军不需要履行竞业限制义务。

四、律师评析

在本案中,由于用人单位一开始没有与小军签订竞业限制义务条款,等到小军离职时才提出,的确为时已晚,所以在没有约定竞业限制条款的情况下,劳动者是不需要履行竞业限制义务的。也就是说,竞业限制应当有约在先。

竞业限制条款不是每份合同都需要的,用人单位没有必要与所有员工订立竞业限制协议,因为一旦订立了竞业限制条款,就需要向竞业限制人员支付一定的经济补偿。与不掌握公司技术秘密和知识产权的员工订立竞业限制条款,徒增管理成本。

实践中,律师发现不少用人单位的劳动合同或规章制度都是网上找来的模板,由于模板里有竞业限制条款,导致一些本无须采用竞业限制的人员因此而与公司产生劳动争议。这种情况应尽量避免。公司应该结合自身需要与劳动者签订竞业限制条款,并且要在条款中明确竞业限制的范围,是全国还是某个省市。如果有竞争单位的名称,还可以直接将竞争单位的名称及关联公司列明在竞业限制协议中,以减轻将来诉讼中的举证负担。将来如果就竞业限制纠纷诉诸法院,在诉讼中还需要搜集的证据主要包括:劳动者的社保缴费记录、完税证明(前两项需要申请法院调查令)、劳动者新入职单位的经营范围(可登录工商信息网查询)、新用人单位的公司网页(进一步补强新用人单位的经营范围)、与劳动者的通话录音等,以便形成完整的证据链,让法庭确信劳动者已违反了竞业限制义务。

第二节 竞业限制补偿金的标准

一、争议焦点

未约定竞业限制补偿金的标准,竞业限制条款还有效吗?

二、基本案情

小坤于2013年1月1日与A物流公司签订了为期一年的劳动合同,约定每月工资为8000元,合同中有一条竞业限制条款:不论何种原因离职,未经A物流公司同意,小坤一年内不得到与A物流公司同行业或相关行业的单位就职。2014年1月1日,小坤与A物流公司的劳动合同到期终止,双方均没有续订劳动合同的意愿,故小坤于当日离开了公司。小坤自从离职后,严格遵守竞业限制条款,没有重新就业,但是A物流公司也一直没有支付其竞业限制补偿金。后小坤咨询了律师朋友,了解到在自己遵守竞业限制条款的情形下,有权要求A物流公司支付补偿金,故向仲裁机构提出仲裁申请,要求A物流公司支付自2014年1月1日起到提起诉讼之日的竞业限制补偿金,按每月8000元标准给付。

三、裁判观点

在庭审中,A物流公司答辩称:双方的竞业限制条款没有约定补偿金的标准,故该条款应属无效条款,不同意支付小坤补偿金。最终,仲裁机构认为:虽然小坤与A物流公司的劳动合同条款中没有约定具体的竞业限制补偿金标准,但这并不妨碍竞业限制条款的效力,小坤在离职后,依约遵守条款,A物流公司应支付竞业限制补偿金。关于补偿金的标准,应为合同终止前12个月的平均工资的30%,即2400元。小坤按每月8000元的标准计算过高,不予支持。故最终裁决A物流公司自2014年1月1日起至提起诉讼之日按每月 2400 元的标准支付小坤竞业限制补偿金。

四、律师评析

竞业限制协议限制了劳动者的劳动权利,使劳动者的就业范围大幅缩小,甚至失业,因此用人单位有必要对劳动者作出补偿。如果单纯限制劳动者的竞争活动,而不对劳动者提供公平的补偿,必然会剥夺劳动者的择业自由权与生存发展权。

在本案中,双方仅约定了劳动者的竞业限制义务,但未约定用人单位给予劳动者相应的经济补偿,是否违反法律的强制性规定而导致该约定无效?对于合同的效力,法律有明确的规定,内容瑕疵一般不会导致合同无效。根据《劳动争议司法解释(四)》第 6 条的规定:当事人在劳动合同或者保密协议中约定了竞业限制,但未约定解除或者终止劳动合同后给予劳动者经济补偿,劳动者履行了竞业限制义务,要求用人单位按照劳动者在劳动合同解除或终止前 12 个月平均工资的 30% 按月支付经济补偿的,人民法院应予支持。前款规定的月平均工资的 30% 低于劳动合同履行地最低工资标准的,按照劳动合同履行地最低工资标准支付。那么,根据该条规定,在未约定用人单位给予劳动者竞业限制经济补偿金的情况下,并不必然导致竞业限制的约定无效,而是可以通过法律的规定来弥补,平衡双方利益。

实际操作中,有些用人单位与劳动者在竞业限制协议中对经济补偿金是有明确约定的,但约定的数额低于劳动者离职前 12 个月平均工资的 30% 及合同履行地最低工资标准。这样的约定是有效的,因为法律并未禁止。

第三节 支付违约金是否能免除竞业限制义务

一、争议焦点

劳动者在支付违约金后,是否还需要继续履行竞业限制义务?

二、基本案情

2013年,老王进入B公司从事技术开发工作,双方签订了为期一年的劳动合同,并约定老王每月的工资为6000元。合同还约定:老王有义务为B公司保守商业秘密,在本合同解除或终止后二年内,老王不得以任何形式受雇于B公司的竞争对手公司;如有违反,须支付相应违约金或承担相关法律责任。一年合同到期后,双方均未续签。后B公司发现老王在竞争对手公司任职,遂提起劳动仲裁,请求:(1)老王立即停止从事竞业限制行为,并继续履行竞业限制义务;(2)老王赔偿因违反竞业限制而造成的损失20万元。在庭审中,老王主张,双方对于竞业限制补偿金的数额没有约定,故该竞业限制条款无效;即使该条款有效,自己在承担违约金后,合同义务即告解除,就不需要再履行竞业限制义务了。

三、裁判观点

仲裁机构认为:劳动者违反竞业限制约定的,应当按照约定向用人单位支付违约金。至于B公司主张的损失20万元,由于B公司未提供直接证据证明产生的实际损失,双方也未约定违约金的计算方式,故根据老王在职期间的收入情况酌定为5万元。而针对老王存在违约行为之后的处理,根据《劳动争议司法解释(四)》第10条的规定,即使老王如约支付了违约金,也必须继续履行竞业限制协议,否则B公司的合法权益将难以得到保护。故B公司要求老王立即停止从事竞业限制行为并继续履行与B公司约定的竞业限制义务的诉讼请求,于法有据,予以支持。

四、律师评析

在一般的民事合同中,违约方承担完违约赔偿责任后,合同义务即告解除,即违约方无需再履行合同义务;而在竞业限制领域,劳动者即使支付了违约金,也需要继续履行竞业限制义务。其法律依据是:根据《劳动争议司法解释》（四）第 10 条，劳动者违反竞业限制约定，向用人单位支付违约金后，用人单位要求劳动者按照约定继续履行竞业限制义务的，人民法院应予支持。

所以在本案中，老王除了支付高额的违约金外，还需要继续履行竞业限制义务。

设置竞业限制的初衷和最终目的是保护用人单位的商业秘密，保护其竞争优势，违约金只不过是对劳动者违约行为的一种惩罚手段，对于用人单位商业秘密保护的客观需要并不因此而失去。所以，即使老王支付了违约金，其继续履行竞业限制条款的义务并不因此免除。如果劳动者在支付了违约金后就可以不履行竞业限制义务，则会使用人单位的商业秘密依旧处于随时被泄露的境地，所以法律要求劳动者在支付违约金后依旧要履行竞业限制协议，而且从客观上讲，这样要求也是具有可行性的。

第四节 竞业限制的解除权

一、争议焦点

离职后，用人单位超过三个月未支付劳动者竞业限制补偿金，劳动者是否可以行使解除权？

二、基本案情

静静与 A 公司签订了自 2010 年 1 月 1 日起至 2012 年 1 月 1 日止的劳动合同。该合同约定，静静在该公司担任销售部门客户代表一职，基本工资为 3000 元，岗位工资为 2000 元，绩效奖金待定。同时合同中还约定：不论何种原因离职，静静两年内不得到与 A 公司同行业或相关行业的单位就职。

2011 年 3 月 1 日，静静提出辞职，双方于 2011 年 4 月 1 日解除劳动关系。2011 年 5 月 1 日，静静进入与 A 公司有竞争关系的 B 公司工作。A 公司遂于 2011 年 5 月 15 日发出律师函，指出静静未遵守双方劳动合同中的竞业限制条款，违反了双方的竞业限制约定，故通知静静辞去现有工作岗位，A

公司将自静静辞职之日起按最低工资标准支付静静经济补偿直至竞业限制期满为止等。静静在收到律师函后未辞职，为此，A公司向区劳动人事争议仲裁委员会申请劳动仲裁，要求静静继续履行竞业限制条款。区仲裁委员会支持了A公司的申请，裁令静静应当继续履行竞业限制条款。静静对此不服，诉到法院，要求判决其无须继续履行竞业限制条款。审理中，静静主张，A公司至今未支付其竞业限制经济补偿金，已超过三个月，而且自己已于2011年8月16日向A公司发出书面通知，通知其因超过三个月未支付经济补偿金，解除竞业限制的约定。但A公司未予以理睬，亦未支付任何经济补偿金。A公司答辩称：2011年8月16日，A公司的确收到该通知，并于8月20日回函，表示只要静静愿意离开B公司，A公司愿意立即支付竞业限制补偿，但因没有静静的账户信息，故客观上无法支付。

三、裁判观点

法院认为：从本案查明的事实来看，静静与A公司约定了竞业限制条款，该约定系双方真实意思表示，且不违反法律和行政法规的强制性规定，应属合法有效，双方均应依约履行。静静离职后即入职B公司，两家公司存在同业竞争关系。后A公司多次表态，只要静静从B公司离职即同意支付经济补偿金。另外，静静一直在B公司就职，存在违反竞业限制约定的行为，而且A公司没有静静的账户信息，故未支付经济补偿金难以认定是A公司的原因所致。因此，静静以A公司超过三个月未支付经济补偿金为由书面通知A公司解除竞业限制约定，不符合法律规定。静静的诉讼请求缺乏依据，不予支持。

四、律师评析

《劳动争议司法解释（四）》第8条规定：当事人在劳动合同或者保密协议中约定了竞业限制和经济补偿的，劳动合同解除或者终止后，因用人单位的原因导致三个月未支付经济补偿，劳动者请求解除竞业限制约定的，人民法院应予支持。

虽然《劳动争议司法解释（四）》第8条规定用人单位超过三个月不支付经济补偿金，劳动者请求解除竞业限制约定的，人民法院应予支持，但本案中法院没有支持静静的主张，关键原因在于：根据法庭查证的事实，超过三个月未支付的原因不在于用人单位，而在于静静。用人单位曾发函表示愿意支付，但静静不予理睬，而且拒不提供账户信息。法律规定的是"因用人单位的原因"导致三个月未支付经济补偿的情况下，劳动者请求解除竞业限制的，人民法院予以支持。所以，研讨法条的时候一定要细化到字句，避免产生误读，从而影响到自己的权益。

在实践中，存在很多用人单位在劳动者离职后不支付其竞业限制补偿金的情况，这实际上就构成了对劳动者生存权的侵害。所以法律规定，如果用人单位超过三个月未支付劳动者竞业限制补偿金，劳动者就享有单方解除权。需要提醒劳动者的是，在行使解除权时一定要以明示的方式进行，而不能以默示的方式解除，即一定要通过向用人单位发出正式书面通知或通过仲裁诉讼的方式行使明示解除权。如果劳动者没有通过上述方式明示解除，而是采取默示的方式，如直接进入新的单位工作，则面临被单位要求承担违约责任的风险。

第五节　保密义务是否应当有约在先

一、争议焦点

未签订保密协议，劳动者是否有保密义务？

二、基本案情

A公司是一家从事演出服装加工制作的企业。小郭是该公司职工，入职后担任业务员，负责与A公司的客户联系业务。A公司将自己客户的单位名称及联系人、联系方式告知小郭，小郭将相关信息记录在自己的通讯录中。后小郭从A公司辞职，到另一家与A公司存在竞争关系的B公司工作，并将自己在 A 公司搜集的客户名单提供给 B 公司。之后，A 公司的销售业绩受到了很大的影响。A 公司依法向相关法院起诉，要求：（1）判令小郭及 B 公司立即停止不正当竞争，归还原告客户名单；（2）判令两被告不得向第三者泄露原告的客户名单，不得利用原告客户名单从事与原告同类业务的经营。小郭辩称：其在职时与公司未签订过任何形式的保密协议，所以不需要履行保密义务。

三、裁判观点

仲裁机构认为：劳动合同法所规定的保密义务不以双方约定的存在为前提，也不因劳动关系的终止而消失，虽然小郭从未与 A 公司签订过保守商业秘密的协议，但保守公司的商业秘密是每个员工的法定义务。在本案中，A 公司的客户信息具有商业价值，应被认定为商业秘密，小郭的行为已侵犯了 A 公司的商业秘密，故支持 A 公司的诉讼请求。

四、律师评析

劳动者的保密义务来源于劳动者对用人单位的忠诚义务，该义务是基于诚实信用产生的，所以无论用人单位与劳动者是否签订过保密协议，员工都须要为用人单位保守商业秘密。

我国《反不正当竞争法》第 10 条、《刑法》第 219 条均对"商业秘密"作出了定义，即：商业秘密是指不为公众所知悉，能为权利人带来经济利益，具有实用性并经权利人采取保密措施的技术信息和经营信息。但是，由于各行各业工作性质及工作内容的千差万别，不同用人单位的商业秘密范围也有所不同，所以在实践操作中，建议用人单位可以对商业秘密的范围作出一一列举式的规定，如客户名单、配方、设计图纸、计算机程序等。

确定商业秘密的范围在现实中具有特别重要的意义，它是认定劳动者掌握单位商业秘密的基本依据。商业秘密的义务主体是不特定的，由于无法排除有些非关键岗位上的劳动者会意外获悉商业秘密，建议用人单位依据自己的需要与所有劳动者签订保密协议。虽然说用人单位不与劳动者签订保密协议，劳动者也应当为用人单位保守商业秘密，但这并不代表签订保密协议就是多余的。签订了保密协议可以作为证明商业秘密存在的重要证据，也可以在保密协议中明确保密的内容、侵犯商业秘密的赔偿责任等，使用人单位的商业秘密被侵犯时的权利保护更具有可操作性。

在实践中，很多人区分不清楚保密义务与竞业限制义务，在这里简述一下两者的区别：

1. 保密义务是劳动合同的附随义务，不管用人单位与劳动者是否订立了保密协议，劳动者均有保守商业秘密的义务；而竞业限制属于约定条款，如果双方未约定竞业限制条款，则劳动者无须承担竞业限制义务。

2. 法律规定竞业限制义务期限不得超过两年，而保守商业秘密义务则没有最长期限，即只要商业秘密存在，就要一直守密，不管是在职时，还是离职后。

3. 用人单位无须支付劳动者保密费，当然实践中，也有不少用人单位自愿支付劳动者保密费的，法律并未禁止；但用人单位必须支付劳动者竞业限制补偿金，这是强制性的。

4. 在违约责任的承担方式上，违反保密义务用人单位是不能向劳动者主张违约金的，只可以要求赔偿损失，如果造成的损失达到一定数额的标准，还可以追究劳动者的刑事责任；如果违反竞业限制义务，用人单位则可以按照合同约定主张违约金，当违约金的数额不足以弥补违约行为造成的损失的时候，用人单位还可以主张赔偿全部损失。

在实践中，发现不少用人单位往往会混淆竞业限制与保密协议的概念，进而混淆补偿金与保密费的概念，区别不清楚楚自己的权利义务。还有些用人单位在劳动者在职期间主动按月支付了保密费，这时候，保密费应认定为给予劳动者的津贴或福利待遇，与竞业限制补偿金是没有任何关系的。有的用人单位会在未来的诉讼中辩称自己已在劳动者在职时的每月工资中支付了相关保密费，应被认定为是提前支付了劳动者竞业限制补偿金。这种说法法院是不会认可的，因为竞业限制补偿金必须在劳动者离职后按月支付，这是强制性的要求。

第六节 哪些培训可以约定服务期

一、争议焦点

劳动者参加岗前培训,用人单位是否可以约定服务期?

二、基本案情

小彬入职一家五星级酒店,担任大堂经理一职,月薪5000,劳动合同期限自2012年1月1日起至2015年1月1日止。上班第一天,该酒店的前厅部经理就对小彬进行了为期一周的培训,培训内容涉及酒店服务的一般知识和规则,同时,酒店要求与小彬签订培训协议,约定了二年的服务期,并约定如违反服务期,则小彬需要支付违约金1万元。后小彬因个人发展需要于2012年5月9日向酒店提出离职。该五星级酒店以小彬违反服务期约定为由诉诸仲裁,要求小彬支付1万元违约金。

三、裁判观点

仲裁机构认为:虽然双方签订了培训协议,但由于酒店有义务对新入职职工进行基本的岗前培训,该岗前培训不属于专项技术培训,不得因此约定服务期及违约金,故对酒店的仲裁请求,不予支持。

四、律师评析

首先,我们要明确,并不是用人单位对劳动者提供了培训就可以约定服务期。如本案中用人单位提供的岗前培训,就是不可以约定服务期的。

实践中培训分两种,一种是福利性培训,一种是义务性培训。福利性培训一般是指学历教育、外语培训、专业技术职称培训、劳动技能培训等,这种培训不论是在岗培训还是脱岗培训,都可以约定服务期;而义务性培训是指一些岗前培训、转岗培训、安全教育培训等,这种培训是法律规定用人单位应当对劳动者提供的培训,故不可以约定服务期。正如《劳动法》第68条的规定:用人单位应当建立职业培训制度,按照国家规定提取和使用职业培训经费,根据本单位实际,有计划地对劳动者进行职业培训。从事技术工种的劳动者,上岗前必须经过培训。用人单位对劳动者进行必要的上岗前培训不可以约定服务期。

其次,《劳动合同法》第22条明确规定:用人单位为劳动者提供专项培训费用,对其进行专业技术培训的,可以与该劳动者订立协议,约定服务期。我们该如何正确理解"专项培训费用""专项技术培训"的定义呢?《劳动合同法》并没有明确这两个概念,《劳动合同法实施条例》也同样回避了这个问题。

我们认为,所谓的"专项培训"是指企业为提高生产效率,对员工进行专业技能和专业知识的培训,主要针对的是特殊岗位和专门岗位的职工。但实践中总发现很多用人单位不清楚福利性培训和义务性培训的区别,导致只要对劳动者进行了相关培训教育,在劳动者离职时,就要求劳动者返还培训费用或承担违约金,这实质上是侵害劳动者权益的行为。

实践中,还遇到很多用人单位为劳动者提供住房,解决户口或提供其他福利待遇,并约定服务期的情况。这样做是无效的,因为约定服务期必须满足两个要件:一是双方协调一致,二是属于法定的可以约定服务期的情形。建议用人单位可以采取这样的方法:向劳动者提供购房补助,再与劳动者签订一份借款合同,约定将劳动者为用人单位服务多少年作为债权消灭的条件,这样既能留住人才,又不违反法律规定。

出现以下情形,劳动者应当支付违约金:

(1)服务期尚未届满,经劳动者提出双方协商一致解除劳动合同的;

(2)服务期尚未届满,劳动者因个人原因单方解除劳动合同的;

(3)服务期尚未届满,用人单位因劳动者有下列情形之一而依法解除劳动合同的:①严重违反用人单位的规章制度;②严重失职,营私舞弊,给用人单位造成重大损害的;③同时与其他用人单位建立劳动关系,对完成本单位的工作任务造成严重影响,或者经用人单位提出,拒不改正的;④以欺诈、胁迫的手段或者乘人之危，使用人单位在违背真实意思的情况下订立或者变更劳动合同的；⑤ 被依法追究刑事责任的。

对于劳动者以用人单位存在违法行为为由解除劳动合同是否要支付违约金，《劳动合同法实施条例》明确规定，劳动者依照《劳动合同法》第38条的规定解除劳动合同，不属于违反服务期的约定，用人单位不得要求劳动者支付违约金。具体情形包括：

（1）未按照劳动合同约定提供劳动保护或者劳动条件的；

（2）未及时足额支付劳动报酬的；

（3）未依法为劳动者缴纳社会保险费的；

（4）规章制度违反法律、法规的规定，损害劳动者权益的；

（5）以欺诈、胁迫的手段或者乘人之危，使劳动者在违背真实意思的情况下订立或者变更劳动合同致使劳动合同无效的；

（6）法律、行政法规规定劳动者可以解除劳动合同的其他情形。

试用期内解除劳动合同，用人单位不得要求劳动者支付该项培训费用，因此也就不得要求劳动者支付违约金，法律依据是劳动部办公厅《关于试用期内解除劳动合同处理依据问题的复函》。

第七节 违反服务期的违约金计算基数

一、争议焦点

劳动者培训期间所得的工资收入是否可以计入违约金计算基数？

二、基本案情

小霞入职A网络科技有限公司，任技术专员。双方签订一份劳动合同，期限为2010年7月1日至2013年6月30日，约定月薪为人民币5000元。2011年1月1日，A网络科技公司与小霞签订培训协议，该协议约定：公司出资派小霞出国去B公司接受技术交流培训，若小霞在培训结束之日起两年内自行离职，则要向公司支付相应的违约金，违约金金额按服务期未履行部分所应分摊的培训费用计。另在小霞海外培训期间，公司工资照发及继续为其缴纳社保。

后小霞赴美国B公司接受培训，后于2011年11月1日回国。回国后，经核算，公司支出培训费10万元，差旅费2万元。2012年10月5日，小霞向A网络科技公司递交离职申请表。A网络科技公司于11月1日向小霞出具退工证明，记载2012年11月1日合同解除。2012年12月1日，A网络科技公司向区劳动人事争议仲裁委员会申请仲裁，要求小霞支付违反服务期违约金人民币85000元。小霞辩称：培训期间的工资不应计入违约金总额。

三、裁判观点

仲裁机构认为：双方签订的培训协议合法有效，故小霞应按协议约定分摊培训费用，但A公司在小霞培训期间每月发放的工资5000元不应计入违约金，故最终裁决：小霞支付A网络科技公司违约金人民币60000元。

四、律师评析

培训期间发放给劳动者的工资、社保费用是不可以计入培训费用中的。《劳动合同法实施条例》第16条对培训费的范围进行了限定：用人单位为了对劳动者进行专业技术培训而支付的有凭证的培训费用、培训期间的差旅费用以及因培训产生的用于该劳动者的其他直接费用。

对于劳动者在培训期间所得的工资是否属于培训费用，目前法律并没有明确规定，法律规定的"因培训而产生的用于该劳动者的其他直接费用"是一个兜底条款，认定"其他费用"是否属于培训费用的关键在于该费用是否是因培训产生。本案中，双方争议的工资是小霞的劳动报酬，是基于法律规定和劳动合同约定产生的，而不是基于培训产生的，因些，公司主张将该费用列入培训费用，缺少法律依据。

那么，用人单位应该采取什么方法减少因劳动者提前离职而造成的损失呢？其实，用人单位可以通过完善自身的薪酬制度来降低风险。比如，培训期间可以将原有薪酬划分为基本工资和培训补助，并在培训协议中明确约定，培训补助基于培训产生，属于因培训而产生的用于该劳动者的其他直接费用。这样就可以有效降低工资损失，增强对自身权益的维护。

第九章

工资、工时和假期[*]

第一节 工资及其管理

一、争议焦点

1. 什么是工资?
2. 用人单位薪资管理中有哪些风险和注意事项?

二、基本案情

杨某于2010年12月18日进入上海某销售公司工作,并签订了劳动合同,根据合同约定,杨某担任该公司销售主管,实行计时工资,工资标准为1280元/月。2013年杨某与该公司因劳动报酬发放产生争议,后杨某诉至上海某区劳动仲裁委,要求公司支付其职务津贴、销售奖金和团队奖金,仲裁对上述请求未予支持。杨某向法院提起诉讼。在一审阶段,杨某变更诉讼请求为,要求某销售公司支付其工资差额、提成差额和团队奖金。

针对杨某的诉讼请求,某销售公司在答辩中称:(1)公司实际发放的金额已经高于劳动合同约定的金额,不存在差额一说。(2)双方未就销售提成进

---

[*] 本章作者:张双超、蒋文。

行过约定,销售奖金的发放应视公司业绩决定,2013年至2014年公司整体亏损,故无奖金发放。(3)团队奖金系用于团队活动之用,并非发放到个人手中,该奖金已在公司年会上发放。综上,公司不同意杨某的请求。

对此,杨某述称:(1)为了避税,公司将其每月工资分为两笔发放,一笔以工资名义通过银行转账的形式扣税后支付,另一笔则以贴票报销后银行转账的形式支付。2013年公司单方面通知取消报销额度的行为系单方面降薪,理应补足期间差额。(2)公司在每个季度期间均会让销售人员在提成汇总表格上签字,通常会在下个季度的第一个月发放上个季度的销售提成,但自2013年第四季度起公司未再向杨某发放销售提成。(3)另外,其入职后公司每年都有团队奖金,故2013年的团队奖金也应该发放。

三、裁判观点

法院在详细查实相关情况后判决某销售公司支付杨某工资差额和提成差额,但对杨某主张的团队奖金未予支持。

四、律师评析

在现实中,有许多用人单位与劳动者对于何为工资,以及法院如何来认定工资都不甚了解。以本案为例,杨某与上海某销售公司对于杨某的工资数额就存在巨大的分歧。那么究竟什么是工资呢?

国家统计局在《关于工资总额组成的规定》及其解释中认为,"工资总额的计算原则应以直接支付给职工的全部劳动报酬为根据。各单位支付给职工的劳动报酬以及其他根据有关规定支付的工资,不论是计入成本的还是不计入成本的,不论是按国家规定列入计征奖金税项目的还是未列入计征奖金税项目的,不论是以货币形式支付的还是以实物形式支付的,均应列入工资总额的计算范围。"

国务院发布的《企业所得税法实施条例》则认为,"工资薪金是指企业每一纳税年度支付给在本企业任职或受雇的员工的所有现金形式或者非现金形式的劳动报酬,包括基本工资、奖金、津贴、补贴、年终加薪、加班工资,以及与员工任职或者受雇有关的其他支出。"

另外,财政部颁布的《关于企业加强职工福利费财务管理的通知》又认为,"企业为职工提供的交通、住房、通讯待遇,已经实行货币化改革的,按月按标准发放或支付的住房补贴、交通补贴或者车改补贴、通讯补贴,应当纳入职工工资总额,不再纳入职工福利费管理。企业给职工发放的节日补助、未统一供餐而按月发放的午餐费补贴,应当纳入工资总额管理。"

由上可见,我国实际上并未形成统一的关于工资的定义。目前,劳动争议中对工资的认定一般以劳动部的意见为准,即"用人单位依据国家有关规定或劳动合同的约定,以货币形式直接支付给本单位劳动者的劳动报酬,一般包括计时工资、计件工资、奖金、津贴和补贴、延长工作时间的工资报酬以及特殊情况下支付的工资等。"同样,《上海市企业工资支付办法》也指出,"本办法所称工资是指企业根据国家和本市的规定,以货币形式支付给劳动者的劳动报酬,包括计时工资、计件工资、奖金、津贴、补贴、加班工资等。"

综上,笔者认为劳动法中的工资一般是指用人单位根据法律、法规或劳动合同的约定,以货币形式支付的包括计时工资、计件工资、奖金、津贴、补贴、加班费等在内的劳动报酬。需要提醒广大用人单位的是,根据劳动部《工资支付暂行条例》第6条的规定,"用人单位必须书面记录支付劳动者工资的数额、时间、领取者的姓名以及签字,并保存两年以上备查。用人单位在支付工资时应向劳动者提供一份其个人的工资清单。"

回到本案中,一审法院在判决书中认为,首先,用人单位应对劳动者的工资提供证据加以证明。本案中当事公司所提供的工资明细仅有一项组成,且未能对岗位工资的数额变化给予合理解释。其次,杨某提供的银行对账明细显示,"工资""其他代发"与"支付申请(单笔)"均为被告支付的款项。当事公司仅以"其他代发"与"支付申请(单笔)"均为报销款项提出抗辩,但又迟迟不提供相关证据佐证,无法令人采信。再次,杨某提供的《包干费及提成贴票的通知》能够与公司电子邮件相互印证,且《2014年3月包干费》上载明的金额与杨某银行转账明细中的金额亦完全一致,故杨某据此要求当事公司支付工资差额合乎情理。复次,杨某提供的其同组人员与上级主管往来的电子邮件,以及其银行对账明细、《提成系数上调的通知》、提成汇总、分配表格和第三方超市服务平台的电脑截屏等都能够相互印证,故对杨某主张的提成差额予以认可。最后,杨某所主张的团队奖金,因其未能提供充分有效的证据证明该笔奖金的存在,故对此项请求,不予支持。

以上案例给许多用人单位敲响了警钟:如果企业本身没有完善的薪酬管理制度,那么其在诉讼中将面临成倍放大的风险。比如在本案终结后,若杨某再次提出要求支付加班费,那其加班工资的计算基数难道还一定会按照1280元/月计算吗?所以,用人单位在关注用工成本控制的同时,一定要重视薪资管理,具体包括以下几点:

(一)明确工资数额和薪资结构

实践中,用人单位往往不重视与劳动者有关薪资报酬的约定。许多劳动合同的"工资"一栏填写的工资与实际发放的工资相差甚大,有些单位甚至干脆空白不填。用人单位之所以这样做,主要是想规避一些法律责任,或者在计算加班费、假期工资、补偿金等时减少支出。事实上此种情况下一旦发生纠纷,司法部门一般都会以劳动者的实际收入来确定其工资并作为计算的依据。因此,用人单位在与劳动者签订劳动合同时,应尽量在条款中明确具体数额和薪资结构。比如,将工资划分为基本工资、绩效工资和各类补贴等,同时将工资和各种福利分开约定,并合理设计上述薪资的发放条件。

(二)规范工资支付流程

规范严谨的工资支付流程是对用人单位最好的保护。本案中,上海某销售公司的工资支付流程就十分不规范,这也是其败诉的主要原因之一。我们需要知道的是,建立工资支付流程不仅可以有效防范诉讼风险,也是明确工资发放责任主体,杜绝错发、漏发,减少损失的一种途径。

(三)正确认识最低工资和试用期工资

《劳动法》第48条规定,"国家实行最低工资保障制度。用人单位支付劳动者的工资不得低于当地最低工资标准。"我们需要注意的是,该条规定属于法律的强制性规定,也就是说,除非法律有特别规定,否则用人单位与劳动者均不能单方或协商将工资标准降到最低工资线以下。另外,最低工资一般是指劳动者的实发工资,只要劳动者提供了正常劳动,用人单位就不可再以其他实物或福利补贴抵消该最低工资。

《劳动合同法》第20条规定,"劳动者在试用期的工资不得低于本单位相同岗位最低档工资或者劳动合同约定工资的百分之八十,并不得低于用人单位所在地的最低工资标准。"条文虽然明确,实践中,仍有许多用人单位简单地将试用期工资定位为正式工资的80%,而对于该工资是否低于用人单位所在地最低工资标准毫不在意。这实在是掩耳盗铃之举,事实上一旦与劳动者就薪资发生争议,用人单位最终除了不得不补发所欠的工资外,还可能面临行政处罚。

第二节 工时制度

一、争议焦点

1. 什么是标准工时制和不定时工时制?
2. 如何理解正常工作时间和加班时间?

二、基本案情

聂某于2014年11月5日入职上海某投资公司,双方签订了有效期至2017年11月30日的劳动合同,合同约定聂某担任公司团队经理一职,执行不定时工时制,工资为每月11800元。2015年1月聂某因加班费支付问题与该公司发生争议,仲裁败诉后,聂某又向上海某区法院提起诉讼并要求公司支付其在2014年11月5日至2015年1月6日期间的延时加班费和休息日加班费。

该公司收到聂某的诉状后立即向法院提交了答辩状,要求法院依法驳回聂某的全部请求。理由是:(1)双方约定执行不定时工作制,故不存在延时加班和休息日加班的说法;(2)公司规定员工加班必须在事前递交申请,获批后方可加班,而聂某从未向公司提交过加班申请。

聂某在庭审中回应:(1)双方虽在合同中约定了不定时工时制,但公司对于副总级以下的员工仍然要求按照每天8小时、每周5天的双休制正常打卡上班，实际执行的是标准工时制；（2）公司领导经常会在每天下班前，通过微信、短信等方式通知其加班，还经常催促加快工作进度，另外，公司还会不定时地安排员工参加茶话会、讲座等活动，并要求员工必须参加。

对此公司称：（1）对短信、微信内容的真实性不予认可；（2）公司邮件中所称的周末茶话会及讲座等均是邀请客户的娱乐活动，并不含有工作内容。

三、裁判观点

法院经审理后认可了聂某的陈述，判决某投资公司支付聂某任职期间双休日加班工资及延时加班工资。

四、律师评析

工时即工作时间，是指劳动者根据劳动合同的约定，为用人单位提供劳动服务所花费的时间。工时制度是为了保证劳动者必要的休息时间和身心健康，而通过法律予以强制规范的参加劳动的最长时间。我国目前的工时制度主要有三种，即标准工时制、综合计算工时制和不定时工时制。

（一）标准工时制

《劳动法》第 36 条规定，"国家实行劳动者每日工作不超过 8 小时、平均每周工作时间不超过 44 小时的工作制度。"这也是我国标准工时制的法律来源。不过，该条规定在国务院《关于职工工作时间的规定》第 3 条中已被修改为，"职工每日工作 8 小时、每周工作 40 小时。"

一般认为，该规定是对职工每日和每周最长工作时间的限制，用人单位可以根据实际情况灵活安排周休息日，但必须保证劳动者每周至少有一天的休息时间。

除此之外，法定的节假日也属于国家规定的休息日。因此，在标准工时制下，一般认为对每天超过 8 小时和休息日的工作以及在法定节假日安排的工作都应当被认定为劳动者的加班。

（二）综合计算工时制

综合计算工时制，是针对因工作性质特殊，需要连续作业或受季节及自

劳动争议与工伤纠纷实务指南

然条件限制的企业的部分职工,采用的以周、月、季、年等为周期综合计算工作时间的一种工时制度。

在综合计算工时制的周期内,用人单位在某一天或几天的实际工作时间可以超过法定标准工作时间,也无须安排员工每周的休息日,但其平均的日工作时间必须与标准工作时间基本相同,否则就应当按照延时加班支付加班工资。同时,一旦遇到法定节假日的情况,用人单位仍应安排员工休假,否则就需要按照节假日的标准支付加班工资。

另外,根据《关于企业实行不定时工作制和综合计算工时工作制的审批办法》的规定,用人单位实行综合工时制的,必须按规定向有关劳动部门报批备案。在现实中,许多用人单位在面临临时性、突发性的工作或生产变动时,可能会要求员工突击加班,过后集中补休。这种做法在法律上是得不到支持的,一旦发生争议,用人单位往往需要面对高额的加班费支出。

(三)不定时工时制

不定时工时制,是针对因生产特点、工作特殊需要或职责范围的关系,无法按标准工作时间衡量或需要机动作业的职工所采用的一种工时制度。它一般适用于以下人员:(1)企业中的高级管理人员、外勤人员、推销人员、部分值班人员和其他因工作无法按标准工作时间衡量的职工;(2)企业中的长途运输人员、出租汽车司机和铁路、港口、仓库的部分装卸人员以及因工作性质特殊,需机动作业的职工;(3)其他因生产特点、工作特殊需要或职责范围的关系,适合实行不定时工作制的职工。

根据劳动部发布的《关于贯彻执行〈劳动法〉若干问题的意见》第67条的规定,"经批准实行不定时工作制的职工,不受劳动法第四十一条规定的日延长工作时间标准和月延长工作时间标准的限制,但用人单位应采用弹性工作时间等适当的工作和休息方式,确保职工的休息休假权利和生产、工作任务的完成。"从该条文中我们可以看出,相比标准工时制和综合计算工时制,不定时工时制在对劳动时间的安排上更加灵活。对于实行不定时工时制的劳动者,一般不需要其每天固定上下班,但同时用人单位也无须再支付其延时加班工资和休息日加班工资。

对于实行不定时工时制的劳动者,在法定节假日的工作是否属于加班的问题,目前全国各地的规定有较大不同。就上海而言,《上海市企业工资支付办法》第13条规定,"经劳动保障行政部门批准实行不定时工时制的用人单位,在法定休假节日安排劳动者工作的,按本条第(三)项的规定支付工资。"也就是说,如果在上海的单位以实行不定时工作制的劳动者在节假日工作不属于加班为由进行抗辩,是无法得到法院和仲裁部门支持的。这也提醒用人单位,在对本单位员工进行加班审批管理时,要格外关注实行不定时工时制的人员。

另外,与综合计算工时制类似,用人单位在采取不定时工时制时也必须按照规定履行劳动部门的审批备案手续。不过在北京、深圳等地,一些地方性规定允许用人单位在对企业中的高级管理人员实行不定时工时制时,可以不办理审批手续。

对于本案,法院认为:首先,用人单位实行其他工时制的,应当向劳动部门进行申请并获批准。虽然某投资公司声称与聂某约定执行的是不定时工作制,但直至法庭审理完毕,其一直未能提供由劳动部门出具的审批表。而聂某向法院提交的员工手册,能够确认某投资公司的工作时间为每周一至周五的9:00—18:00,故法院对聂某主张的标准工时制予以认可。

其次,聂某向法院提供了邮件、微信记录等证据,以证实存在双休日加班的事实。虽然公司声称周末的茶话会及讲座没有工作内容且从未强制要求参加,但却在邮件中一再确认讲座的高度重要性,反复提及周六有讲座事宜等。从该公司在邮件中对周六讲座高度重视的态度来看,周末讲座应该是要求员工必须出席的活动,即便它不含工作内容,也应认定是公司要求员工进行的加班工作。最终法院综合聂某提供的证据,认定聂某有6个双休日进行了加班工作。

对于聂某主张的延时加班,虽然公司表示其有严格的加班审批制度,但从聂某所提供的微信记录及通话录音看,该公司的确存在要求员工抓紧进度、提高效率、进行延时工作,且上述证据均能够互相印证。故法院根据聂某提供的证据确认其存在总计19个小时的延时工作。

所以,该公司应当对聂某的这些不同性质的加班,根据其工资收入,支付相应的加班工资。

至此，结合本案法官的裁判观点，事实上并不难理解为何法院判决某投资公司应支付聂某加班费。

（四）加班时间

一般认为，认定用人单位是否安排劳动者加班应从以下三个方面进行考虑：一是用人单位的安排；二是在法定标准工作时间以外；三是从事的是与劳动者工作相关的事务。笔者认为，国家建立工时制度本身的目的就在于保证劳动者必要的休息时间。因此，只要用人单位在法定标准工作时间以外通过行使其管理权，直接地占用或影响了劳动者的休息，就应当被认定为加班。也就是说，无论用人单位安排职工参加的事务是否与工作相关，只要用人单位的这项安排具有强制性，就应当属于加班。

需要提醒用人单位的是，我国《劳动法》第 44 条规定，"休息日安排劳动者工作又不能安排补休的，支付不低于工资 200％的工资报酬。"也就是说，在实行标准工时制时，劳动法赋予企业一定程度上对员工工作时间进行调整的空间。但是对于工作日延时加班及节假日加班的，能否安排调休，法律没有明确规定。笔者认为，首先，劳动法在规定加班工资的支付时，仅仅是对休息日的加班工资这一项作出了上述特殊规定；其次，如果允许用人单位随意对工作日延时加班及节假日加班安排调休，那么劳动部门综合计算工时制的审批无疑将变成一纸空文。所以，在此用人单位必须了解，对于工作日延时加班及节假日加班，即使用人单位安排了补休，也仍然需要按照规定支付加班费。

五、知识拓展

加班工资和加班管理是与工时制度紧密相关的两个问题，为了方便读者更好地理解工时制度，在此对这两个问题进行简要的介绍。

（一）加班工资

《劳动法》第 44 条一共规定了三种支付加班工资的情况，一是安排劳动者延长工作时间的，支付不低于工资的 150％的工资报酬；二是休息日安排劳动者工作又不能安排补休的，支付不低于工资的 200％的工资报酬；三是法定休假日安排劳动者工作的，支付不低于工资的 300％的工资报酬。

但是，上述三种情况并非全部适用于我国的三种工时制。除了标准工时制外，对于综合计算工时制的，用人单位仅需支付工作日延时加班工资和法定节假日加班工资。对于不定时工时制，则一般不存在加班的情况，也不需要支付任何一种加班工资。但上海和深圳属于例外，这两地均规定在法定节假日加班的，需要支付不低于工资的300％的加班费。

另外，对于加班工资的计算基数，目前国家没有统一的规定。以上海为例，在最新修订的《上海市企业工资支付办法》第9条中规定，加班工资和假期工资的计算基数为劳动者所在岗位相对应的正常出勤月工资，不包括年终奖、上下班交通补贴、工作餐补贴、住房补贴、中夜班津贴、夏季高温津贴、加班工资等特殊情况下支付的工资。

不过，如果用人单位和劳动者已经在合同或其他书面文件中对劳动者的加班工资基数进行了约定，此时一般按照上面约定的基数计算加班费。用人单位最好在与劳动者签订的劳动合同中对加班工资的计算基数进行明确的约定，以免造成不必要的成本增加。

（二）加班管理

用人单位在执行加班管理时，应严格控制加班审批和考勤管理。

一般而言，员工自愿加班并不需要用人单位支付加班工资。但是在实践中，员工"自愿"的举证责任往往是由用人单位来承担的，一旦用人单位无法证明员工的加班不是由其安排的，就将面临支付高额加班费的风险。因此，设置严格的加班审批制度，对于帮助用人单位保留该项证据非常必要。

根据《劳动争议司法解释（三）》第9条的规定，"劳动者主张加班费的，应当就加班事实的存在承担举证责任。但劳动者有证据证明用人单位掌握加班事实存在的证据，用人单位不提供的，由用人单位承担不利后果。"因此，设立考勤制度也是用人单位保留证据的非常重要和有效的手段之一。还需要提醒用人单位的是，劳动者的相关考勤记录应当经劳动者本人签字确认，否则很可能得不到仲裁机构和法院的承认。

第三节 带薪年休假

一、争议焦点

如何认定员工是否享有带薪年休假？

二、基本案情

程某于2014年2月24日进入上海某科技公司担任销售助理岗位，试用期间该公司发现程某已怀孕，遂于2014年3月13日书面通知其面试不合格，强行解除了双方的劳动关系。后双方经调解达成协议，自2014年3月13日起恢复原劳动关系，并签订了期限为2014年2月24日至2016年2月23日的劳动合同。2015年2月28日，该公司突然为程某办理了退工手续，程某因此申请仲裁，要求公司支付违法解除劳动合同的赔偿金和未休年休假的工资报酬。仲裁未支持程某的全部请求，程某又以同样的请求向法院提起诉讼。

庭审中，程某主张：某科技公司在其哺乳期间单方解约，应当支付违法解除劳动合同的赔偿金。另外，法律规定员工连续工作一年享受年休假，且年休假的计算是自员工入职开始的。自己未曾享受过年休假待遇，故公司应当支付其未休年休假工资。

某科技公司辩称：仲裁委员会已经核实程某的工龄不连续，且程某一直在家休产假没有上班，故无须支付其未休年休假工资。关于赔偿金的问题，程某在2015年3月5日打电话告知公司已经找到新工作，诱骗公司为其开具退工单，故并非公司违法解除劳动合同。

三、裁判观点

法院在听取双方意见并查阅仲裁笔录后，支持了程某有关赔偿金的请求，但其余请求予以驳回。

四、律师评析

与程某的情况类似,在现实生活中仍有不少用人单位和劳动者对职工可以享受年休假的条件不甚清楚,结果或是因此增加潜在的违法成本,或是平添无用的诉累。

事实上,现有的法律对年休假的规定还是比较明确的。早在2008年国务院公布的《职工带薪年休假条例》第2条中就规定,"机关、团体、企业、事业单位、民办非企业单位、有雇工的个体工商户等单位的职工连续工作1年以上的,享受带薪年休假。"笔者在此将其总结为以下三个问题:

(一) 什么人可以享受带薪年休假

人社部在配套的《企业职工带薪年休假实施办法》及其复函中指出,本办法所称的单位职工是指"与其建立劳动关系"的"从事全日制工作"的员工。也就是说,除了劳务工及非全日制用工的职工外,我国大部分用人单位的在职职工在主体上都是满足享受年休假的条件的。

(二) 如何理解连续工作满1年

《企业职工带薪年休假实施办法》第3条规定,"职工连续工作满12个月以上的,享受带薪年休假。"这里的"连续工作"既包括在本单位的工作,也包括在不同单位的工作,还包括法律、行政法规或者国务院规定视同工作期间的工作。但是,如果劳动者在换工作期间有过较长的休息期,就可能不符合连续工作满1年的规定,在新单位中也就无法享受年休假。

例如,在本案中法院就认为,根据法律规定,职工连续工作1年以上的,享受带薪年休假。程某于2014年2月24日进入某科技公司工作,且其认可进入该公司工作前工龄有间断过,故其依法自2015年2月24日起可享受年休假。因此,程某要求公司支付2014年度未休年休假工资的请求缺乏法律依据,法院不予支持。

年休假的设立在某种程度上是为了保障长时间连续提供劳动的劳动者必要的休息权,而诸如以上提到的非全日制用工及有工龄间断的劳动者,因为已经享受过必要的休息,法律自然没必要再强制用人单位提供年休假。

那如果在工作期间已经有过其他假期的职工,是否还可以享受当年的年休假呢？对此，我们需要分如下几个方面分别对待：

1. 不享受年休假的情况

这类情况主要是指一些非法定假日天数远多于年休假天数的情况。根据《职工带薪年休假条例》第 4 条的规定，主要包括：依法享受的寒暑假天数多于年休假天数的；累计带薪事假 20 天以上的；工作满 1 年不满 10 年，累计病假超过 2 个月的；工作满 10 年不满 20 年，累计病假超过 3 个月的；工作满 20 年，累计病假超过 4 个月的；以及在上一年度已享受完年休假又累计事假、病假超过上述标准的。

用人单位还需注意的是，如果职工享受上述非法定假日未达到规定天数，则职工仍可按照原条件享受其年休假，用人单位不得对年休假天数进行冲抵或扣除，也不允许用人单位在未与职工协商的情况下，在其事假或病假中优先扣除年休假。

2. 仍享受年休假的情况

这类情况主要是指不与年休假存在冲突的，仍然可以按照法律规定享受假期的情况。根据《职工带薪年休假条例》第 3 条及《企业职工带薪年休假实施办法》第 6 条的规定，主要包括：法定休假日、休息日、探亲假、婚丧假、产假等国家规定的假期以及工伤停工留薪期间。

由此可以看出，该公司在答辩时所称"程某一直在家休产假没有上班，故无须支付未休年休假工资"的抗辩在法律上是站不住脚的。

（三）如何计算职工应休年休假天数

职工享受年休假除了满足连续工作满 1 年的条件外，还需要根据其"累计工作"年限计算其应休年休假天数。《职工带薪年休假条例》第 3 条规定，"职工累计工作已满 1 年不满 10 年的，年休假 5 天；已满 10 年不满 20 年的，年休假 10 天；已满 20 年的，年休假 15 天。"

同样需要注意的是，此处的累计工作时间也是指社会工龄而非在本单位工作的时间。也就是说，只要职工能够提供"档案记载、单位缴纳社保费记录、劳动合同或者其他具有法律效力的证明材料确定"其累计工龄，用人单位就应当按照《职工带薪年休假条例》给予其年休假。

用人单位在实际安排职工休年休假时，还必须注意以下一些细节：

1. 注意员工在入职、离职时的年休假核算

对于用人单位来说,员工提起的包括年休假在内的大部分劳动争议都发生在其离职之后。而对于劳动者来说,在最初入职期间,为了给用人单位留下良好的印象,往往会忽略对其应有权益的保护。

用人单位在安排员工入职时,最好要求其提供证明其连续和累计工作时间的材料,对于符合年休假条件的职工,以书面形式通知其当年度内可以休假,若员工自愿放弃年休假,则应当要求其签订书面声明。

而当用人单位在收到员工辞职申请或在安排员工离职时,应当对员工当年度内应休未休的年休假进行梳理,并在双方办理离职交接期间安排其休假或支付未休年休假工资报酬。

以上职工入职、离职时年休假的折算天数可以按照《企业职工带薪年休假实施办法》第5条及第12条的规定进行计算,折算后不足1整天的部分不享受年休假。

职工新进用人单位时的折算方法为:(当年度在本单位剩余日历天数÷365天)×职工本人全年应当享受的年休假天数。

职工离职时年休假的折算方法为:(当年度在本单位剩余日历天数÷365天)×职工本人全年应当享受的年休假天数-当年度已安排年休假天数。

这里的"年度"按照《企业职工带薪年休假实施办法》第18条的解释是指"公历年度",也就是每年的1月1日至当年的12月31日。

2. 注意跨年度安排年休假的问题

首先,我国只允许用人单位跨一个年度安排职工补休年休假;其次,跨年度安排年休假的,应征得职工本人同意。笔者在这里建议用人单位可以通过单位规章制度、公告或书面通知等方式向员工释明及征求意见,避免可能产生的争议。

3. 注意用人单位福利年休假的问题

部分用人单位由于效益良好或者出于挽留优秀人才的目的,可能会给予本单位员工高于国家标准的年休假天数或未休年休假工资等。这些都属于民事约定,用人单位可以自主规定,但建议在其规章制度和劳动合同中予以明确。

另外值得提醒的是，用人单位在提供员工福利年休假时，不要仅仅关注员工享有福利年休假的条件和与之对应的待遇，还应当注意员工使用福利年休假时的规则以及单位在哪些时候可以单方面收回给予员工的该项福利。

清楚了享受年休假的条件，一些用人单位和劳动者可能还会疑问：如果单位没安排年休假怎么办？

《企业职工带薪年休假实施办法》第10条规定，"用人单位经职工同意不安排年休假或者安排职工休假天数少于应休年休假天数的，应当在本年度内对职工应休未休年休假天数，按照其日工资收入的300％支付未休年休假工资报酬，其中包含用人单位支付职工正常工作期间的工资收入。用人单位安排职工休年休假，但是职工因本人原因且书面提出不休年休假的，用人单位可以只支付其正常工作期间的工资收入。"

也就是说，如果用人单位未能安排员工休年休假，员工也未书面声明放弃的，用人单位就需要再支付员工日工资收入的200％作为补偿。这里的日工资按照法律规定以剔除加班工资后的月平均工资除以月计薪天数进行折算。

第十章

工伤纠纷中的疑难问题[*]

第一节 工伤认定申请的期间问题

一、争议焦点

工伤认定申请是职工享受工伤待遇的基础，也是启动工伤认定程序的前提。根据《工伤保险条例》第17条第1款、第2款，"职工发生事故伤害或者按照职业病防治法规定被诊断、鉴定为职业病，所在单位应当自事故伤害发生之日或者被诊断、鉴定为职业病之日起30日内，向统筹地区社会保险行政部门提出工伤认定申请。遇有特殊情况，经报社会保险行政部门同意，申请时限可以适当延长。用人单位未按前款规定提出工伤认定申请的，工伤职工或者其近亲属、工会组织在事故伤害发生之日或者被诊断、鉴定为职业病之日起1年内，可以直接向用人单位所在地统筹地区社会保险行政部门提出工伤认定申请"。那么问题来了：

（1）如何确定"事故伤害发生之日"？因为事故发生之日并无伤害的症状，从而导致申请时间超过1年，是否属于超出工伤认定时效？

（2）如何认定"1年内"这一期间？该期间属于什么性质，除斥期间、诉

---

[*] 本章作者：刘恋、郭合普。

讼时效或其他？

二、基本案情

杨某于2004年3月进入A汽车修理有限责任公司（以下简称"A公司"），从事修车工作。2004年6月某日，杨某与师傅王某修理汽车的时候，铁屑溅入左眼中。当时杨某只是感到左眼疼痛，视物有点模糊不清，并没有特别在意，A公司也没有及时送杨某就诊。2006年10月3日，杨某左眼突然剧烈疼痛，看不到任何东西，后被确诊为陈旧性铁锈症，造成左眼永久性失明。杨某于2006年12月21日向某区人民法院提起民事诉讼，请求判令第三人A公司及其上级主管部门赔偿其受到的损失，并承担后续治疗费用。法院经审理认为原告系因工伤事故受到人身损害，应请求工伤保险赔偿，裁定驳回了原告的起诉。原告遂于2007年4月9日向被告C市劳动局提交了工伤认定申请。C市劳动局于2007年4月11日以原告的工伤认定申请已超过法定的申请时效为由，作出了《不予受理通知书》。

原告认为，涉案事故虽然发生在2004年6月，但伤害结果是在2006年10月13日才发生。因此，工伤认定申请的时效应从2006年10月13日医院确诊开始计算。被告作出的《不予受理通知书》违反了《工伤保险条例》关于工伤认定申请时效的规定。原告请求依法撤销被告作出的《不予受理通知书》。

此案经过了一审、二审，最终二审法院认为，根据《工伤保险条例》第17条第2款的规定，工伤认定申请时效应当从事故伤害发生之日起算。这里的"事故伤害发生之日"应当包括工伤事故导致的伤害结果实际发生之日。工伤事故发生时伤害结果尚未实际发生，工伤职工在伤害结果实际发生后1年内提出工伤认定申请的，不属于超过工伤认定申请时效的情形。因此，二审法院维持了一审的判决，支持原告杨某的诉讼请求。

三、裁判观点

本案一审、二审法院都认为该案的争议焦点是：工伤事故发生时伤害结果尚未发生,伤害结果发生后经医生诊断证明确系工伤事故导致的,应当如何确定工伤认定申请时效的起算时间。

法院认为,《工伤保险条例》第 17 条第 2 款规定中的"事故伤害发生之日",即是关于工伤认定申请时效起算时间的规定。在通常情况下,工伤事故发生后,伤害结果也随即发生,伤害结果发生之日也就是事故发生之日,故对于"事故伤害发生之日"的理解不会产生歧义。但在工伤事故发生后,如果伤害结果并未马上发生,而是潜伏一段时间后才实际发生,即伤害结果发生之日与事故发生之日不一致的特殊情况下,则"事故伤害发生之日"应当理解为伤害结果发生之日,并以之作为工伤认定申请时效的起算时间。

因此,杨某提出的工伤认定申请没有超过申请时效。一审判决认定事实清楚,适用法律正确,审判程序合法,应予维持。

四、律师评析

(一)工伤认定期间的性质

对于如何理解工伤认定期间的性质,实践中存在着争议。第一种意见认为,工伤认定申请的期间属于除斥期间,是不变期间,不应适用时效期间中止、中断和延长的规定。因为该期间的起算点是"事故伤害发生之日或者被诊断、鉴定为职业病之日",而不是"当事人知道或者应当知道",符合除斥期间的特征;没有规定期间的中止、中断和延长,属于不变期间,故当事人丧失的是实体权利而不是胜诉权。

第二种意见认为,从《工伤保险条例》的立法本意来看,工伤认定申请的期间属于诉讼时效,具有诉讼时效的性质,可以适用中止、中断和延长的规定。

第三种观点认为,工伤认定申请期间的法律性质既不是除斥期间,也不是诉讼时效,只是一种时限。《工伤保险条例》对用人单位申请工伤认定采用"时限"概念,并且明确规定在遇到特殊情况的时候,经社会保险行政部门同意,申请时限可以适当延长。

原则上,本书赞同第三种观点和思路,因为:诉讼时效期间届满将丧失胜诉权,并未丧失实体权利,但是按照法律规定,超过工伤认定的时限将丧失获得工伤赔偿的实体权利;除斥期间的适用对象一般是形成权,但是职工申请工伤认定的行为并不直接发生获得工伤保险赔偿的法律效果,只是一种请求权,不适用除斥期间的规定。

另外,国务院法制办公室对《关于对〈工伤保险条例〉第十七条、第六十四条关于工伤认定申请时限问题的请示的复函》(国法秘函〔2005〕39号)中明确规定,"工伤认定申请的时限应扣除因不可抗力耽误的时间"。黑龙江省人力资源和社会保障厅办公室《关于明确工伤认定申请时限的通知》(黑人社办发〔2013〕28号)也强调规定,"用人单位应当在职工自受到事故伤害发生之日或者被诊断、鉴定为职业病之日起30日内向省人力资源和社会保障厅提出工伤认定申请。如遇特殊情况不能及时申报的,应当面或电话告知省人力资源和社会保障厅工伤认定部门,最迟不得超出90日",也就是说,用人单位因为特殊原因可以延长到90日的时限。

因此,我们认为将工伤认定申请的期间认定为时限比较合适。正如最高人民法院《关于审理工伤保险行政案件若干问题的规定》(法释〔2014〕9号)第7条规定,"由于不属于职工或者其近亲属自身原因超过工伤认定申请期限的,被耽误的时间不计算在工伤认定申请期限内。有下列情形之一耽误申请时间的,应当认定为不属于职工或者其近亲属自身原因:(一)不可抗力;(二)人身自由受到限制;(三)属于用人单位原因;(四)社会保险行政部门登记制度不完善;(五)当事人对是否存在劳动关系申请仲裁、提起民事诉讼"。也即以上情形被排除在一年的时限期间外,这样将更有利于保护劳动者的合法权益。

(二)工伤认定申请的起算点

《工伤保险条例》规定的起算点是"事故伤害发生之日或者被诊断、鉴定为职业病之日"。对于后者大家基本上无异议,但是对于前者存在很大的争议。在前面的案例中,双方产生争议就是因为对该规定产生了不同的理解。从有利于劳动者和立法的本意,以及司法裁判中的多数观点来看,将其理解为"从伤害结果发生之日"起计算比较合适。

首先,文义解释是正确理解法律条文的首选方法。《工伤保险条例》第17条第2款规定的"事故伤害发生之日",从字面含义上看,"事故"是对于

"伤害"的修饰和限制,即这里的"伤害"是基于工伤事故而发生的,伤害结果与工伤事故之间存在因果关系。据此理解,"事故伤害发生之日"就是指伤害结果发生之日,而不是事故发生之日。这样也就与职业病的起算点保持了一致,即以诊断结论出具之日作为工伤认定申请时间的起算点。

其次,工伤职工或者其直系亲属、工会组织提出工伤认定申请的前提,是工伤事故伤害结果已经实际发生。工伤事故发生后,如果伤害结果尚未发生,上述工伤认定申请主体无法预知是否会产生伤害结果、会产生什么样的伤害结果,也无法预知伤害结果会引发什么样的损失,当然也就无从提出工伤认定申请。因此,《工伤保险条例》第17条第2款规定的"事故伤害发生之日",应理解为工伤事故伤害结果实际发生之日,而不是工伤事故发生之日。

最后,从工伤的本质及法律体系来看,它就是一种人身伤害。以工伤伤害发生之日作为起算点与最高人民法院印发的《关于贯彻执行〈民法通则〉若干问题的意见(试行)的通知》(法(办)发〔1988〕6号)第168条关于"人身损害赔偿的诉讼时效期间,伤害明显的,从受伤害之日起算;伤害当时未曾发现,后经检查确诊并能证明是由侵害引起的,从伤势确诊之日起算"的规定一致。

工伤认定申请时效虽然与民事诉讼时效不同,但在判断时效起算时间时,应当参照上述关于民事诉讼时效起算时间的规定。劳动保障部门在确定工伤认定申请时效的起算时间时,应当以工伤事故伤害结果实际发生的时间为准。否则,如果将事故发生之日作为工伤认定申请时效的起算时间,则劳动保障部门在工伤事故发生后伤害结果没有马上出现的情况下,无法及时、准确地查明事实,无法作出正确的处理,将造成行政管理资源的浪费,影响劳动保障部门的工作效率,也不利于对工伤职工合法权益的保护。

(三)工伤认定中的举证责任

现实中,最难处理或者说劳动者遇到的最大困难是举证责任。对是否构成工伤事实的初步举证责任,各地法院有不同的做法。有的将是否构成工伤的事实举证责任分配给劳动者,比如,在"孙某诉乌海市人力资源和社会保障局工伤认定纠纷"一案中,法院将初步的举证责任分配给了劳动者。更多的法院则将认定事实的举证责任分配给了用人单位。

我们赞同多数法院的判法。依据《工伤保险条例》第19条第2款规定，"职工或者其近亲属认为是工伤，用人单位不认为是工伤的，由用人单位承担举证责任"。因为在社会现实中，工伤职工相对于用人单位而言属于举证责任能力非常弱的一方，为了保护劳动者的合法权益，将认定工伤事实的举证责任交由用人单位承担并无不妥。

最高人民法院《关于职工因公外出期间死因不明应否认定工伤的答复》（〔2010〕行他字第236号）明确规定，"职工因公外出期间死因不明，用人单位或者社会保障部门提供的证据不能排除非工作原因导致死亡的，应当依据《工伤保险条例》第十四条第（五）项和第十九条第二款的规定，认定为工伤"。也就是说，用人单位或者社会保障部门承担较大的举证责任。

如果用人单位不认为是工伤，且又不提供证据，当劳动者起诉到法院的时候，往往要求行政机关承担举证责任。但是社会保障部门依职权调取的证据或劳动者自己提供的证据认定为工伤的，法院经常不会采纳。其实，即使在法院诉讼阶段，不构成工伤的举证责任仍然由用人单位承担，而不是由劳动者或社会保障部门承担，社会保障部门仅对自己作出工伤认定的决定承担举证责任，工伤认定申请者对其申请行为符合法定条件承担举证责任。

在"程传英诉上海市青浦区人力资源和社会保障局工伤认定案"中，法院认为："被告对被诉具体行政行为的合法性负举证责任，是我国《行政诉讼法》确立的基本原则。但是，该原则并不能成为排除其他当事人对其主张的事实仍应承担举证责任的依据。在工伤认定行政诉讼中，受伤职工、用人单位、社会保障机关对是否构成工伤事实的举证责任分配，应根据不同的事实作出不同的处理。本案的审理，试图构建一个'受伤职工主张并提供证据线索——用人单位充分举证——行政机关审核举证——人民法院全面查证'的举证分配之递进责任体系，从而平衡各方的利益，有效地保护劳动者的合法权益。"

第二节 工伤赔偿与侵权赔偿竞合的处理原则

一、争议焦点

在现实中,因第三人侵权尤其是交通事故原因导致的工伤,受害人在获得人身损害赔偿后能否再要求工伤赔偿?如何衔接二者之间的赔偿金额和项目?

二、基本案情

贾某于2001年5月24日进入A公司工作,双方未签订劳动合同,A公司亦没有为贾某缴纳工伤保险费。2002年6月10日晚,贾某在加班后的回家途中遭遇交通事故,致左大腿高位截肢。后贾某与事故责任方于2002年10月15日达成调解协议,由事故责任方赔偿其医疗费、住院伙食费、误工费、定残费、残疾补助费、残疾器具补偿款、抚养费、交通费。

2003年1月10日,某市劳动和社会保障局认定贾某为因工受伤,且经市劳动能力鉴定委员会鉴定为四级伤残。A公司和贾某就工伤保险待遇问题协商未果。贾某于2003年1月16日向某市劳动争议仲裁委员会申请仲裁。该仲裁委员会于2003年3月27日作出裁决:A公司在裁决生效之日起5日内支付贾某一次性伤残补偿金11430元及残疾退休金76200元。双方对仲裁裁决均不服,在法定期限内均向一审法院提起诉讼。

三、裁判观点

法院审理后认为:劳动者的合法权益受法律保护。贾某在下班回住处途中发生交通事故,被撞致四级伤残,依法可享受工伤保险待遇,而作为用人单位的A公司没有为其办理工伤保险,由此所产生的工伤保险待遇责任由A公司承担。贾某在交通事故的处理中,与肇事者已就医疗费、住院伙食补助费、误工费、护理费、交通费、残疾等级评估费、残疾者生活补助费、残疾器具费和抚养费等达成调解协议并已履行完毕。该协议是双方的真实意思表示，没有违反法律规定，虽然协议赔偿额与法律规定的计算值有差异，但协议内容是贾某的真实意思表示，是贾某放弃自己权利的行为，应予确认。

《企业职工工伤保险试行办法》（现已失效）第28条规定："由于交通事故引起的工伤，应当首先按照《道路交通事故处理办法》及有关规定处理。工伤保险待遇按照以下规定执行：（一）交通事故赔偿已给付了医疗费、丧葬费、护理费、残疾用具费、误工工资的，企业或者工伤保险经办机构不再支付相应待遇。企业或者工伤保险经办机构先期垫付有关费用的，职工或其亲属获得交通事故赔偿后应当予以偿还。（二）交通事故赔偿给付的死亡补偿费或者残疾生活补助费，已由伤亡职工或亲属领取的，工伤保险的一次性死亡补助金或者一次性伤残补助金不再发给。"本案中，除了残疾退休金外的其他工伤待遇项目在交通肇事赔偿案中已调解并履行完毕，取得相应的款项，得到了赔偿，不应重复计算。贾某上诉再要求A公司就假肢费和医疗费两项支付费用没有法律依据。

因此，法院最终判决：A公司支付贾某一次性残疾补偿金14490元、残疾退休金72525元；驳回贾某的其他诉讼请求。

四、律师评析

（一）工伤保险责任与侵权责任的历史发展

工伤其实是侵权行为的一种形式，随着历史的发展，工伤赔偿由传统的侵权法一元调整机制转向多元调整机制。为了更好地区别和理解二者的制度渊源，在这里简单介绍二者的历史发展情况。

第一阶段是从18世纪工业革命到19世纪80年代。在这段时期并没有单独的工伤责任，通常是按照侵权行为法来调整的，以过失责任为赔偿原则。随着工业革命的进展，这一处理原则越来越不适应社会的发展变化。一是工伤事故频发导致小企业无法足额赔偿，或者因赔偿而倒闭。大企业虽然有雄厚的资金实力赔偿，但是每年高昂的费用使其利润减少，企业的竞争力下降。二是普通职工由于知识的欠缺、诉讼成本的加大以及举证能力的不足，往往无法得到及时的赔偿，甚至很难得到赔偿，最终导致劳资矛盾激化。

第二阶段是从19世纪80年代到20世纪中期。为了缓解劳资纠纷和矛盾，保护劳动者的合法权益，各种劳工伤害补偿制度应运而生。该种制度最大的优点是将工伤事故的救济转化为基准法的救济，简化了求偿程序，避免了劳资双方在赔偿数额上的纠纷。但是，在这一阶段，国家并未介入，雇主投的基本上是商业保险，仍然存在很大的局限。

第三阶段是从二战开始至今。为了克服工伤雇主责任险的弊端，工伤保险逐渐走向社会化，形成工伤事故社会保障制度。

综上，我们可以知道，正是由于侵权行为法在工伤赔偿领域的种种局限，工伤保险制度才应运而生。从企业的角度来看，工伤保险制度分散了企业的风险，减轻了企业的负担；从劳动者的角度来看，无过错的工伤保险制度使劳动者更容易获得赔偿，从而得到及时有效的救济。

（二）工伤保险责任和侵权责任的立法模式

世界各国对该问题主要有四种处理模式：

第一，择一模式。指在发生工伤事故后，劳动者要在工伤保险赔偿和侵权损害赔偿两种模式中选择一种，不能同时适用。该种模式主要存在于英国和其他英联邦国家，但是因为不具备实质公平性，后逐渐被废止。

第二，单一模式，又称替代模式。指以工伤保险替代侵权赔偿，受害者只能选择工伤保险赔偿，不能依据侵权行为法向第三人主张赔偿。采取该种模式的以德国最为典型。这种模式最大的缺点是剥夺了受害者获得完全赔偿的权利。

第三，兼得模式，即受害者可以得到双重的赔偿。这将最大限度地保护劳动者的利益，但是违背了"任何人不能因为自己的伤害获得额外利益"的传统原则，也加重了雇主的负担，遂大多数国家不再采用该种模式。

第四，补充模式。因该种模式符合公平正义的理念，且平衡了各方的利益，也保护了劳动者的合法权益，所以成为一种比较常见的立法模式。

（三）我国立法上的选择和实践中的争议

由于我国法律对此类工伤赔偿与民事赔偿的关系没有明确的法律规定，在理论上，二者系不同的法律关系，请求权基础、归责原则和赔偿项目都是

■ 劳动争议与工伤纠纷实务指南

不同的,获得双重赔偿从法理上是并行不悖的。但是,从另一方面来讲,只受到了一次伤害却能得到双重的赔偿,是否符合公平正义的要求值得商榷。因而在实践中争议较大,存在不同做法。

2003年12月29日最高人民法院颁布实施的《关于审理人身损害赔偿案件适用法律若干问题的解释》第12条规定:"依法应当参加工伤保险统筹的用人单位的劳动者,因工伤事故遭受人身损害,劳动者或者其近亲属向人民法院起诉请求用人单位承担民事赔偿责任的,告知其按《工伤保险条例》的规定处理。因用人单位以外的第三人侵权造成劳动者人身损害,赔偿权利人请求第三人承担民事赔偿责任的,人民法院应予支持。"即赔偿主体为同一主体时,以工伤待遇赔偿取代侵权赔偿;因用人单位以外的第三人侵权造成劳动者人身损害的,赔偿权利人对第三人有独立的赔偿请求权,但如何赔偿,并不明确。

《职业病防治法》第52条规定:"职业病病人除依法享有工伤社会保险外,依照有关民事法律,尚有获得赔偿的权利的,有权向用人单位提出赔偿要求。"《安全生产法》第48条规定:"因生产安全事故受到损害的从业人员,除依法享有工伤社会保险外,依照有关民事法律尚有获得赔偿的权利的,有权向本单位提出赔偿要求。"对上述两条规定的理解有不同观点,本书倾向于认为,发生生产安全事故或者职业病以后,职工首先依照劳动合同和工伤保险的约定,享有相应的赔偿金。如果工伤保险不足以补偿受害人的人身损害及经济损失,依照有关民事法律应当给予赔偿的,职工或者其近亲属有要求生产经营单位给付赔偿的权利。

2006年最高人民法院《关于因第三人造成工伤的职工或其亲属在获得民事赔偿后是否还可以获得工伤保险补偿问题的答复》(〔2006〕行他字第12号)提出,根据《安全生产法》第48条以及最高人民法院《关于审理人身损害赔偿案件适用法律若干问题的解释》第12条的规定,因第三人造成工伤的职工或其近亲属,从第三人处获得民事赔偿后,可以按照《工伤保险条例》第37条的规定,向工伤保险机构申请工伤保险待遇补偿。

2010年6月,上海市高级人民法院民一庭《关于审理工伤保险赔偿与第三人侵权损害赔偿竞合案件若干问题的解答》规定,受害人在侵权损害赔偿案件中已就相同并重复的赔偿项目按照就高原则获得足额赔偿,在工伤保险赔偿中又主张赔偿的,法院不予支持。该解答明确表示工伤赔偿和侵权赔偿采用补充模式。

(四) 结论:以上海为例

法律存在模糊之处,各地实践中又有不同的做法,这给人们带来了困惑。2010年6月22日上海市高级人民法院发布了《关于审理工伤保险赔偿与第三人侵权损害赔偿竞合案件若干问题的解答》,对这一问题进行了详细的论述。

第一,明确了处理该问题的原则。劳动者人身权受到第三人侵害的同时又被劳动行政部门认定为工伤的,如劳动者分别提起侵权损害赔偿之诉及申请工伤保险赔偿仲裁的,对于侵权损害赔偿的请求和不服工伤保险赔偿仲裁裁决提出的请求,法院应分别依法作出判决。同时,用人单位或工伤保险经办机构在履行了相应的赔偿义务后,可就劳动者已实际获得的重复的赔偿部分取得追偿权。

第二,明确了具体项目的赔偿标准。工伤保险赔偿和侵权损害赔偿中相同并存在重复的项目主要有以下部分的费用:工伤保险赔偿中的原工资福利待遇(侵权损害赔偿中的误工费)、医疗费、停工留薪期间的护理费和生活护理费(侵权损害赔偿中的护理费)、住院伙食补助费、交通费、外省市就医食宿费(侵权损害赔偿中的外省市就医住宿费和伙食费)、康复治疗费(侵权损害赔偿中的康复费、康复护理费、适当的整容费、后续治疗费等)、辅助器费(侵权损害赔偿中的残疾辅助器具费)、供养亲属抚恤金(侵权损害赔偿中的被抚养人生活费)、丧葬补助金(侵权损害赔偿中的丧葬费)等。这些项目如果重复赔偿,则违反民法的公平原则和实际赔偿原则。故对上述项目,采取同一赔偿项目按照就高原则进行认定的方式来处理比较合理。

"就高原则"是指对于上述侵权损害和工伤保险相同并重复的赔偿项目,按照各自的计算标准,确定两者之中数额较高的作为劳动者应获得的赔偿数额的计算原则。

第三,明确了用人单位或工伤保险经办机构可以行使追偿权。如果劳动者分别通过诉讼或仲裁,就工伤保险赔偿和侵权损害赔偿中的重复赔偿项目获得重复赔偿,则用人单位或工伤保险经办机构可以在扣除按照就高原则确定的劳动者应获得的赔偿数额后,对剩余部分进行追偿,但其追偿的数额不得超过其实际支付的重复赔偿项目的总数。

附录:

一、重复赔偿项目对照列表

工伤	侵权
原工资福利	误工费
医疗费	医疗费
护理费、(停工留薪期间)生活护理费	护理费
住院伙食补助费	住院伙食补助费
交通费	交通费
外省市就医食宿费	外省市就医住宿费、伙食费
康复治疗费	康复费、康复护理费、适当的整容费、后续治疗费
辅助器具费	残疾辅助器具费
供养亲属抚恤金	被抚养人生活费
丧葬补助金	丧葬费

二、兼得项目对照列表

工伤	侵权
一次性伤残补助金	残疾赔偿金
一次性工伤补助金	死亡赔偿金

三、专属项目对照列表

工伤	侵权
伤残津贴	营养费
一次性工伤医疗补助金和伤残就业补助金	精神抚慰金
	陪护人员住宿费、伙食费

第十章 工伤纠纷中的疑难问题

第三节 工伤私了协议的效力

一、争议焦点

在员工发生工伤之后，用人单位出于种种原因往往与员工就工伤待遇达成赔偿协议，这种赔偿协议是否有效？应如何认定工伤赔偿"私了"协议的效力？

一种裁判思路认为，如果赔偿协议约定的赔偿金额明显低于劳动者应当享受的工伤保险待遇，则应当认定该协议显失公平，可由劳动者向法院主张请求撤销或变更该赔偿协议；另一种裁判思路认为，工伤赔偿协议违背了《合同法》第52条第5项的规定，属于违背法律、法规强制性规定的行为，应当认定该赔偿协议无效。

二、基本案情

被告刘某系个体工商户，是A加工厂业主。原告黄某在该加工厂上班。2009年7月17日15时10分，原告在工作时受伤。2009年8月3日，A加工厂向德阳市劳动和社会保障局申请对原告所受伤进行工伤认定。2009年8月4日，原告出院。同日，原告与A加工厂就工伤事故赔偿达成协议，协议书未加盖被告公章，由该加工厂生产厂长刘某代表厂方签字。协议签订当日，原告收到了厂方支付的一次性伤残补助金、一次性伤残就业补助金和医疗补助金、一次性护理费4000元，并出具收条一份。2009年8月21日，德阳市劳动和社会保障局受理了被告的工伤认定申请，于同年10月10日作出了工伤认定；2010年2月9日，经德阳市劳动能力鉴定委员会鉴定，黄某为十级伤残。2010年5月11日，黄某申请广汉市劳动争议仲裁委员会仲裁赔偿协议无效；2010年5月11日，广汉市劳动争议仲裁委员会作出不予受理的决定，并向黄仲华送达不予受理通知书。后黄某向法院提起诉讼。

三、裁判观点

首先，关于本案案由及被告主体问题。民事案件案由应当依据当事人主张的民事法律关系的性质来确定。当事人在一审中请求撤销双方就工伤损害达成的赔偿协议，但其请求不涉及工伤赔偿的实体处理，故本案案由属合同纠纷项下的债权人撤销权纠纷。《劳动争议司法解释（二）》第9条规定："劳动者与起有字号的个体工商户产生的劳动争议诉讼，人民法院应当以营业执照上登记的字号为当事人，但应同时注明该字号业主的自然情况。"最高人民法院《关于贯彻执行〈民法通则〉若干问题的意见》第41条规定："起字号的个体工商户，在民事诉讼中，应以营业执照登记的户主（业主）为诉讼当事人，在诉讼文书中注明系某字号的户主。"本案双方当事人就工伤损害达成的赔偿协议具有一般合同的属性，故广汉市人民法院将本案按照一般民事诉讼处理，以业主刘某为当事人，并无不妥，亦无损当事人的合法权益。

其次，关于赔偿协议的效力问题。《劳动争议司法解释（三）》第10条规定："劳动者与用人单位就解除或者终止劳动合同办理相关手续、支付工资报酬、加班费、经济补偿金或者赔偿金等达成的协议，不违反法律、行政法规的强制性规定，且不存在欺诈、胁迫或者乘人之危情形的，应当认定有效。前款协议存在重大误解或者显失公平情形，当事人请求撤销的，人民法院应予支持。"本案中双方当事人就工伤损害达成的赔偿协议，不违反法律、法规效力性强制规范，上诉人黄仲华主张协议违反强制性规定的上诉理由不能成立。

最后，关于双方签订的协议是否构成显失公平的问题。所谓显失公平，是指双方当事人的权利义务明显不对等，使一方遭受重大不利。其构成要件为：双方当事人的权利义务明显不对等；这种不对等违反公平原则，超过了法律允许的限度；不属于因欺诈、胁迫、乘人之危、恶意串通损害他人利益等原因导致的显失公平。本案中上诉人黄某伤残等级为十级，其应获得的一次性伤残补助金为7个月本人工资、一次性工伤医疗补助金和一次性伤残就业补助金（为10个月统筹地区上年度平均工资）。被上诉人刘某支付给上诉人的各项赔偿费用合计6927.92元（含医疗费），明显低于上诉人应取得的工伤保险待遇。另外，一般的合同关系仅涉及双方当事人的财产权纠纷，而本案中，双方就工伤损害达成的赔偿协议虽具有一般合同的属性，但本案的处理并非针对简单的债权债务关系，而是涉及劳动者的生存权益。综合考虑以上因素，法院认为，双方签订的赔偿协议导致双方权利义务不对等，使黄某遭受重大利益损失，构成显失公平。

据此，德阳市中级人民法院依照《劳动争议司法解释（三）》第10条、《民事诉讼法》第153条第1款第2项之规定，作出判决：撤销上诉人黄某与被上诉人A加工厂签订的赔偿协议。

四、律师评析

劳动者发生工伤后，用人单位私下与其就工伤赔偿达成协议的情况越来越多，尤其是农民工遭受工伤后，很多用人单位多会采取此种"私了"的方式，而很多工伤职工为了息事宁人，尽快拿到工伤赔偿金，也愿意与用人单位签署该协议。这种"私了"的方式虽然能够快速解决劳动者与用人单位的纠纷，赔偿协议的内容也能很快得到履行，有利于劳动者及时得到赔偿，但是，更多情况下是用人单位可能凭借自己的优势地位，逼迫或者变相逼迫劳动者签订对劳动者不利的协议，其赔偿数额也往往低于法律所确定的数额，最终不利于保护受害人的合法权益。因此，劳动者最后往往还会与用人单位产生纠纷，要求撤销赔偿协议或者认定协议无效，以维护自己的合法权益。

实践中对赔偿协议的效力有几种不同的观点：

第一种观点认为，工伤私了协议是无效的。因为《工伤保险条例》的立法目的是要保障遭受工伤事故伤害或者患有职业病的职工及时得到治疗，并且从国家和企业得到足额的赔偿，而私了的工伤协议大多数额较低，严重损害了工伤职工的合法权益，与立法精神和原则有冲突，也不利于调动职工的工作积极性，因此应当认定为无效。

第二种观点认为，应该肯定工伤私了协议的效力。依照《劳动法》第77条"用人单位与劳动者发生劳动争议，当事人可以依法申请调解、仲裁、提起诉讼，也可以协商解决"的规定，职工与用人单位发生劳动争议可以协商解决，那么，员工当然可以与用人单位通过协商的方式就工伤待遇达成调解协议。应该肯定工伤私了协议是否有法律效力，这也是化解劳动纠纷，解决劳动争议的一种有效方式。

第三种观点认为，应该区别对待，针对不同的情况认定私了协议是否有法律效力。(1) 工伤发生后，如果用人单位既未向主管部门上报，又未向劳动保障部门申请工伤认定，在这种情况下的工伤私了协议是无效。因为该行为属于隐瞒不报，逃脱了劳动监管部门的监管，最终破坏了国家的劳动安全制度，也损害了劳动者的健康权利，违反了法律、法规的强制性规定，应当认定为无效。(2) 工伤发生后，如果用人单位及时向行政主管部门上报，并启动工伤认定程序，在这种情况下达成的工伤赔偿协议，如果显失公平的，可以申请撤销或变更该协议，申请变更或撤销前是有效的。

司法实践中，江苏省劳动仲裁委员会最早对工伤私了协议的效力作出了规定。《江苏省劳动仲裁案件研讨会纪要（2007年）》第10条规定："当事人就工伤待遇已经达成赔偿协议后，劳动者又提请仲裁的，仲裁委员会应如何受理和处理？当事人就工伤待遇达成赔偿协议分为两种情况，一种情况是，劳动者发生工伤后，在未经劳动行政部门认定工伤和评定伤残等级的情形下，劳动者与用人单位就工伤达成赔偿协议后，劳动者又提请仲裁的，仲裁委员会应以工伤认定书和伤残等级鉴定结论作为受理案件的条件，以伤残等级鉴定结论送达劳动者之日为申诉时效的起算点。另一种情况是，劳动者发生工伤后，在已认定工伤和评定伤残等级的情形下，劳动者与用人单位就工伤待遇达成赔偿协议后，劳动者又提请仲裁的，仲裁委员会应以双方赔偿协议签订之日作为申诉时效的起算点。仲裁委员会审理上述案件时，不应以撤销协议作为前提条件，而应按照工伤保险待遇，裁决用人单位补足原先双方协议低于工伤保险待遇的差额部分。"该规定实质上将工伤私了协议一概认定为不具有法律效力。根据此规定，工伤私了协议即使是双方自愿的，只要赔偿金额低于劳动者应得的金额，不论差距多少，劳动者都可以公权力获得补足。当然，如果赔偿金额高于应得金额，用人单位也不能要求劳动者退回，属于偏向保护劳动者权益的规定。

我们认为，国家对工伤事故的管理具有强制性，工伤待遇也是国家对受到工伤后的职工的保障，当然具有强制性。但是，违反法律、法规的强制性规定，即违反《合同法》第52条第5项的规定并不当然导致合同无效。因为强制性规定分为效力性规定和管理性规定，只有违反效力性的规定才能导致合同无效。国家对工伤待遇的法律规定属于管理性规定，并不是效力性规定，违反该规定并不当然导致合同无效。也就是说，受伤职工签订的私了协议并不是当然无效的。

但是，法律是保障人们基本权利的底线，如果用人单位与职工签订的协议显失公平，按照《民法通则》第59条的规定，"下列民事行为，一方有权请求人民法院或者仲裁机关予以变更或者撤销：（一）行为人对行为内容有重大误解的；（二）显失公平的"，那么，可以向法院起诉撤销赔偿协议。

在"王某某与上海罗卡芙寝具有限公司劳动合同纠纷案"（沪二中民三(民)终字第1267号）中，法院认为："用人单位与劳动者对工伤产生的事宜及相关费用达成一致意见，且以书面形式签订协议，该协议对双方产生拘束力，均应恪守履行。王某某与罗卡芙公司在协商确定工伤赔偿时，双方达成终结劳动关系并由罗卡芙公司支付王某某相关费用，王某某在此基础上认可罗卡芙公司支付的上述款项是其个人全部费用的最终数额，并保证对罗卡芙公司再无任何请求内容的协议。此表明王某某对工伤赔偿协议中的全部金额确认是双方在劳动关系存续期间和其工伤应该得到或者可以取得的，包括罗卡芙公司额外支付的款项。同时，王某某承诺放弃基于双方劳动关系发生及解除所产生的各项权利，双方之间所有纠纷已经得到全面解决，即使还有未了事宜，王某某也不能再主张权利，放弃通过仲裁、诉讼途径解决争议的请求权。罗卡芙公司与王某某签订工伤赔偿协议，是双方当事人真实意思表示，不违反法律、行政法规的强制性规定，也无欺诈、胁迫行为，为合法有效。王某某应受到上述允诺的约束。王某某在领取由罗卡芙公司按工伤赔偿协议支付的全部款项之后，又申请劳动仲裁、提起诉讼，要求罗卡芙公司继续支付各项费用等，违背了自己所作的双方已无任何争议的承诺，有违诚实信用原则，不应获得人民法院支持。"

综上，需要提醒用人单位和工伤职工，对工伤事故赔偿，法律、法规并未规定必须通过劳动行政部门进行处理。如果用人单位未对工伤事故进行上报，仅是违反劳动行政管理问题，当然可以根据相关规定对用工单位实施行政处罚,也并未禁止用人单位与劳动者进行私了,所以,不能断然认定工伤赔偿协议是无效的。当然,如果劳动者有证据证明其签订工伤私了协议是受到胁迫、欺诈,或者订立的协议显失公平的,则按照《合同法》第54条的规定:"下列合同,当事人一方有权请求人民法院或者仲裁机构变更或者撤销:(一)因重大误解订立的;(二)在订立合同时显失公平的。一方以欺诈、胁迫的手段或者乘人之危,使对方在违背真实意思的情况下订立的合同,受损害方有权请求人民法院或者仲裁机构变更或者撤销。当事人请求变更的,人民法院或者仲裁机构不得撤销。"劳动者完全可以向法院申请撤销或变更该协议,以切实维护自己的合法权益。

第四节　达到退休年龄劳动者工伤的认定

一、争议焦点

在法学理论中,对于达到退休年龄的人员在工作中受伤能否享受工伤待遇的问题有不同的观点,在实务中也有不同的做法。主要有以下两种观点:

一种观点认为,离退休人员与新的用人单位之间形成的是劳务关系,因此在工作中受伤就不适用《工伤保险条例》,而是按照人身损害赔偿寻求救济途径;

另一种观点是,离退休人员在新用人单位工作中受伤,应当认定为工伤,适用《工伤保险条例》。

人力资源与社会保障部《关于执行〈工伤保险条例〉若干问题的意见(二)》(人社部发〔2016〕29号)(以下简称《若干问题的意见(二)》)第2条明确规定:"达到或超过法定退休年龄,但未办理退休手续或者未依法享受城镇职工基本养老保险待遇,继续在原用人单位工作期间受到事故伤害或患职业病的,用人单位依法承担工伤保险责任。用人单位招用已经达到、超过法定退休年龄或已经领取城镇职工基本养老保险待遇的人员,在用工期间因工作原因受到事故伤害或患职业病的,如招用单位已按项目参保等方式为其缴纳工伤保险费的,应适用《工伤保险条例》。"

二、基本案情

2013年1月3日18时35分许,第三人夏某在下班途经上海市某区叶新支路叶新公路口往西300米处时发生了非本人主要责任的交通事故,导致受伤。2013年12月27日,第三人向被告某区人力资源与社会保障局提出工伤认定申请,被告于2014年1月2日受理,并依法进行了相关调查取证。被告经审查后认为,第三人2013年1月3日发生的伤害,符合《工伤保险条例》第14条第6项的规定,属于工伤认定范围。2014年2月28日,被告依法作出了《认定工伤决定书》,认定第三人的受伤为工伤。

原告A公司不服,认为第三人来公司上班时已达到退休年龄,其与原告之间系劳务关系。因此,被告作出的决定,事实采信错误,法律适用错误,请求依法撤销被告作出的认定工伤决定。

三、裁判观点

法院认为:根据《工伤保险条例》第14条第6项的规定,职工在上下班途中,受到非本人主要责任的交通事故或者城市轨道交通、客运轮渡、火车事故伤害的,应当认定为工伤。被告根据调查获取的证据,认定第三人夏某在2013年1月3日下班途中发生了非本人主要责任的交通事故,第三人所受伤害属于《工伤保险条例》第14条第6项规定的工伤范围,并决定认定为工伤。该决定事实认定清楚,证据充分,适用法律正确。

另外,依据《劳动争议司法解释(三)》第7条规定,用人单位与其招用的已经依法享受养老保险待遇或领取退休金的人员发生用工争议,向人民法院提起诉讼的,人民法院应当按劳务关系处理。现有证据证明第三人未享受城镇职工养老保险退休待遇或领取了退休金,因此,被告认定原告与当事人之间存在劳动关系于法不悖。根据《工伤保险条例》第19条第2款规定,职工或者其近亲属认为是工伤,用人单位不认为是工伤的,由用人单位承担举证责任。现原告未能提供相应证据证明其主张,故原告的上述诉称法院难以采信。被告受理第三人的工伤认定申请后，进行了相关调查和证据审核，在法定期限内作出工伤认定决定，并将决定书依法送达了双方当事人。因此，被告对第三人进行工伤认定的执法程序，符合法律规定。

综上，法院作出了驳回原告 A 公司要求撤销被告某区人力资源和社会保障局作出《认定工伤决定书》的具体行政行为的诉讼请求。

四、律师评析

（一）实践中的争议

在人力资源与社会保障部出台《若干问题的意见（二）》之前，我国法律、法规对于达到退休年龄的劳动者在工作中伤亡的是否认定工伤的问题未作规定，各地规定也有所不同。大致有三种情况：

一是明确规定不予受理。例如，北京市人民政府公布的《北京市实施〈工伤保险条例〉办法》第21条规定："工伤认定申请有下列情形之一的，不予受理……（二）受伤害人员是用人单位聘用的离退休人员或者超过法定退休年龄的……"

二是明确规定可以享受工伤保险。例如，上海市劳动和社会保障局、上海市医疗保险局《关于实施〈上海市工伤保险实施办法〉若干问题的通知》第28条规定，上海市用人单位聘用的退休人员发生事故伤害的，其工伤认定、劳动能力鉴定按照《上海市工伤保险实施办法》的规定执行，工伤保险待遇参照《上海市工伤保险实施办法》的规定由聘用单位支付。

三是没有规定。例如，《山东省贯彻〈工伤保险条例〉试行办法》对此问题就没有规定。

（二）达到退休年龄的劳动者受伤可以适用《工伤保险条例》

从法理上讲，退休年龄只是国家的政策性规定，并且也会根据经济发展的情况进行调整，因此，将达到退休年龄的劳动者排除在工伤受理的范围之外并不合理，这会加重用人单位的负担，另外，又因为工伤是无过错责任，而一般侵权行为实行的是过错责任，劳动者需要就自己遭受的损害承担举证责任，这就加重了劳动者的负担，还往往因为举证不能导致其不能得到及时的救助。

我们认为，超过法定退休年龄的劳动者在工作时间内因工作原因伤亡的，应当适用《工伤保险条例》的规定进行工伤认定。理由如下：

第一，劳动者达到法定退休年龄，劳动合同并不是自动终止。根据《劳动合同法》第44条的规定，劳动者开始依法享受基本养老保险待遇的，劳动合同终止。通过法律条文我们可以明确，只有当劳动者可以享受基本养老保险待遇时劳动合同才终止。但是《劳动合同法实施条例》对其进行了限缩解释，其第21条规定，"劳动者达到法定退休年龄的，劳动合同终止"。按照劳动和社会保障部办公厅《关于企业职工"法定退休年龄"涵义的复函》（劳社厅函〔2001〕125号）的规定，"国家法定的企业职工退休年龄是男年满60周岁，女工人年满50周岁，女干部年满55周岁。

实际上，退休年龄和享受基本养老待遇是两个不同的概念，多数情况下达到退休年龄就能享受到养老保险待遇，可是很多情况下，达到退休年龄并不能享受养老保险待遇。尤其是进城务工的农民，即使达到退休年龄也很难享受养老保险待遇。因此，《劳动合同法》第44条并没有以退休为劳动合同终止的情形之一是正当的。

《劳动合同实施条例》第21条的规定实际上将劳动合同终止的范围扩大了。《劳动争议司法解释（三）》第7条规定，用人单位与其招用的已经依法享受养老保险待遇或领取退休金的人员发生用工争议，按劳务关系处理。严格上讲，这些规定与其上位法《劳动合同法》的规定存在一定程度的冲突。

第二，达到法定退休年龄继续为用人单位工作的劳动者，属于《劳动法》调整的对象。《劳动法》中仅规定禁止招用16周岁以下儿童，而未规定禁止用人单位聘用超过法定退休年龄的劳动者。劳动部《关于贯彻执行〈劳动法〉若干问题的意见》第2条规定："中国境内的企业、个体经济组织与劳动者之间，只要形成劳动关系，即劳动者事实上已成为企业、个体经营组织的成员，并为其提供有偿劳动，适用劳动法。"劳动部《关于实行劳动合同制度若干问题的通知》第13条规定，"已享受养老保险待遇的离退休人员被再次聘用时，用人单位应与其签订书面协议，明确聘用期内的工作内容、报酬、医疗、劳动待遇等权利和义务。"可见上述规定并未将超过法定退休年龄的劳动者排除在《劳动法》调整的范围之外。

第三，超过法定退休年龄的劳动者与用人单位之间的关系仍是劳动关系。劳动关系与劳务关系是有很多区别的，大体来说有以下几点：（1）主体范围不同：劳动关系的主体一方是法人或者其他组织，另一方是劳动者；劳务关系的双方既可以是法人与法人之间、法人与自然人之间，也可以是自然人之间，其表现形式较多。（2）法律地位不同：在劳动关系中，双方的法律地位不平等，是一种管理与被管理的关系；在劳务关系中，双方的法律地位是平等的，不存在管理与被管理的关系。（3）雇主的义务不同：在劳动关系中，用人单位除按约定支付劳动者工资外，还应当为其缴纳各种社会保险费用；在劳务关系中，劳动者仅可得到劳动报酬，即劳动者提供劳务，用人单位支付约定的劳务报酬，劳动者无权要求用人单位为其缴纳各种社会保险费用。（4）适用法律不同：因劳动关系发生的纠纷适用《劳动法》；因劳务关系发生的纠纷则适用《合同法》。

用人单位聘用超过法定退休年龄的劳动者，更符合劳动关系的特征，虽然在实际中对那种超过退休年龄的劳动者，用人单位无法为其缴纳社保，社保部门也不要求用人单位去缴纳。但是，社保部门对劳动者因未交满15年养老保险金而不能依法享受基本养老保险待遇的，仍允许用人单位为其缴纳养老保险金。也就是说，仅仅以能不能缴纳社保作为区分劳动关系和劳务关系的依据，理由不足。所以，聘用超过法定退休年龄的劳动者宜认定为劳动关系，而不是劳务关系。

第四，超过法定退休年龄的劳动者在工作时间内因工作原因伤亡的，属于《工伤保险条例》的调整范围。《工伤保险条例》第2条第2款规定："中华人民共和国境内的各类企业的职工和个体工商户的雇工，均有依照本条例的规定享受工伤保险待遇的权利。"第61条第1款规定："本条例所称职工，是指与用人单位存在劳动关系（包括事实劳动关系）的各种用工形式、各种用工期限的劳动者。"从上述规定来看，均没有将超过法定退休年龄的劳动者排除在《工伤保险条例》的调整范围之外。

此外，中共中央办公厅、国务院办公厅转发的《中央组织部、中央宣传部、中央统战部、人事部、科技部、劳动保障部、解放军总政治部、中国科协关于进一步发挥离退休专业技术人员作用的意见》（中办发〔2005〕9号）

中规定,"离退休专业技术人员受聘工作期间,因工作发生职业伤害的,应由聘用单位参照工伤保险的相关待遇标准妥善处理;因工作发生职业伤害与聘用单位发生争议的,可通过民事诉讼处理;与聘用单位之间因履行聘用合同发生争议的,可通过人事或劳动争议仲裁渠道解决"。

最高人民法院在《关于离退休人员与现工作单位之间是否构成劳动关系以及工作时间内受伤是否适用〈工伤保险条例〉问题的答复》(〔2007〕行他字第6号)中指出,"根据《工伤保险条例》第二条、第六十一条等有关规定,离退休人员受聘于现工作单位,现工作单位已经为其缴纳了工伤保险费,其在受聘期间因工作受到事故伤害的,应当适用《工伤保险条例》的有关规定处理"。最高人民法院于2010年3月17日作出的《关于超过法定退休年龄的进城务工农民因工伤亡的,应否适用〈工伤保险条例〉请示的答复》(〔2010〕行他字第10号)中指出,"用人单位聘用的超过法定退休年龄的进城务工农民,在工作时间内、因工作原因伤亡的,应当适用《工伤保险条例》的有关规定进行工伤认定"。

随着我国老龄化的加剧,延长退休年龄成为必然选择。因此,有必要通过一系列法律规范更好地保障达到退休年龄人员再就业中产生伤害的问题。首先,我国现行的《劳动法》《劳动合同法》《劳动合同法实施条例》等法律、法规并没有禁止劳动者超过法定退休年龄后与用人单位建立劳动关系,行使劳动权利。

其次,2016年3月28日,人力资源与社会保障部在《若干问题的意见(二)》中明确规定了"达到或超过法定退休年龄,但未办理退休手续或者未依法享受城镇职工基本养老保险待遇,继续在原用人单位工作期间受到事故伤害或患职业病的,用人单位依法承担工伤保险责任。用人单位招用已经达到、超过法定退休年龄或已经享受城镇职工基本养老保险待遇的人员,在用工期间因工作原因受到事故伤害或患职业病的,如招用单位已按项目参保等方式为其缴纳工伤保险费的,应适用《工伤保险条例》"。因此,我们为了更好地保护劳动者的合法权益,使其得到及时的救济,并顺应时代的变化,宜认定达到退休年龄的劳动者受到伤害的按照《工伤保险条例》处理。

劳动争议与工伤纠纷实务指南

第五节 "上下班途中"认定的疑难问题

一、争议焦点

根据《工伤保险条例》第 14 条第 6 项的规定，职工在上下班途中，受到非本人主要责任的交通事故或者城市轨道交通、客运轮渡、火车事故伤害的应当认定为工伤。对这里的"上下班途中"应当如何理解，应作哪些限定，存在着很大的争议。本文主要围绕以下两个焦点，论述"上下班途中"认定中的疑难问题。

(1) 合理时间的限定。

(2) 合理路线的限定。

二、基本案情

陈某在上诉人 A 有限公司担任临时工，双方签订有书面劳动协议，约定其从事停车场管理员工作。2006 年 9 月 20 日早晨，陈某因交通事故受伤，经抢救无效死亡。交警大队对此次交通事故作出责任认定，结论为陈某无责任。陈某之妻第三人余某向被告朝阳区劳动局提出工伤认定申请。被告朝阳区劳动局受理后，作出了《工伤认定结论通知书》（以下简称"工伤认定书"），认定陈某于 2006 年 9 月 20 日死亡符合工伤认定范围，认定为工伤。

上诉人 A 有限公司不服该工伤认定，认为涉案交通事故发生的地点不在陈某上班途中，因此陈某因涉案交通事故死亡不构成工伤，朝阳区劳动局作出的涉案工伤认定书不合法。并向北京市劳动局申请行政复议。北京市劳动局作出《行政复议决定书》，维持了涉案工伤认定书。

此案经过了一审和二审程序，二审法院最终判决驳回 A 有限公司的上诉，维持原判，认定陈某是在"上下班途中"受到的非本人主要责任的交通事故伤害，应当认定为工伤。

三、裁判观点

法院认为，根据《工伤保险条例》第 14 条第 6 项的规定，职工在上下班途中受到机动车事故伤害的，应当认定为工伤。对该规定所指的"上下班途中"应作全面、正确的理解。"上下班途中"应当理解为职工在合理时间内，为上下班而往返于住处和工作单位之间的合理路径之中。该路径可能有多种选择，不一定是固定的、一成不变的、唯一的路径。该路径既不能机械地理解为从工作单位到职工住处之间的最近路径，也不能理解为职工平时经常选择的路径，更不能以用人单位提供的路径作为职工上下班必须选择的唯一路径。根据日常社会生活的实际情况，职工为上下班而往返于住处和工作单位之间的合理路径可能有多种选择。只要在职工为了上班或者下班，在合理时间内往返于住处和工作单位之间的合理路径之中，都属于"上下班途中"。

本案中，根据行政机关的调查以及现有证据，2006 年 9 月 20 日早晨，陈某从自己的住处出发，前往上诉人 A 有限公司上班。陈某的住处在 A 有限公司的西北方向，涉案事故发生在 A 有限公司的西方，该地点虽然不在 A 有限公司自制的从陈某住处到 A 有限公司的交通路线图上，但亦位于陈某上班的合理路线之内。因此，朝阳区劳动局作出的工伤认定合法，应予维持。

四、律师评析

从工伤保险的宗旨和立法目的来看，认定工伤主要是保护劳动者工作中受到的伤害。那么，要认定"上下班途中"受到的伤害是工伤，就要论证上下班途中是工作的一个准备和延伸，是为了工作的目的。因此，我们要着重从时间要素和路线要素（即目的地要素，也就是说行驶的路线是往返于上班的地点和休息居住的地点）进行考察和论证。

最高人民法院《关于审理工伤保险行政案件若干问题的规定》第 6 条规定，下列情形可以认定为"上下班途中"：（1）在合理时间内往返于工作地与住所地、经常居住地、单位宿舍的合理路线的上下班途中；（2）在合理时间内往返于工作地与配偶、父母、子女居住地的合理路线的上下班途中；（3）从事属于日常工作生活所需要的活动，且在合理时间和合理路线的上下班途中；(4) 在合理时间内其他合理路线的上下班途中。2016 年 3 月 28 日，人力资源和社会保障部《若干问题的意见（二）》第 6 条规定，职工以上下班为目的、在合理时间内往返于工作单位和居住地之间的合理路线，视为上下班途中。

那么，什么情况下是"合理时间"？什么情况下是"合理路线"？

（一）合理时间要素

法律上并没有明确规定什么是"合理时间"，这需要司法实践中根据具体的案情进行判断。

第一，提前下班途中受到伤害是否属于"合理时间"？在实践中，有的员工会提前半小时或者一小时左右下班，原因不同，有的是提前请假回家，有的是因为完成了工作任务，有的则没有打卡就提前回家等。很多用人单位会主张员工是因为自己提前下班才导致受伤的，并且不是在合理的下班时间受的伤，不应该认定为工伤。

一般情况下，对于完成了当天的工作任务提前下班受伤的会认定为工伤，因为员工已经完成了自己当天的工作任务，当然可以提前下班。对于请假提前下班的存在一些分歧，因为请假下班可能是为了自己的私事，并不能认定为工作的原因。但是有的法院为了保护劳动者的权益，认为"在工作期间请假回家，可视为提前下班，在合理的时间和路段应视为下班途中，受到非本人主要责任的交通事故或者城市轨道交通、客运轮渡、火车事故伤害的应当认定为工伤"。对于违背规章制度没有打卡提前回家的情况，法院也有不同的认识。赵某与江门市新会区人力资源和社会保障局、江门市新会区联兴鞋材贴合厂劳动纠纷案（江中法行终字第 62 号）中，一审法院认为"赵某没有打卡说明其尚未下班，其发生交通事故不应认定为工伤"，二审法院却认为"即使赵某提前下班，也只是违反劳动纪律的行为，不影响其受到工伤保障的权利"。

第二，外出就餐是否属于"合理时间内"上下班？最高人民法院在 2014 年 8 月 21 日发布的四起工伤保险行政纠纷典型案例中，针对何培祥诉江苏省新沂市劳动和社会保障局工伤认定行政案明确："员工就餐结束后返回工作单位"属于"在合理时间内"的上班途中。

用人单位提供食堂能否免除职工外出就餐的工伤风险？成都和苏州两地的法院对此问题有过明确的处理意见，认为即使单位设有食堂也只是属于单位为员工提供的福利，员工并不因此而丧失选择外出就餐的权利，员工选择附近餐馆就餐也是合理的。

然而，基于工作性质、工作制度等不同因素的考虑，上海的法院对于此问题曾作出截然不同的处理意见。法院认为，"用人单位为正常出勤员工提供食堂免费午餐，汤某于中午用餐时间自行回家吃饭就餐，不属于上下班时间，故不应当认定为工伤"。也就是说在用人单位作出妥善用餐安排的情形下，基于员工从事工作的性质，法院一般不认为是"在合理时间内"。

第三，主张是公司让其加班，导致在上班途中受伤的，应如何认定"合理时间"？谁承担初步的举证责任？按照法律规定，员工主动要求加班要经过用人单位的同意，如果未经用人单位的同意，员工主动去加班并在去的路上受伤是否认定为工伤？法院一般会要求受伤职工提出初步的证据证明是单位让其加班的，因为加班不同于正常的上班，是有特殊要求的。正如法院所认为的，"A缺乏去公司加班的必要性和正当性，其于正常下班回家以后在居住小区门口发生交通事故，……人保局经综合分析后得出事发时A并未在去公司加班途中的推断结论比较符合常理，予以确认"。

（二）合理路线要素

正如在《若干问题的意见（二）》第6条中规定的，"职工以上下班为目的、在合理时间内往返于工作单位和居住地之间的合理路线，视为上下班途中"，也就是说，"合理路线"的关键不是"路线"，而是"合理"。那么，什么样的路线是"合理"的呢？

第一，下班后返回非上班居住的地方是否属于"上下班途中"？现在交通工具发达，再加上大城市房价居高不下，越来越多的人选择在大城市的周边城市购买房屋，周末回去居住，平时在上班的地方租房子居住。虽然周末返回外地居住，并非其工作期间的经常居住地，但是对"上下班途中"的理解，一定要充分考虑现代用工制度多样化、职工跨区域跨城市流动、住所地和工作单位不在同一区域、同一职工有多处住所、交通工具快速发展以及复杂多变的交通状况等实际情况。正如上海某中院强调的，"上诉人以公司为员工安排有宿舍，只有从公司的工作场所至宿舍为上下班途中，而将职工在时间允许的情况下返还原籍自己家中的情况排除在"上下班途中"之外的上诉理由与情理难合，本院不予采纳"。其实，法律、法规未规定当事人在拥有一处住所后，可以排斥另一处住所，因此，下班后返回非上班居住的地方仍可认定是"上下班途中"。

第二，"因工外出"回家途中是否属于"上下班途中"。随着工作的多样化，因工外出的情况也非常多，这就区别于在用人单位里工作的情况。按照《工伤保险条例》第14条第5项的规定，"因工外出期间，由于工作原因受到伤害或者发生事故下落不明的"应认定为工伤，"因工外出"回家途中受伤也应当认定为工伤。

根据最高人民法院《关于审理工伤保险行政案件若干问题的规定》第6条第3项、第4项的规定，并参考《福建省高级人民法院关于审理工伤认定劳动保障行政案件若干问题的指导意见（试行）》《江苏省高级人民法院行政审判庭工伤认定行政案件审理指南》和《四川省高级人民法院关于审理工伤认定行政案件若干问题的意见》，上下班途中的"合理路线"可以区分以下三种情形：

（1）上下班的合理路线，一般是指两地之间最直接、最通达的路线。

（2）理由正当的绕道，如职工上下班途中顺便买菜、接送小孩等，属于合理路线的范围。理由是该事务是其日常工作生活的必需要求，顺便办事并不改变"上下班途中"的基本性质，并不必然导致事故风险的明显增加。

（3）理由不正当的绕道不视为合理路线。若下班后首要目的是聚会、探望朋友、逛街等，即便与回住所或经常居住地路线一致，也不属于下班途中。

对"在合理时间内"和"合理路线"的理解直接影响员工上下班途中受事故伤害情形的工伤认定结果，因此用人单位在处理该类案件时，应尽可能明确事故发生的时间、路线、员工离开的事由等，综合考量后再决定是否认定为工伤。需要提请关注的是，目前法律没有规定且客观上法律也无法对所有"合理"情形作出详尽规定，因此在发生此类工伤事故或争议的时候，工伤认定行政部门、劳动仲裁委和法院对"合理"的认定具有一定的自由裁量空间，而自由裁量的结果可能是，相同或类似案件却出现不同的认定。

第六节 建筑工人的工伤问题

一、争议焦点

建筑业是一个相对高危的行业，工伤事故和职业病频发。建筑业又是一个相对来说比较混乱的行业，各种转包、分包现象频发，甚至很少有建筑施工企业与劳动者签订劳动合同等保护劳动者的措施。这就导致建筑工人在工地受伤后面临一系列的问题和困境。本节将从以下两个方面进行论述：

(1) 建筑工程分包、转包给其他单位或个人，谁将承担工伤主体的责任？

(2)《关于进一步做好建筑业工伤保险工作的意见的通知》（以下简称《意见》）将会有哪些新的亮点？

二、基本案情

2012年3月25日，中建三局某分公司（总包方）与A公司（分包方）签订《建筑工程劳务分包合同》，将某国际新城一期的结构工程和粗装修工程分包给A公司。合同承包方加盖公章为A分公司，代表为万某。2013年3月21日，中建三局某分公司（总包方）又与A公司（分包方、乙方）签订《扩大劳务分包合同》，将某二期项目劳务分包给A公司。合同分包方加盖公章为A分公司，委托代理人为万某，收款单位为A公司。2012年6月30日，中建三局某分公司与梁某签订《一期建筑工程铁工班劳务分包协议》，协议盖章为A分公司。2013年3月6日，A分公司就二期工程与梁某签订《内部施工承包协议》。

2013年4月20日，梁某骑电动车下班回家途中发生交通事故。为了作工伤认定，梁某向湖南省劳动人事争议仲裁委员会申请劳动争议仲裁，请求确认与中建三局某分公司、A公司、A分公司之间存在劳动关系。

仲裁和一审法院都认定，梁某与A公司存在劳动关系。二审法院认为梁某与A分公司存在劳动关系。

三、裁判观点

一审法院认为：中建三局某分公司将某一期和二期项目劳务分包给具有相关资质的 A 公司。梁某则分别与其签订了《一期建筑工程铁工班劳务分包协议》及二期工程《内部施工承包协议》，梁某不具备相关合法资质，故该两份协议均属无效协议。A 公司的项目考勤表和花名册中均有梁某的名字，虽然加盖公章为 A 分公司，但 A 公司授权 A 分公司的法定代表人万某以其名义执行相关事项，且任命万某为工地现场的负责人。

劳动和社会保障部《关于确立劳动关系有关事项的通知》第 2 条规定："用人单位未与劳动者签订劳动合同，认定双方存在劳动关系时可参照下列凭证：（一）工资支付凭证或记录（职工工资发放花名册）、缴纳各项社会保险费的记录；（二）用人单位向劳动者发放的'工作证''服务证'等能够证明身份的证件；（三）劳动者填写的用人单位招工招聘'登记表''报名表'等招用记录；（四）考勤记录；（五）其他劳动者的证言等。"故 A 公司与梁某存在劳动关系。据此，依照《劳动合同法》第 7 条，最高人民法院《关于适用〈民事诉讼法〉若干问题的意见》第 162 条，参照劳动和社会保障部《关于确立劳动关系有关事项的通知》第 2 条之规定，认定 A 公司与梁某存在劳动关系。

二审法院认为，《劳动合同法实施条例》第 4 条规定，"劳动合同法规定的用人单位设立的分支机构，依法取得营业执照或者登记证书的，可以作为用人单位与劳动者订立劳动合同；未依法取得营业执照或者登记证书的，受用人单位委托可以与劳动者订立劳动合同。"本案中，A 分公司已依法取得营业执照及组织机构代码证，具备独立的用工主体资格。花名册、考勤表以及确认梁某"事实劳动关系"的证明均由 A 分公司盖章出具，故梁某与 A 分公司之间存在事实劳动关系。因此，应确认梁某与 A 分公司之间存在劳动关系。

四、律师评析

（一）建筑工人工伤的保护现状

改革开放以来，我国建筑业蓬勃发展，建筑工人队伍不断发展壮大。可以说，建筑工人为我国城市的发展、房地产的兴盛、基础设施的建设等付出了青春和热血，为国家作出了重大的贡献。但是，他们也是工作中最容易受到伤害，权利最难得到保护的一群人。

早在2006年劳动和社会保障部、建设部《关于做好建筑施工企业农民工参加工伤保险有关工作的通知》中就指出，"建筑业是农民工较为集中、工伤风险程度较高的行业"，要"加快推进建筑施工企业农民工参加工伤保险工作"，将参加工伤保险作为建筑施工企业取得安全许可证的必备条件之一。实践中，该通知并无过多的约束力，建筑施工企业仍然很少为劳动者缴纳工伤保险，工伤保险参保覆盖率低。

另外，由于建筑行业从业人员流动性大、采取分包制等劳动关系特点，使得建筑工人不知该起诉哪一个用工单位。同时，在认定工伤的时候往往要求有劳动合同，或者证明双方存在劳动关系，这些因素更是导致建筑工人发生工伤事故后维权艰难。

（二）建筑施工企业中承担工伤责任的主体

在上述案例中，劳动仲裁委员会和一审法院都认为应该由A公司承担工伤责任，但是二审法院却认为应当由A分公司承担工伤责任，这里就产生了分歧：究竟谁来承担工伤责任？一审和二审为什么作出了不同的判断？

劳动和社会保障部《关于确立劳动关系有关事项的通知》第4条规定，"建筑施工、矿山企业等用人单位将工程（业务）或经营权发包给不具备用工主体资格的组织或自然人，对该组织或自然人招用的劳动者，由具备用工主体资格的发包方承担用工主体责任"。人力资源和社会保障部《关于执行〈工伤保险条例〉若干问题的意见》（人社部发〔2013〕34号）第7条规定，具备用工主体资格的承包单位违反法律、法规规定，将承包业务转包、分包给不具备用工主体资格的组织或者自然人，该组织或者自然人招用的劳动者从事承包业务时因工伤亡的，由该具备用工主体资格的承包单位承担用人单位依法应承担的工伤保险责任。最高人民法院《关于审理工伤保险行政案件若干问题的规定》第3条第4项规定，"用工单位违反法律、法规规定将承包业务转包给不具备用工主体资格的组织或者自然人，该组织或者自然人聘用的职工从事承包业务时因工伤亡的，用工单位为承担工伤保险责任的单位"。

在上述案例中，一审法院认为 A 公司虽然与梁某签署了分包协议，但是梁某不具备用工主体资格，所以最后的责任承担主体还是 A 公司。但是，二审法院认为 A 分公司已依法取得营业执照及组织机构代码证，具备独立的用工主体资格。花名册、考勤表以及确认梁某"事实劳动关系"的证明均由 A 分公司盖章出具，故梁某与 A 分公司之间存在事实劳动关系。

在实践中，建筑施工企业转包、分包情况大量存在，对于依法进行转包、分包的，分包单位具备相应的资质，以及相应的用工主体资格，因此，发生工伤后，实际用人单位就是承担责任的主体。如果是违法分包、转包的，虽然承包方与劳动者在实际上不存在直接的劳动关系，为了保护劳动者的合法权益，在价值取向上应当倾向于保护劳动者。为了防止承包方逃避法律规定的责任，应当认定承包方为工伤主体责任。

（三）《关于进一步做好建筑业工伤保险工作的意见的通知》的亮点

第一，强化相关的法律规定，提出了一些创新措施，保障建筑工人的工伤维权。《意见》以现有的《劳动法》等法律、法规和相关的规范性文件为基础，主要从三方面对相关规定予以强化：一是要求各类建筑企业应依法与职工签订劳动合同，并通过加强现场劳务用工管理等方式，对项目施工期内全部人员实行动态实名制管理。二是对未签订劳动合同而发生工伤的情形，进一步明确可以参照工资支付凭证、工作证、考勤记录等证据确认事实劳动关系，最大限度维护工伤职工的权益。三是明确了应由用人单位负劳动关系举证责任，用人单位不提供的，应当承担不利后果，强化了用人单位的责任。

第二，简化工伤认定程序，使建筑工人能尽快享受到工伤待遇。针对当前建筑企业农民工和用人单位反映的工伤认定和劳动能力鉴定程序复杂以及时间较长的问题，《意见》强调了用人单位应在规定的时限内申报工伤，工伤认定期间要承担相应工伤待遇等责任，以及工伤职工及其近亲属等在申请工伤认定和劳动能力鉴定等方面依法享有的权利。工伤认定行政部门进一步简化工伤认定程序，积极探索实行工伤认定和劳动能力鉴定材料的网上申报、审核和送达等办法，提高认定鉴定工作效率等。

第三，明确了工伤待遇支付的相应措施。一是为了避免出现项目竣工后才完成工伤认定鉴定的工伤职工工伤保险待遇无法落实的问题，《意见》规定：对参保项目施工期间发生工伤、在项目竣工时尚未完成工伤认定鉴定的职工，待完成认定鉴定后，仍作为项目参保职工依法享受各项工伤保险待遇。

二是适应建筑业工资收入支付特点，针对农民工本人月工资难以计算的实际，规定以本人工资作为计发基数的相关工伤保险待遇，可以参照统筹地区上年度职工平均工资计发。

三是针对建筑业以项目为单位进行参保的实际需要和特点，对工伤保险基金先行支付的条件作了相应的完善和补充。规定：未参保的建设项目，其职工发生工伤的，依法由用人单位支付工伤待遇，同时施工总承包单位和建设单位承担连带支付责任。如上述单位不支付，由工伤保险基金先行支付并依法向上述单位追偿。

四是明确了违法分转包工伤赔偿连带责任追究机制。即发包单位将工程业务发包给不具备用工主体资格的组织或个人导致工伤的，发包单位与不具备用工主体资格的组织或个人要承担连带赔偿责任。

(四) 破解建筑工人"工伤难"的举措

首先，应通过多种措施确保工伤参保覆盖率提升。例如，未参加工伤保险的就不予核发建筑施工许可证，正如《意见》指出的，"建设单位在办理施工许可手续时，应当提交建设项目工伤保险参保证明，作为保证工程安全施工的具体措施之一；安全施工措施未落实的项目，各地住房城乡建设主管部门不予核发施工许可证"。合肥市就普遍采取了项目参保的工伤保险方式，每个建筑项目要获得施工许可证，就必须按工程报价的千分之一点五投保工伤保险，这样一旦发生工伤，建筑工人工伤治疗费就可由单位先行垫付。

其次，改变举证责任制度，在工伤认定上落实"举证责任倒置"制度，只要用人单位拿不出工人非在本单位遭受工伤的证据，就采信工伤的事实，降低工伤认定难度，缩短认定期限。

最后，提高违法成本，对建筑企业违法用工、不依法参保等行为进行严厉处罚，如"恶意欠薪"一样，将"工伤拒赔"纳入刑法范畴，敦促企业积极为建筑工人缴纳工伤保险。

包括《意见》在内的数部规章制度都强调要保护建筑工人的合法权益，

但在实践中还是捉襟见肘,仍需要进一步加强相关制度建设,撑起保护建筑工人的"大伞",让他们的维权之路少一些艰辛和曲折。

第七节 非法用工导致人员伤亡的赔偿问题

一、争议焦点

非法用工是指无营业执照或者未经依法登记、备案的单位以及被依法吊销营业执照或者撤销登记、备案的单位招用人员进行工作,或者用人单位使用童工的行为。在我国非法用工现象屡禁不止,由于法律规定较模糊等原因,导致人员发生伤亡事故后维权艰难,出现很多赔偿不到位的情况。为了厘清非法用工伤亡人员的赔偿问题,我们结合以下争议焦点进行论证,以期能带来一些思考和启发:

1. 非法用工的性质:是雇佣关系、劳动关系,还是特殊的用工关系?
2. 非法用工的赔偿标准:是否可以要求精神损害抚慰金?

二、基本案情

被告 A 公司于 2012 年 5 月 5 日将位于某市胜前岗四街 7 号的厂房出租给被告 B 公司使用,双方签订了《厂房租赁合同书》。2012 年 12 月,由于厂房漏水,被告 A 公司将该厂房承揽给被告陈某补漏,被告陈某以每天 160 元的工资标准雇请徐某参加涉案厂房的补漏工作。2012 年 12 月 11 日下午 5 点左右,徐某在从事该厂房的补漏工作时从房顶坠落,经抢救无效死亡。2012 年 12 月 21 日,被告陈某与原告吴某、徐小某签订了一份《关于徐某死亡赔偿协议书》,协议书约定,被告陈某赔偿死者家属(吴某、徐小某)丧葬费、死亡赔偿金、精神赔偿金、车船交通费、亲属探视食宿费及误工费等一切费用共计 290000 元(含保险理赔金约 100000 元),以上款项分二期支付,协议签订之日付 140000 元,余款于 2013 年 8 月前付清。后原告认为保险理赔金不应包含在赔偿金总数里面而反悔,为此,原告于 2013 年 5 月 21 日向广东某市劳动人事争议仲裁院提起申诉,某市劳动人事争议仲裁院于 2013 年 5 月 27

日以原告与被告的争议不属于仲裁庭受案范围为由，作出不予受理决定。

原告不服，认为被告 A 公司将厂房的补漏工程发包给没有营业执照、没有资质的被告陈某，最终导致徐某在工作中死亡。为维护自己的合法权益，特根据《劳动争议调解仲裁法》《劳动合同法》《非法用工单位伤亡人员一次性赔偿办法》、广东省高级人民法院、广东省劳动人事争议仲裁委员会《关于审理劳动人事争议案件若干问题的座谈会纪要》等相关法律、法规的规定，于 2013 年 6 月 28 日向人民法院提起诉讼。

三、裁判观点

法院认为，本案的争议焦点是：被告陈某与死者徐某之间是非法用工关系，还是雇佣关系？

首先，非法用工关系是指无营业执照或者未经依法登记、备案的单位以及被依法吊销营业执照或者撤销登记、备案的单位招用职工或者用人单位使用童工，该类单位与所招用的职工或使用的童工之间的关系。该类单位的特征之一是具有单位名称（包括经营字号、商业品牌或对外使用称号）、固定场所以及使用雇工。本案中，被告陈某从事房屋补漏及维修下水道、马桶、厨房、卫生间等业务，对外没有使用单位名称，只是通过发名片的广告形式对外进行经营，名片上仅是自然人陈某的姓名及电话号码，也没有经营场所。原告主张被告陈某有经营场所，并于第三次开庭时当庭提交了照片的三张复印件。先不谈该证据没有原件，单从照片内容看，既不能反映门店里面的情况及门店字号，也证明不了是陈某所开设的门店，且被告陈某也予以否认，故原告认为陈某有经营场所的主张，证据不足，法院不予采信。所以，被告陈某是以个人名义从事业务，不具有以上单位特征。

其次，劳动关系是指用人单位与劳动者个人之间，依法签订劳动合同，劳动者接受用人单位的管理，从事用人单位安排的工作，成为用人单位的成员，从用人单位领取报酬和受劳动法保护所产生的法律关系。第一，劳动关系中，劳动者在劳动过程中与用人单位之间形成的是一种相对稳定的社会关系。本案中，徐某为被告陈某提供劳务，报酬为每天160元，做一天计算一天工资，双方亦未就今后的工作内容进行约定，双方之间形成的是一次性或者是特定的劳务服务，而非相对稳定的劳动关系。第二，劳动关系的本质属性在于劳动者与用人单位之间存在从属（隶属）关系。本案中，徐某并非陈某的成员，陈某亦未对徐某进行考勤、考核管理，双方之间仅系徐某向陈某提供劳务服务，陈某向徐某支付劳务报酬的经济关系，并不存在行政隶属关系。第三，劳动关系中的劳动者除获得工资报酬外，还享有社会保险、福利待遇等。本案中，陈某与徐某仅就劳务报酬、工作内容进行了协商，双方并未签订劳动合同，徐某并不享受陈某的福利待遇及社会保险待遇。因此，陈某与徐某之间并不符合劳动关系的本质要求。

综上所述，鉴于陈某从事的业务是以个人的名义对外经营，并没有使用单位的名称，也没有经营场所，不具备非法用工单位的特征，陈某与徐某之间形成的是一次性或者是特定的劳务服务关系而非相对稳定的劳动关系。徐某不受陈某的考勤、考核管理，也不享有陈某提供的福利待遇及社会保险待遇，故陈某与徐某之间不构成非法用工关系，也不属于劳动关系，而是属于雇佣关系。

因此，原告主张陈某与徐某之间属于非法用工关系，应按照《非法用工单位伤亡人员一次性赔偿办法》标准计赔，本院不予采纳。

四、律师评析

《非法用工单位伤亡人员一次性赔偿办法》（2010年修订）和《工伤保险条例》第66条明确规定了非法用工的定义、非法用工伤亡人员的范围和赔偿的标准等，但在实践中还是存在一系列的问题需要明确。

（一）非法用工的性质

要讨论非法用工的性质就要区分非法用工的不同类别。非法用工一般包括三大类情形，一是无营业执照或者未经依法登记、备案的单位；二是被依法吊销营业执照或者撤销登记、备案的单位；三是使用童工的用人单位。

无营业执照或者未经依法登记、备案的单位虽在外部特征上有办公场所、固定资产、单位名称等，在内部特征上也具有规章制度和管理体制，但却不是法律关系的主体,不能与其职工形成劳动关系,应确认职工与用人单位的出资人之间形成雇佣关系。当职工在工作中因事故遭受伤亡时,应该由该用人单位出资人等相应主体承担法律责任。如果无营业执照或者未经依法登记、备案的单位借用他人营业执照经营,则由于非法用工单位职工没有为出借单位提供劳动,不能与出借单位形成事实劳动关系,应当将被借用营业执照的单位作为雇主,依据民事法律规范规定承担赔偿责任。

另外,如果无营业执照或者未经依法登记、备案的单位界定为可以依法办理营业执照或登记、备案而未办理营业执照或登记、备案的"单位",即该主体仅违反法律规定没有办理合法主体资格的手续,但已具备用人单位的其他基本要件,在这种情况下可以认定其为非法用工关系。也就是说,区别对待不同的情况,若是虽无营业执照或者未经依法登记、备案,但是已经在履行法律规定的程序了,提前用工的可以认为是非法用工关系。

按照《公司登记管理条例》和《企业法人登记管理条例》的规定,单位被吊销营业执照,其作为法律主体的资格并未丧失。被吊销营业执照的单位首先应当清算,经过清算,依法向登记主管机关申请注销后,才丧失主体资格。最高人民法院《关于企业法人营业执照被吊销后,其民事诉讼地位如何确定的请示》规定:"吊销企业法人营业执照,是工商行政管理机关依据国家工商行政法规对违法的企业法人作出的一种行政处罚。企业法人被吊销营业执照后,应当依法进行清算,清算程序结束并办理工商注销登记后,该企业法人才归于消灭。因此,企业法人被吊销营业执照后至被注销登记前,该企业法人仍应视为存续,可以自己的名义进行诉讼活动。"因此,我们认为被依法吊销营业执照后至被注销登记前,因其主体资格尚未消失,可以认定与职工存在劳动关系,按照《工伤保险条例》支付工伤待遇。

如果被依法撤销登记、备案的单位是在单位取得登记、备案资格尚未领取营业执照的时候被撤销,则单位自始没有取得营业资格,与职工不存在劳动关系,可以按照非法用工关系来处理,工伤一次性赔偿。

《非法用工单位伤亡人员一次性赔偿办法》中规定的是"使用童工的用人单位",不同于前两类"用工单位",此处用的是"用人单位"。也就是说,使用童工的单位具有主体资格,只是因为童工尚不具有劳动权利能力和劳动行为能力，在工作中受伤时不能按照《工伤保险条例》进行赔偿。

通过以上分析，我们发现《非法用工单位伤亡人员一次性赔偿办法》和《工伤保险条例》第66条不加区别地将以上三类情形都适用一次性赔偿的办法，其实是不利于维护受伤员工的合法权益的。

（二）伤亡人员可以要求精神损害抚慰金

如果按照《工伤保险条例》进行赔偿的话，因为其请求权基础不同于人身损害赔偿，因此一般不支持在工伤保险赔偿中支付精神损害抚慰金。那么，在非法用工中是否可以使用精神损害赔偿呢？

按照《非法用工单位伤亡人员一次性赔偿办法》第4条的规定，"职工或童工受到事故伤害或者患职业病，在劳动能力鉴定之前进行治疗期间的生活费按照统筹地区上年度职工月平均工资标准确定，医疗费、护理费、住院期间的伙食补助费以及所需的交通费等费用按照《工伤保险条例》规定的标准和范围确定，并全部由伤残职工或童工所在单位支付"。该条规定中采用了"交通费等费用"字样，也就是说属于列举不完全，那么从法律条文上可以认为并没有排除对精神损害抚慰金的赔偿。

司法实践中，一般对此持否认的态度，认为不应该包括精神损害抚慰金，即使一审支持了精神损害抚慰金的请求，二审也可能驳回。在（2015）穗中法少民终字第176号中，一审法院支持了精神损害抚慰金的请求，但二审法院认为"《非法用工单位伤亡人员一次性赔偿办法》第4条已对相关赔偿项目作出明确规定，并不包括营养费、精神抚慰金，故吕某甲对于上述赔偿的诉求缺乏法律依据，原审酌情进行认定处理不当，本院予以纠正"。

《非法用工单位伤亡人员一次性赔偿办法》第8条规定，"就赔偿数额与单位发生争议的，按照劳动争议的有关规定处理"，似乎是强调按照劳动关系来处理，不能要求精神损害抚慰金。既然按照劳动关系来处理，就应该对伤亡的职工认定为工伤，因为在劳动关系存续期间因工作原因受到伤害的就是工伤，但是对非法用工又不能适用《工伤保险条例》的规定，这就形成两难和逻辑上的悖论，似乎将非法用工定性为非劳动关系、非雇佣关系的第三种关系。其实，实践中经常将非法用工裁定为雇佣关系，这样就可以按照《侵权责任法》进行处理，要求对方支付精神损害赔偿。但是在赔偿问题上似乎又强调要按照《非法用工单位伤亡人员一次性赔偿办法》来处理，明显赔偿金额不到位。

　　总之，非法用工造成人员的伤亡既不适用《工伤保险条例》也不适用《侵权责任法》，而是适用人力资源与社会保障部制定的《非法用工单位伤亡人员一次性赔偿办法》。部门规章法律层级较低，规定又比较模糊和混乱，很多规定不利于保护伤亡人员，各地裁判实践中又存在着不同的认识和做法，再加上非法用工单位经济实力较弱，伤亡职工的赔偿要求很难全部实现，因此，有必要在经过仔细的研讨和调研之后对非法用工行为制定出有力的、有效的，能够切实保护该弱势群体的法律、法规，真正维护好他们的合法权益。

第十一章

劳动争议处理中的相关问题*

第一节 劳动争议与社保

一、争议焦点

1. 什么是劳动争议？
2. 因社会保险发生的争议是否属于劳动争议？

二、基本案情

王某1983年进入上海某电器厂工作。1994年7月，王某与该厂签订了自1994年7月1日至1996年12月31日止的停薪留职合同书。合同约定，合同期内，单位停发王某工资、奖金、福利等一切物品及其他一切费用。王某必须缴纳管理费、养老保险基金、公积金、医疗保险费，方可享受相应待遇。1997年1月，王某又与该厂签订了职工托管协议书，托管期限为1997年1月4日至1998年12月31日。1998年10月，王某与该厂签订协保协议，约定期限直至退休日止。

2015年2月，王某在办理退休手续后发现少了38个月工龄，遂向上海某

---

* 本章作者：张双超、蒋文。

区仲裁委员会申请仲裁，要求该厂：（1）及时补齐其社保账户上缺失部分社保金（四金），确保与社保局认可的没有欠缴社保金的职工待遇一致；（2）补偿因延迟缴纳社保金而造成的已经领取的应得退休金中缺失部分金额。仲裁委员会以王某的请求事项不属该会受理范围为由，作出不予受理的通知。

三、裁判观点

王某不服，诉至法院，一审法院认为王某的第一项请求不属于法院受理范围，第二项请求于法无据，不予支持。王某又向某中院提出上诉，认为：为劳动者缴纳社保是用人单位的法定义务，不能以约定排除。因其在办理退休时才得知该期间无缴费记录，故未向社保部门提出过补缴相应期间社保金的要求。另外，由于用人单位为其漏缴了38个月的社保，导致其养老金损失，故应当由单位给予补偿。

该厂则辩称：停薪留职系由王某自己提出，在未提供劳动的情况下当然是个人缴纳相关费用才能享受社保待遇。该厂与王某的停薪留职合同内容表明王某需缴纳相应的费用后才可享受相应待遇，而王某在停薪留职期间未缴纳相应费用，故厂方不为王某缴纳社保有事实和法律依据。

二审法院在查明事实后，最终驳回上诉，维持原判。

四、律师评析

本案经过仲裁和一、二审，均未支持王某的诉请。其中二审法院认为，确定劳动者在职期间是否应缴纳社会保险费以及如何缴纳社会保险费是社会保险征缴机构的职责。用人单位与劳动者因缴纳社会保险费发生的争议不属于人民法院受理的劳动争议案件的范围。故王某要求上海某电器厂补缴1993年至1996年期间缺失的38个月社会保险费的诉讼请求，法院不予受理。

而关于王某要求该厂赔偿因缺失的1993年至1996年期间38个月的社保费造成的养老金损失的主张，法院认为，权利义务是对等的，劳动者如果按照劳动合同约定履行了劳动义务，用人单位就应当及时足额支付劳动报酬并为其缴纳社会保险。停薪留职政策是我国改革开放初期的一项特殊制度，对于该期间社会保险费用的缴纳，允许由双方协商确定。本案中，原被告双方签订的停薪留职协议中，有关于社会保险费个人应承担相应金额才能享受社会保险待遇的条款。虽然现在王某提供的停薪留职协议中对于社会保险费个人负担费用的金额部分被划掉，但并不能就此看出，用人单位作出了在王某不履行劳动义务的情况下仍自愿承担单位缴费及个人缴费义务的意思表示。王某要求用人单位承担上述期间未缴费的过错赔偿责任，依据不足。同时，法院认为，当事人权利受到侵害时应当及时主张，以便获得救济。本市实行社会保险制度二十余年，社会保险费缴纳情况可以便捷的方式及时得知。王某在退休后才主张二十余年前某段时期曾提供劳动，而用人单位未为其缴纳的社会保险费，对此，王某负有充分的举证义务。现王某并无充足证据证实其主张，故其要求用人单位赔偿其养老金损失，缺乏依据，法院亦不予支持。

在探讨本案前，我们不妨先来了解下什么是劳动争议。一般来说，劳动争议是指在劳动者与用人单位之间发生的，因履行劳动义务或实现劳动权利发生分歧而引起的纠纷。劳动争议通常具有以下几个特点：

1. 劳动争议的主体是用人单位和劳动者两方

这里的用人单位一般指在中国境内的企业、个体经济组织、民办非企业单位以及国家机关、事业组织、社会团体。劳动者则指达到法定年龄的，在我国境内从事劳动活动并取得劳动收入的我国公民、外国人和无国籍人士。

2. 劳动争议的主体之间必须存在劳动关系

我国对劳动争议规定了特殊的纠纷解决机制，如果劳动主体之间存在的是委托、雇佣或承揽等其他法律关系，就需要按照普通民事或行政程序解决，当然不属于劳动争议。

3. 劳动争议的内容必须与履行劳动义务或实现劳动权利有关

如果争议内容是有关单位住房制度的改革或涉及单位和劳动者之间的某个行政行为，则不属于劳动争议。2008年起施行的《劳动争议调解仲裁法》第2条对劳动争议的范围作了如下总结：

（1）因确认劳动关系发生的争议；

（2）因订立、履行、变更、解除和终止劳动合同发生的争议；

(3) 因除名、辞退和辞职、离职发生的争议；

(4) 因工作时间、休息休假、社会保险、福利、培训以及劳动保护发生的争议；

(5) 因劳动报酬、工伤医疗费、经济补偿或者赔偿金等发生的争议；

(6) 法律、法规规定的其他劳动争议。

另外，《劳动争议司法解释（二）》还对一些不属于劳动争议的纠纷进行了罗列，主要包括：

(1) 劳动者请求社会保险经办机构发放社会保险金的纠纷；

(2) 劳动者与用人单位因住房制度改革产生的公有住房转让纠纷；

(3) 劳动者对劳动能力鉴定委员会的伤残等级鉴定结论或者对职业病诊断鉴定委员会的职业病鉴定结论的异议纠纷；

(4) 家庭或者个人与家政服务人员之间的纠纷；

(5) 个体工匠与帮工、学徒之间的纠纷；

(6) 农村承包经营户与受雇人之间的纠纷。

我们常说的社保争议实际上可以划分为三种，即社保缴费争议、社保待遇争议和社保发放争议。在目前的司法实践中，仲裁机构和法院都仅将社保待遇争议作为劳动争议受理。《劳动争议司法解释（三）》第1条规定，"劳动者以用人单位未为其办理社会保险手续，且社会保险经办机构不能补办导致其无法享受社会保险待遇为由，要求用人单位赔偿损失而发生争议的，人民法院应予受理。"同样，上海市高级人民法院在《关于审理劳动争议案件若干问题的解答》中也认为，"劳动者以用人单位存在过错导致本人社会保险待遇减少、丧失为由，要求用人单位赔偿损失的，人民法院应当作为劳动争议案件受理。"

实践中，有关社保缴费的争议与社保发放的争议一般都不作为劳动争议受理。这是因为，这两类争议大都涉及社会保险经办机构，在主体上就不符合劳动争议的特点。

最高人民法院在《关于企业为职工补缴养老保险费引发纠纷问题的答复》中这样解释，因社保机构对用人单位欠缴费用负有征缴的义务，如果劳动者、用人单位与社保机构就欠费等发生争议，是征收与缴纳之间的纠纷，属于行政管理的范畴,带有社会管理性质,不是单一的劳动者与用人单位之间的社保争议,因此,此类争议不宜纳入民事审判的范围。劳动者对用人单位欠缴社会保险费或者因缴费年限、缴费数额等发生争议的,应向相关部门申请解决。

回到本案中,王某的第一项请求就属于因社保缴费发生的争议,法院依法不予受理。而王某的第二项请求为因社保待遇发生的争议,属于劳动争议的受理范围,但因为王某没有足够证据证明单位的过错,其诉请最终未被支持。

笔者在此建议广大用人单位,务必按照法律规定为劳动者缴纳社保。仲裁机构和法院虽然不受理社保缴费争议和社保发放争议,但劳动者仍然可以通过向行政部门举报的方式得到救济,用人单位往往有可能面临一定的处罚。

第二节 劳动争议中的时效

一、争议焦点

如何确定仲裁时效?

二、基本案情

杜某 2008 年 1 月入职上海某建筑公司,双方未签订劳动合同。2012 年 12 月 30 日双方解除劳动关系,其后杜某多次向该公司索要拖欠工资和经济补偿金无果。2014 年 12 月 10 日,杜某向上海某仲裁委员会申请仲裁,仲裁委以超过仲裁时效为由不予受理。杜某不服,又向法院提起诉讼,要求该公司支付拖欠的工资和经济补偿金。

一审中,杜某向法院提供了其在 2013 年 12 月 6 日至 2014 年 9 月 9 日期间多次向该公司追索工资报酬的录音,还提供了双方就工资结算事宜进行协商的照片。而公司则对杜某提供的证据不予认可,并认为双方已在 2011 年和 2012 年结算过部分工资,剩余差额和经济补偿金已超过时效。

三、裁判观点

法院审理后最终判决支持了杜某有关支付拖欠工资的请求，同时依法驳回杜某有关经济补偿金的请求。

四、律师评析

对于大多数用人单位和劳动者而言，仲裁时效虽然重要却往往并不被关注。笔者认为，时效问题虽然简单，但却能直接影响到争议双方所主张的实体权利义务。从某种程度上说，时效是仲裁机构和法院裁判双方争议的前提之一，是当事人寻求司法救济的第一道门槛。

以本案为例，我们需要注意的时效问题有两个：

（一）如何确定适用一般时效还是特殊时效？

《劳动仲裁调解法》第27条第1款规定，"劳动争议申请仲裁的时效期间为一年。"该条第4款同时还规定，"劳动关系存续期间因拖欠劳动报酬发生争议的，劳动者申请仲裁不受本条第一款规定的仲裁时效期间的限制；但是，劳动关系终止的，应当自劳动关系终止之日起一年内提出。"前者是有关仲裁时效的一般规定，适用于绝大多数的劳动争议。后者则是有关仲裁时效的特别规定，一般仅适用于劳动关系存续期间因拖欠劳动报酬发生的争议。

在本案中，杜某就曾主张其经济补偿金也属于劳动报酬的一部分，应适用特殊时效，但未被法院采纳。《劳动仲裁调解法》第27条第4款所称的劳动报酬应特指"用人单位依据劳动合同的规定以各种形式支付给劳动者的工资报酬"。而如未休年休假工资、未签劳动合同的双倍工资等，虽冠以工资之名，却不能被简单地认定为劳动报酬。实际上这些所谓的"工资"是对用人单位未履行法定义务所作的惩罚，以及对劳动者权利受到损害所作的补偿。同理，杜某要求的经济补偿金作为用人单位对其离职的补偿，当然不能算做劳动报酬。

需要读者注意的是，在劳动关系存续期间，劳动者就拖欠劳动报酬申请仲裁的，不受仲裁时效的限制，也就是说相关争议永远不会过时效。双方劳动关系终止之后的一年内，劳动者仍可就劳动关系存续期间任意一个时间段发生的拖欠劳动报酬的违法行为申请仲裁。

(二) 什么是仲裁时效的中断与中止？

《劳动仲裁调解法》第27条第2款规定，"前款规定的仲裁时效，因当事人一方向对方当事人主张权利，或者向有关部门请求权利救济，或者对方当事人同意履行义务而中断。从中断时起，仲裁时效期间重新计算。"

通过上述条款，我们发现法律规定的时效中断的情形主要有三种：

一是主张权利。当事人一方向对方主张权利的，可以导致时效中断。本案中，杜某曾多次向上海某建筑公司索要工资报酬，导致仲裁时效的中断。当然，当事人必须对自己主张权利的行为进行举证，相较于杜某以录音的方式取证，笔者认为挂号信等能够载明时间及当事人双方信息的证据更容易被仲裁机构和法院采纳。

二是请求救济。当事人一方向有关部门请求救济，自然也可以导致时效中断，其中最常见的就是向劳动部门等进行举报。

三是承诺履行。如果当事人一方承诺将履行自己的义务，那么自其承诺履行之日也发生时效的中断。

另外，《劳动仲裁调解法》第27条第3款还规定，"因不可抗力或者有其他正当理由，当事人不能在本条第一款规定的仲裁时效期间申请仲裁的，仲裁时效中止。从中止时效的原因消除之日起，仲裁时效期间继续计算。"

需要读者注意的是，该条规定的中止事由仅有两种：一是不可抗力，是指自己不能预见、不能避免和不能克服的客观情况，一般包括自然灾害和政府行为。二是其他正当理由，主要是指除不可抗力之外的其他导致当事人无法行使权利的客观事实。不同于诉讼时效中止的规定，劳动仲裁时效的中止不要求必须是时效期间的最后6个月内。

无论是放在本案中抑或是单独来看，仲裁时效的问题并不复杂，但一旦时效涉及补偿金、赔偿金或罚金等的计算，不仅用人单位和劳动者，裁判机关对于时效的适用也存在着不同的理解。

以未签劳动合同的双倍工资争议为例，上海高院在其《关于审理劳动争议案件若干问题的解答（2010）》中指出，"鉴于双倍工资的上述性质，双倍工资中属于双方约定的劳动报酬的部分，劳动者申请仲裁的时效应适用《劳动争议调解仲裁法》第 27 条第 2 至第 4 款的规定，而对双方约定的劳动报酬以外属于法定责任的部分，劳动者申请仲裁的时效应适用《劳动争议调解仲裁法》第 27 条第 1 款至第 3 款的规定，即从未签订书面劳动合同的第二个月起按月分别计算仲裁时效。"也就是说，双倍工资的差额适用的是一般时效，且自应当与劳动者签订书面劳动合同时按月分别开始计算仲裁时效。

与此规定不同，江苏高院则在其《关于审理劳动人事争议案件的指导意见（二）》中指出，"对二倍工资中属于用人单位法定赔偿金的部分，劳动者申请仲裁的时效适用《劳动争议调解仲裁法》第二十七条第一款的规定，即从用人单位不签订书面劳动合同的违法行为结束之次日开始计算一年；如劳动者在用人单位工作已经满一年的，劳动者申请仲裁的时效从一年届满之次日起计算一年。"

由于劳动争议的管辖地既可以是劳动合同履行地，也可以是用人单位所在地，那么一旦发生上海和江苏两地均有权管辖该争议的情况时，用人单位和劳动者就需要特别注意自己的主张要求和答辩理由了。

类似的，对于劳动者主张未休年休假工资的时效应从何时开始起算，用人单位和劳动者的看法也可能大相径庭。笔者同意江苏高院的意见，即"用人单位未安排劳动者年休假，侵害的是劳动者的休假权利，支付未休年休假工资报酬是因用人单位未安排年休假而应当承担的法律义务，故适用一般的时效规定。劳动者要求用人单位支付未休年休假工资报酬的仲裁时效从次年的 1 月 1 日起计算。经劳动者同意跨年度安排年休假的，顺延至下一年度的 1 月 1 日起计算；劳动关系解除或者终止的，从解除或者终止之日起计算。"

总之，劳动争议中的仲裁时效不同于诉讼时效，权利人超过时效期间不向劳动争议仲裁机构申请仲裁的，消灭的是其请求权，因此更应该得到我们的重视。

第三节　证据与举证责任

一、争议焦点

1. 什么是举证责任？劳动争议中如何分配举证责任？
2. 如何进行证据收集并合理规避举证责任？

二、基本案情

贵某于2009年7月9日进入上海某科技公司工作，双方之间签订的最近一份劳动合同期限为2014年7月9日至2017年7月8日，合同约定贵某从事辅模工作，实行综合计算工时制。2015年9月20日，贵某向该公司口头提出请假，同年9月21日起贵某未再至该公司上班。2015年9月30日，公司张贴惩戒令，以贵某旷工为由解除双方劳动关系。

2015年10月19日，贵某向上海某仲裁委申请仲裁，要求公司支付加班工资、违法解除劳动合同赔偿金、未休年休假工资、年终奖等。仲裁支持了贵某的请求，公司不服该裁决，向法院提起诉讼。

一审阶段，公司诉称：（1）公司曾向贵某发放过员工手册且其已签收，故贵某明确知晓公司的规章制度，现其在未办理请假手续的情况下无故缺勤，公司依照员工手册的规定按其自动离职处理，不存在违法解除劳动关系的行为，不同意支付赔偿金。（2）贵某工作期间实行计件工资，工资已全额发放，所谓的打卡记录仅作为门禁卡使用，而非工作时间和工作量的统计，因此不同意支付加班工资。（3）公司已经支付贵某2014年5天未休年休假工资，另外公司还在2015年2月12日至3月6日期间安排贵某享受了4天年休假，故不存在拖欠未休年休假工资的情况。（4）双方劳动合同中并未有年终奖的约定，且根据员工手册的规定，贵某无权享受年休假。

对此，贵某辩称：（1）公司没有证据证实系合法解除劳动合同，应当支付赔偿金，且自己旷工是因为被公司管理人员赶走。（2）关于加班工资，公司确实是实行计件工资，但是按照统一单价计算工资，并未按照1.5倍、2倍调整,故应补齐差额。(3)关于未休年休假工资,公司没有支付被告 2014 年及 2015 年未休年休假工资,2015 年春节期间贵某休息 11 天,但是没有享受年休假,且请假卡上也没有注明系年休假。(4)关于年终奖,原告于 2014 年 1 月 7 日及 4 月 29 日分别支付过年终奖。

三、裁判观点

本案经一审、二审,法院最终判决支持了贵某部分未休年休假工资和加班工资差额,但对贵某主张的违法解除劳动关系赔偿金和年终奖未予支持。

四、律师评析

本案中当事人双方各执一词,那么法院究竟是凭何作出最终裁判的呢?这就涉及举证责任的问题。

举证责任,又称证明责任,是指当事人对自己提出的主张有收集或提供证据加以证明的责任,否则将承担主张不能成立的风险。但是在实践中,有许多证据都是掌握在用人单位手中,一旦发生争议,用人单位也不太可能将不利于自己的证据交给劳动者,此时如果要求劳动者对自己提出的所有主张都承担证明责任未免太过严厉。因此,与一般民事争议不同,法律对劳动争议中的举证责任作了一些特殊规定:一是对于属于用人单位掌握的与争议事项有关的证据,应当由用人单位提供;二是在无法确定举证责任承担时,仲裁庭和法庭可以根据公平和诚实信用原则,在综合当事人的举证能力等因素后确定举证责任的承担。

在本案中,法院认为公司系劳动关系中的管理方,保管有劳动者的工资凭证、考勤记录等材料,经法院释明公司仍未提交证据证实已经支付贵某 2013 年 10 月至 2015 年 9 月期间的加班工资,故公司要求不予支付贵某上述期间加班工资差额的诉讼请求,于法无据。而就 2009 年 9 月至 2013 年 9 月期间未足额支付劳动报酬一节,因举证责任在贵某,但贵某对此未举证,故公司要求不予支付上述期间加班工资差额的诉讼请求,法院予以支持。

另外，公司诉称 2014 年度虽未安排贵某享受年休假，但已经支付其年休假工资 1275 元。根据贵某的工资计算，公司应当支付贵某 2014 年度未休年休假工资 2434 元，还存在差额 1159 元。而 2015 年度，公司虽称于 2015 年 2 月 12 日至 2015 年 3 月 6 日期间安排贵某享受 2015 年年休假 4 天，但是从公司提交的 2015 年请假专用卡上并未体现安排年休假的内容，而公司在支付工资时亦有缺勤扣款，因此公司的上述主张，法院不予采纳。

从以上裁判观点中，我们可以很清晰地看到本案劳动争议的举证责任分配。在实践中，其他一些劳动争议的举证责任又是如何分配的呢？在此，笔者罗列一些常见的举证责任的分配情况：

1. 对于是否存在劳动关系

劳动者应当提供证据证明与用人单位存在劳动关系，这些证据包括劳动合同以及工作证、服务证等能够证明身份的证件。但是根据劳动和社会保障部《关于确立劳动关系有关事项的通知》，如果用人单位否认存在劳动关系，用人单位就应当提供工资支付凭证、社保记录、招工招聘登记表、报名表、考勤记录等证明材料。

2. 对于是否减少劳动报酬

劳动者认为用人单位未足额支付工资或者主张用人单位克扣、拖欠工资的，用人单位应举证证明两年内的工资等报酬支付情况。存在减少、克扣情况的，还应当举证减少、克扣的原因和依据。

3. 有关加班费的争议

《劳动争议司法解释（三）》第 9 条规定："劳动者主张加班费的，应当就加班事实的存在承担举证责任。但劳动者有证据证明用人单位掌握加班事实存在的证据，用人单位不提供的，由用人单位承担不利后果。"

此处如何理解"劳动者有证据证明用人单位掌握……的证据"，对于分配用人单位的举证责任事关重要。一般认为，只要劳动者能够提供考勤表复印件、工资单或证人证言即可。

4. 对于是否应当支付未休年休假工资

劳动者应就其应休年休假的天数承担举证责任，用人单位则需要举证劳动者已休部分或全部年休假。

5. 对于是否支付婚丧假工资

由劳动者举证存在婚丧假的事实,用人单位应当对劳动者未申请假期或已发放假期工资的事实进行举证。

6. 对于是否发放提成、年终奖等福利

由劳动者一方举证证明存在这类待遇、计算方式及具体数额。劳动者提供的规章制度、员工手册或劳动合同显示双方有明确规定或约定的,用人单位应当就未发放这类待遇的合法性和合理性进行举证。

7. 对于劳动者离职时是否支付经济补偿金和赔偿金

劳动者应当就其离职的原因进行举证,用人单位对劳动者系主动离职或双方解除劳动关系的合法性进行举证。

8. 用人单位认为劳动者严重违反规章制度

用人单位需要举证证明劳动者存在违纪的事实,以及对用人单位规章制度的制定程序及内容的合法性进行举证。

9. 对于是否构成工伤及是否享受相关待遇

用人单位应当就劳动者受伤不属于工伤承担举证责任,劳动者就工伤认定、伤残等级鉴定结论以及工伤期间的实际花费承担举证责任。

由此可见,在劳动争议案件中,法律对用人单位规定了更为严格的举证责任。所以,用人单位需要在日常的用工管理中就注意证据的收集。用人单位不妨从以下几方面入手:

第一,证据的收集要全面化。

在劳动争议发生之前,用人单位就应当注重证据的保存,从员工入职到离职,任何使劳动关系发生变化或对双方权利义务产生影响的事项,都应当尽量以书面或其他可靠的形式进行体现和保存。

第二,证据的管理要合规化。

这里的合规化至少包含两点。首先是用人单位向员工索取的可以作为证据的材料应当是合法的;其次是规章制度等应当经过民主程序并向员工公示,其他与员工密切相关的事项也应当及时在公告栏展示并拍照留存。

第三,要定期进行证据的核实。

许多时候员工提交的证明材料可能并不真实,或者经过法律、法规的调整，国家对某些证据的形式等要求发生了变化，用人单位可以通过定期核实梳理出一些对自己不利的证据。

第四，注重高效力证据的提取。

在证据效力上，书面证据一般高于电子证据，经劳动者签字确认的证据一般高于没有签字的证据。用人单位在告知单位规章制度，通知劳动者变更岗位、薪资，以及续签劳动合同或通知解除劳动合同时，务必通过书面方式进行并注意让员工签收。

第五，及时补足欠缺证据。

对于在定期核实中或劳动争议发生后欠缺的证据，用人单位应当及时向劳动者补充收集。此时的补充可以通过短信询问、录音确认等方式进行。

当然，无论举证责任如何分配或劳动关系的双方当事人如何谨慎全面地收集证据，双方切实遵守劳动法规、互相尊重和理解才是共建和谐劳动关系、保证双方共赢的真正良方。

第十二章

建立企业内部人力资源法律风险管理体系[*]

19世纪末,美国一些大型公司就已在公司内部建立法律事务部,雇用律师为其提供法律服务,这或许可以看作最早的法律风险管理的意识雏形。20世纪90年代以来,在金融危机的影响下,企业法律风险管理这一课题为更多企业管理者与经营者所关注和研究。

《国有企业法律顾问管理办法》《中央企业全面风险管理指引》以及路伟国际律师事务所的《中国企业100强法律风险报告》发布以来,我国企业经营者与管理者的脑海中逐步形成了关于企业法律风险防范与控制的清晰概念。越来越多的企业经营者与管理者尝试在企业内部建立一套符合自身战略发展与目标的风险管理体系,做到事先预防和控制法律风险,以尽可能规避法律风险,从而减少企业可能遇到的损失。

本章将讨论如何建立一套适合企业内部人力资源管理的法律风险管理体系,以帮助企业规避在劳动用工方面可能遇到的法律风险。

第一节 法律风险的概念

法律风险这一概念是"舶来品",我国对于企业法律风险概念探讨的文件大致有以下几个:

---

[*] 本章作者:潘峰、张静。

（1）国务院国资委于2004年颁布《国有企业法律顾问管理办法》，该办法指出企业法律顾问应当遵循以事前防范法律风险和事中法律控制为主、事后法律补救为辅的工作原则，首次提出了企业法律风险这一概念。

（2）国务院国资委于2006年发布《中央企业全面风险管理指引》，该指引将法律风险定义为"未来不确定性对企业实现其经营目标的影响。企业风险一般可分为战略风险、财务风险、市场风险、运营风险、法律风险等；也可以能否为企业带来盈利等机会为标志，将风险分为纯粹风险（只有带来损失一种可能性）和机会风险（带来损失和盈利的可能性并存）。"该指引对企业法律风险的概念作了概括性的描述。

（3）全国风险管理标准化技术委员会于2011年发布《企业法律风险管理指南》，明确将企业法律风险界定为"基于法律规定、监管要求或合同约定，由于企业外部环境及其变化，或企业及其利益相关者的作为或不作为，对企业目标产生的影响。"

由这些文件中的探讨可以大致将法律风险理解为企业在未来可能会遇到的一种不确定的损失，通过对风险的评估、事先控制、应对措施等可以将潜在的法律风险规避，从而不至于引发法律危机。法律危机很大程度上是由潜在的法律风险演变而成的，了解法律风险的概念有助于企业建立一套适合企业自身发展的风险管理体系。

第二节 企业内部法律风险

由于法律风险具有客观性这一特征，法律风险贯穿于企业内部和外部，因此企业内部因素和外部因素均会引起法律风险，法律风险渗透到企业经营管理和决策的方方面面。《企业法律风险管理指南》中提到："法律风险管理是企业全面风险管理的组成部分，贯穿于企业决策和经营管理的各个环节。"企业内部在生产、经营、管理等过程中都会引发法律风险，而企业对劳动者的管理则是内部管理中发生风险概率最大的，也是最繁杂的。企业有权通过制定各项规章制度及流程对劳动者进行管理，合法、有效、合理的规章制度能够作为企业管理劳动者的依据。本书的其他章节已论述了企业规章制度的重要性及相关要点，企业自身缺乏内部规章制度或者自身规章制度存在缺陷均可能成为企业内部法律风险存在的潜因。企业运营和发展不能仅仅依靠领导者的个人能力和权威，还需要符合市场经济的要求，制定科学的管理制度，以适应时代的发展需求。

笔者为顾问单位提供法律服务时曾参与过企业的风险控制项目。该企业通过聘请专业的风险控制小组，对企业内部有关组织职能管理、岗位设计优化、制度规章完善、流程设立、财务管理、生产管理等一系列与企业法律风险有关的事项作系统梳理，由风控小组最终出具风控报告。风控报告大体内容是罗列该企业目前存在或可能存在的法律风险，以及如何规避与应对存在或隐藏的法律风险。通过该项目企业可以构建一套符合自身发展的，集规范化、流程化、合法化为一体的风险管理体系。笔者主要负责的是企业规章制度与流程两大板块的梳理，从法律角度分析企业"内部法律"的合法性与合理性。通过该项目，笔者结合风控小组出具的报告，将该企业的规章制度与流程作了优化，对现有的法律风险提出应对措施；对企业在日后有可能会遇到的法律风险尽量作到规避与控制。通过系统梳理，即使企业将来遇到相关法律问题，有了事先的风险防范，就能运用企业的规章制度与流程从容应对，做到尽可能降低企业的损失甚至零损失。

如今，很多企业已成立专业的风控部门或聘请了风控专员，有些企业还聘请专业的律师为企业保驾护航，这都是企业越来越重视预防法律风险的体现。

第三节 建立一套与企业发展战略目标相匹配的风险管理体系

企业经营者与管理者的法律风险意识在不断增强，建立一套符合企业自身发展战略目标的风险管理体系不仅可以预防法律风险，也可以提升企业的竞争力。企业内部的风险防范与企业外部的风险防范为企业构筑了双层堡垒，让企业免受内忧外患，二者构成一整套风险管理体系，彼此是不可分割，相辅相成的。本章着重探讨企业应在人力资源管理方面如何做到法律风险控制与防范。

(一) 设立专业的企业风险管理部门或聘请专业人士

随着企业经营者与管理者法律意识的不断提高,许多企业都设立了法务部门,为企业解决内部和外部的各项法律问题,但这与事先防范的风险管理还是有本质区别的。企业在劳动用工方面存在很多隐患与纠纷,控制劳动用工成本也是企业发展中需要着重考虑的难题,而近年来,劳动纠纷普遍呈增长趋势,企业如何通过人力资源管理来控制与防范法律风险是个新课题,想要将其运用得得心应手确实任重而道远。

首先,企业需设立专业的风险管理部门,或者设立风控专员岗位,或者聘请专业的律师,无论企业是选择上述单一模式,或是混合模式,建立专业的风险管理组织架构是第一步。至于企业选择何种模式,则应该考虑以下几个因素:企业的规模,企业人力资源管理现状,预期达到的目标等。

其次,企业需对风控部门及风控专员作出明确的部门职责和岗位要求,比如,罗列风控专员在人事部门录用新员工的环节中需起到的作用。专业的法律风险管理人员需要为企业进行法律风险评估,识别企业在对外招聘、面试、录用、签订劳动合同等劳动用工方面的法律风险,分析企业现实存在或将来可能存在的有关劳动用工方面的法律漏洞,并对此作出专业的评价及采取应对措施。

许多企业聘请律师作为企业的常年法律顾问就是一种风险防范意识的体现,顾问律师起到了企业法务部门及风控部门的综合作用。企业的经营者与管理者之所以选择律师是出于对其专业性的信赖。律师为企业提供法律服务,对企业进行"法律体检",进而"对症下药",其实就是企业风险管理的一种方式。

结合到人力资源管理方面,企业需要确保法律风险管理工作切实融入企业的日常管理工作中,尤其是对劳动者的管理中,确保法律风险管理在企业内部形成统一性、针对性、可行性。

(二) 制定符合企业内部管理的规章制度与流程

企业根据法律风险管理的目标要求,在企业内部建立配套的管理制度和行为规范,实现对劳动者的有效管理。与人力资源管理相关的管理制度,比如可以通过制定内部规章制度实现对劳动者的管理和约束，其中企业管理制度、部门管理制度或规章、员工手册、绩效考核办法等均可以实现将风险管理工作真正融入对劳动者日常管理中的目标。

只存在这些内部规范还不够，还需要审视这些规章制度是否符合规范化、合法化、合理化的要求，做到以上三点才能帮助企业实现人员的风险管理，使企业减少劳动纠纷，优化劳动用工管理，促使企业稳健成长。

规章制度都是人制定的，任何规章制度都会存在缺陷，没有完美无瑕的规章制度，这是企业经营者与管理者需要面对的事实。我们能做的是尽量完美，不断地在实践中完善与优化规章制度，这也是企业风险管理的目标。

根据笔者为多家企业提供法律服务的经验，并不是所有的规章制度制定后都可以作为企业内部管理的依据。规章制度的设立程序和公示程序需要符合法律的规定，只有符合法律规定的相关要求，内容具有合理性，在日后遇到仲裁或诉讼时才会被采纳与接受。换言之，并不是企业制定的所有规章制度都是合法有效的。

《劳动合同法》第4条第2款规定："用人单位在制定、修改或者决定有关劳动报酬、工作时间、休息休假、劳动安全卫生、保险福利、职工培训、劳动纪律以及劳动定额管理等直接涉及劳动者切身利益的规章制度或者重大事项时，应当经职工代表大会或者全体职工讨论，提出方案和意见，与工会或者职工代表平等协商确定。"

《劳动合同法》第4条第4款规定："用人单位应当将直接涉及劳动者切身利益的规章制度和重大事项决定公示，或者告知劳动者。"

根据上述规定，笔者针对以下两个问题进行探讨：

（1）用人单位制定涉及员工切身利益的规章制度时，是否必须经过职工代表大会或全体职工讨论通过？

笔者认为，从立法目的来看，用人单位制定涉及劳动者切身利益的规章制度或重大事项时，首先应经过民主程序。这里主要侧重民主程序的过程，并非必须经职代会或全体职工讨论通过，条文中并没有明确规定需要劳动者进行表决的意思。如需职代会或者全体职工讨论通过则有违用人单位的用工管理权，也不符合《公司法》对用人单位实行民主管理的规定。用人单位履行讨论程序，讨论的形式可以是全体员工开会讨论，也可以是部门分组讨论，通过书面形式征求员工意见或者在公告栏征求员工意见。

根据上述规定，民主程序可以划分为三个步骤：第一步是经职代会或全体职工讨论，提出方案和意见；第二步是工会或者职工代表平等协商；第三步是在协商后由用人单位最终作出决定。有些企业未设立工会的，由职工代表进行协商，这里需要注意的是，对于协商经过与结果，企业需要以书面形式留存。

是否未经过民主程序的规章制度就一律不能作为仲裁或诉讼的依据呢？就目前的司法审判实践来看，企业制定的规章制度即使未经过民主程序讨论，只要内容不违反法律、行政法规、政策及集体合同规定，不存在明显不合理的情形，且已依法公示或告知劳动者的，一般都可以作为企业用工管理的依据。

（2）上述规定中规章制度的公示、告知如何操作？

法律并没有明确公示和告知的具体方式，而实践中有很多种做法。比较常见的做法有，有些企业将规章制度作为劳动合同的附件发放给劳动者；有些企业将规章制度张贴在企业的公告栏；有些企业则是向每位劳动者发放规章制度并让其当面签收。

笔者认为，在劳动合同中约定规章制度作为劳动合同的附件虽然可行，但该方式存在一定风险，在司法实践中具有较大争议。其中存在两种情况：第一种情况，规章制度实际并没有送达劳动者，而是在劳动合同某一条款约定劳动者已知晓规章制度的内容并自愿遵守相关的内容，这样的操作方式是不可取的，应视为未送达。第二种情况，将规章制度作为劳动合同的附件送达劳动者，劳动者收到规章制度并当面签收，这种送达的方式是合法的，但需要注意的是，日后规章制度有所变更就如同劳动合同条款变更一样，需采用书面形式。根据《劳动合同法》的规定，劳动合同的变更必须企业与劳动者合意且采用书面形式，这在企业管理的实践中是存在一定不便的。

在公告栏张贴公告虽说也是一种方式，但是笔者建议企业慎用该方式，因为规章制度送达的举证责任由企业承担，企业要证明这一事实是非常困难的，很多情况下企业将会承担举证不能的法律后果。

笔者认为较为合理的做法是：劳动者入职后，企业可以对劳动者进行入职培训，将学习规章制度作为培训的一项内容，并让劳动者书面签收规章制度以达到有效的送达。通过这种做法，劳动者不仅可以知晓企业的管理方式、规章制度的具体内容，更能减少劳动纠纷。即使日后发生争议，企业也能够证明履行了送达程序，规避了企业的法律风险，减少损失。

（三）运用规章制度实现合法有效的管理

根据前述内容，企业制定了合法、有效、合理的规章制度后，就可以运用内部管理制度实现对劳动者的管理，从而尽可能做到规避、事先防范与减少在劳动用工方面的法律风险并能够从容应对。实践操作中，企业运用规章制度实现对劳动者的管理，比较常见的有以下几种情形：（1）企业发现劳动者在试用期内不符合录用条件予以解除的；（2）劳动者存在无故旷工达到可以解除劳动合同的情况的；（3）劳动者存在打架、斗殴等严重违反规章制度，企业可以解除劳动合同的情况；等等。遇到类似情形，企业根据规章制度的规定可以向劳动者发送相关通知。值得注意的是，通知的送达方式需要符合法律规定，可以是劳动者书面签收，也可以是EMS邮寄送达，但EMS邮寄送达的地址需要是劳动者确实可以收到的地址。企业内部管理的依据合法有效，可以很大程度上避免、减少因劳动纠纷引起的企业损失，从而降低企业的法律风险。

（四）制定与规章制度相配套的流程以实现高效管理

很多企业试图制定内容丰富、全面的规章制度以便可以在各个方面能够管理劳动者，有些企业的员工手册甚至多达上百页。笔者认为，规章制度并非越多越好，企业管理也需要效率。

企业往往忽视流程的重要性。比如，对于员工手册中有关请假的条款规定，企业会用大量文字去描述请假制度如何操作，然而如果将请假制度按照步骤顺序以流程图的形式制作出来，那么就会更加清晰明了，也更易于操作，比烦琐的文字更可视化，也会减少歧义。

诸如请假制度、报销制度等其他涉及审批的制度，均可以配套附上流程图，这样企业管理者和劳动者就可以根据步骤按部就班地操作，日后企业举证时也会更加方便，是降低企业法律风险的有效措施之一。

（五）绩效考核标准化、书面化有利于防范企业内部劳动用工法律风险

谈到企业管理的规范化、流程化就不得不提到"关键绩效指标"，也就是我们通常提到的 KPI（Key Performance Indicator），是企业绩效考核的方法之一。KPI是用于衡量劳动者工作绩效表现的量化指标，是绩效计划的重要组成部分。

企业可以通过设置绩效考核表，通过对出勤、工作态度、工作成果、工作的主动性、工作量、团队精神等一些企业认为需要列入考核的内容对劳动者进行绩效考核，从而得出劳动者的工作能力与工作表现情况。考核的方式可以是单一模式，由部门领导进行评价；也可以是混合模式，除部门领导评价外，将员工互评也纳入绩效考核标准中。无论企业选择何种方式，都需要结合企业内部劳动关系，从现有的实际情况出发，建立一套适合企业内部管理的KPI体系。企业建立了绩效考核办法之后，与规章制度或员工手册形成一套体系，从企业方面来说更加"有章可循"，对于劳动者而言更明白企业的管理模式。这很大程度上完善了企业对劳动者的管理，从而降低企业劳动用工的法律风险。

企业若要做到可持续发展，就需要从容应对一切内部环境和外部环境带来的法律风险，建立起一套适合内部人力资源管理的风险管理体系对企业的长远发展是百利而无一害的。

第十三章

积极应对劳动争议，构建和谐的劳动关系[*]

2015年3月21日，中共中央、国务院提出关于构建和谐劳动关系的意见，该意见充分指出构建和谐劳动关系意义重大。劳动关系是生产关系的重要组成部分，是最基本、最重要的社会关系之一。我国正处于经济社会转型时期，构建和谐的劳动关系不仅是一项政策要求，对于企业而言，更是人力资源管理的重要目标。和谐的劳动关系促进企业长远发展，企业的稳健发展离不开和谐的劳动关系，两者是相辅相成，互相影响的关系。

企业如何构建和谐的劳动关系是一个复杂的新课题。随着劳动者的法律意识不断增强，合理的或不合理的诉求都会引发劳动争议。这对于企业而言无疑是一个重要的内部管理盲区，无论内部管理如何规范，劳动纠纷都是不可避免的。面对繁杂的劳动纠纷，如何能够从容应对，降低企业风险，减少企业损失，是企业经营者与管理者迫切想要掌握的技巧。

劳动者与用人单位在劳动法调整范围内，在订立、履行、终止劳动合同以及其他与劳动关系直接相联系的各个环节都可能引发劳动争议。发生劳动争议的原因错综复杂，在处理劳动纠纷时企业应当根据不同的情况，选择最适当的方式，采取最佳方案。

《劳动法》第77条规定："用人单位与劳动者发生劳动争议，当事人可以依法申请调解、仲裁、提起诉讼，也可以协商解决。调解原则适用于仲裁和

---

[*] 本章作者：潘峰、张静。

诉讼程序。"《劳动争议调解仲裁法》第 5 条规定:"发生劳动争议,当事人不愿协商、协商不成或者达成和解协议后不履行的,可以向调解组织申请调解;不愿调解、调解不成或者达成调解协议后不履行的,可以向劳动争议仲裁委员会申请仲裁;对仲裁裁决不服的,除本法另有规定的外,可以向人民法院提起诉讼。"由此可见,通过法律规定的明确指引,可以将劳动争议的解决途径归纳为:协商—调解—仲裁—诉讼。现笔者结合为多家企业提供法律服务的经验,举出几种不同的情况,为企业提供一些思路,帮助企业临危不乱、处变不惊地应对劳动争议。

一、沟通为主,协商和解

在劳动纠纷最初发生的阶段,劳动者鲜有选择直接启动仲裁程序的,在申请仲裁前,大部分劳动者会向企业相关部门或负责人反映诉求。《劳动争议调解仲裁法》第 4 条规定:"发生劳动争议,劳动者可以与用人单位协商,也可以请工会或者第三方共同与用人单位协商,达成和解协议。"协商以自愿原则为前提。劳动者在初期还是愿意与企业进行协商和解的。此时,企业应当与劳动者进行有效沟通,充分了解情况,在矛盾初期化干戈为玉帛。通过有效沟通,企业可以分析引起纠纷的原因。如果是劳动者自身理解有误或自身存在过错,企业可以向劳动者作出合理的解释,让劳动者接受企业的决定;如果是企业的问题,更需要与劳动者进行协商,在纠纷初期达成和解协议,不至于产生负面的影响,降低企业面临仲裁与诉讼的概率。

二、运用调解机制,化解纠纷于萌芽

《劳动争议调解仲裁法》规定,发生劳动争议,当事人可以选择到企业劳动争议调解委员会、基层人民调解组织、具有劳动争议调解职能的组织申请调解。企业内部可以设立劳动争议调解委员会,该调解委员会由职工代表、用人单位代表和工会代表组成。在调解委员会主持调解下,以企业和劳动者达成调解协议的方式解决纠纷,对于企业与劳动者来说可以视为一种双赢。与协商相同的是,调解的前提也是自愿原则。调解工作也需要人文关怀,企业需要考虑劳动者的个人感受,在态度上切忌过于强硬,以免劳动者有抵触情绪,从而影响企业的正常运营与管理。在第三方主持调解下,企业应尽量在这个过程中与劳动者心平气和地沟通,区别对待企业原因和劳动者原因。若是企业确实存在明显违法或不当行为,更应积极与劳动者进行调解,争取尽快解决纠纷。若并非企业的原因,企业也不用勉强进行调解,在充分搜集证据的情况下,积极应对仲裁和诉讼,维护企业的合法权益。

三、积极应对仲裁程序,自省企业内部管理制度存在的缺陷

协商、调解均不是处理劳动争议的必经程序,两种方式都建立在自愿原则的基础之上,在劳动纠纷无法通过这两种方式得以解决的情况下,仲裁程序就会被启动。劳动者申请仲裁之后,仲裁庭在作出裁决前会组织调解,企业处理的方式在一定程度上会影响仲裁的结果,实例中也会存在自行和解的情况。因此企业需要根据以下不同的情况,灵活运用法律法规,采取不同的应对措施。

第一种情况,若企业确实存在明显的违法或不当行为,引起劳动争议的主因是企业,那么企业应当主动与劳动者进行调解或和解,争取与劳动者达成合意,尽早解决纠纷。如果劳动者不愿意调解或和解,企业需要做的是尽量搜集有利证据,在仲裁环节中避免处于被动的局面。

第二种情况,若企业不存在任何违法或不当行为,引起劳动争议的主因是劳动者,如果劳动者是恶意仲裁抑或是出于其他个人原因,企业可以不接受仲裁庭主持的调解,而是搜集与案件有关的证据,直接与劳动者进行仲裁,无须耗费过多的时间成本与人力成本。

第三种情况,若企业在程序和证据方面存在些许瑕疵,该纠纷类型属于在审判实践中存在诸多争议的,企业无法预测裁判结果的,这种情况下企业需要随机应变。引发这些劳动争议案件的原因有可能是劳动者自身对于企业内部管理制度的不同理解,或者是双方在沟通方面出现了偏差。对于仲裁结果不明朗的案件,企业可以借助仲裁庭的主持调解与劳动者进行有效沟通。如果劳动者无调解诚意抑或是其要求难以接受的,企业应积极准备搜集证据,从容镇定地应对仲裁。如果企业人事部门或法务部门的人员缺乏相关经验,企业可以委托律师商讨应对方案,争取最大限度地维护企业的合法权益。

劳动争议与工伤纠纷实务指南

劳动纠纷错综复杂，这三种情况比较典型，但实践中很难划分清楚。通过仲裁或诉讼，企业可以从中了解内部管理存在的漏洞，发现后立即弥补，以消除隐患。

四、从容应对诉讼程序，尽量减少对企业管理的负面影响

劳动者或企业对仲裁裁决不服的，均可以依法向人民法院提起诉讼。一旦进入诉讼程序，一审程序之后有些案件还会进入二审程序，这意味着该劳动纠纷需要很长一段时间才可以告一段落。关于诉讼程序的应对方法，可以参照仲裁程序进行。需要特别指出的是，劳动纠纷走到诉讼程序，企业的时间成本和经济成本都在层层增加，这是不可避免的，因此需要企业认真考量纠纷的负面效应。

无论企业遇到上述何种情况，均应当视为一种自省的契机。从不同的劳动纠纷中，企业会发现内部人员管理方面的不足之处，吸取经验教训，及时优化改善，规范企业劳动用工管理制度，从而构建和谐的劳动关系，事先预防和化解劳动纠纷，使企业能够长期稳健地发展。